KB127129

전광훈, 자유 통일의 길

# 전광훈,
# 자유 통일의 길

광화문연구소 지음

**New Puritan**

# 목사, 자유 통일의 길 위에 서다

자유와 민주의 이름으로 북한을 통일하는 길에 나선 목회자. 그의 이름은 전광훈이다. 그는 10여 년 전 교회의 문을 나와 쉽지 않은 길에 나서기로 했다. 평범하지만, 대한민국이라는 세상이 잘 알아주는 부흥회 목사로서의 삶은 아예 접었다. 어떤 각성이 그로 하여금 자유 통일의 길에 서게 만들었다. 그는 그래서 요즘도 늘 그 길 위에 선다.

2018년 5월 3일 그는 차가운 감방에 갇혔다. 대통령 선거법 위반이라는 혐의를 받았다. 그러나 그는 굽히지 않았다. 이어 두 차례 더 납득할 수 없는 이유로 다시 감방에 갇혔다. 그러나 그는 길 위에 서는 일을 멈추지 않았다. 감방에 갇히면 갇힐수록 그는 더 길 위에 나섰다.

그는 길을 묻고, 길을 사색했던 사람이다. 어떤 길을 어떻게 가야 할지 늘 고민했던 타입의 인물이다. 그런 기질은 불신자였던 그를 거침없는 기독교 목회자의 길로 나서게 만들었다. 그러나 강대상에 올라 성경의 말씀만을 전달하는 스타일은 아니다. 오래 전부터 길을 묻고, 길을 사색했던 역정을 거쳐 이제는 길 위에 서서 직접 행동에 나서는 목회자로 변했다.

그는 지금까지 대한민국이 걸어오던 길을 역(逆)주행할 참이다. 언젠가 지나온 갈림길에서 우리 대한민국 전체가 그 곳에 잘못 난 샛길로 빠져 들었다는 각성 때문이다. 그는 그 갈림길로 다시 돌아갈 생각이 간절하다. 그로부터 우리가 어떤 길을 다시 가야할지, 대한민국의 참된 한국인들과 함께 다시 살펴보고자 하는 소원이 있다.

'대한민국이 알아주는 극성 기독교 목사.' 그에게 따라붙는 수식이다. 말이 거칠고, 때론 육두문자를 거리낌 없이 뱉어내며, 친북의 조짐이 보이면 서슬 퍼런 권력을 향해서도 사정없이 욕을 쏟아내는 전광훈 목사는 이제 대한민국 누구나 아는 논쟁적인 인물이다. 온갖 비난과 야유에도 그는 아무런 망설임 없이 대한민국이 지나쳤던 갈림길로 돌아가 다시 길을 모색하고 싶어 한다.

언젠가 이 사회는 크게 찢긴 적이 있다. 역사를 '선(善)과 악(惡)'으로 보려는 이분법에 의해서다. 그러나 그 선과 악은 진짜 선과 악이 아니다. 거꾸로 뒤집힌 선과 악이다. 악이 선으로 행사하고, 선이 악으로 내몰리는 그런 형태다. 그 선과 악을 전도(顚倒)시킨 것은 이른바 '갈라치기'다. 가짜의 선으로 진짜 선을 내몰고, 가짜 악으로 진짜 악을 덮은 술수와 음모다.

스스로 '진보'라고 자칭하는 좌파 정권의 교묘한 갈라치기로 대한 민국의 역사인식은 이리저리 찢기고 갈리는 형국으로 내몰렸다. 대한민국을 건국한 이승만 대통령은 일제(日帝)의 잔재를 교묘하게 활용한 독재자로, 기적적인 산업화로 대한민국을 세계적인 국가로 발전시킨 박정희 대통령은 철면피한 통치자로 바꿔놓았다. 이어 호시탐탐 대한민국을 적화하려는 북한의 공산주의자를 어설픈 동족의식으로 감싸 안는 데만 열심이었다. 대한민국이 잘못된 길에 들어섰다는 인식은 전광훈 목사에게 아주 큰 위기의식으로 다가왔다.

그는 그래서 대형 집회를 열어 아주 많은 사람들을 동원해 자유통일을 위한 길 위에 선다. 찢기고 갈리기 전의 그 길로 돌아가 고난의 역정을 거쳐 이제 세계적인 국가로 성장한 자랑스러운 대한민국이 나아가야 할 올바른 길을 모색하려고 한다. 그래서 그가 집회 때마다 서는 곳은 광화문 광장, 이제는 '이승만 광장'이라고 이름 지은 그곳이다. 그 길은 대한민국 수도의 한복판에 있다. 아울러 대한민국의 도로원표(道路元標)가 있는 장소다. 대한민국의 방방곡곡 어느 곳에서 서울까지의 거리를 따질 때 원점(原點)으로 매겨진 곳이다.

그는 이곳에서 늘 집회를 연다. 그의 생각과 염원이 모여 그 장소를 택했는지, 아니면 그저 사람이 많이 모일 수 있는 곳이어서 그 장소에 섰는지는 알 수 없다. 그럼에도 그는 대한민국의 심장인 서울, 서울의 한복판 도로 원점이 있는 '이승만 광장'에 서서 수많은 청중 앞에 서서 길을 다시 묻고 있다. 대한민국이 어느덧 잘못 빠져든 길의 의미를 다시 묻고 있는 것이다. 대한민국이 지향해야 할 길은 자유와 민주의 틀로 북한을 통일해 진정한 세계 강국으로 성장해야 한다는 스스로의 강력한 믿음 위에서다.

그는 경상북도 의성군 어느 한 시골 오지에서 태어났다. 문명의 세례라고 해도 좋을 전기와 수도, 아스팔트 도로 등과는 아주 거리가 먼 험지였다. 그는 그곳에서 중학교를 마칠 무렵까지 있었다. 아울러 기독교와는 아무런 관계를 맺지 않은 가정에서 태어났다. 그러나 말이 어눌하고, 남과도 잘 어울리지 않던 소년은 우연찮은 몇 고비를 겪으며 마침내 기독교에 귀의해 오늘날의 명성을 이뤘다.

그 과정은 여느 성공한 목회자의 이력과 크게 다를 바 없다. 서울에 유학을 와 광운전자공업고등학교를 졸업했고, 서울 용산구에 있는 대한신학교에서 신학을 공부했다. 이후 전도사로서 유명한 부흥회를 찾아다니며 성령이라는 감화(感化)의 물결 속에 자신을 몰입시켰다. 눈썰미가 좋고, 받아들이는 능력이 빼어났던 그는 결국 유명 부흥사들의 능력을 크게 섭렵하는 힘을 발휘해 그들의 능력을 자기 것으로 만들었다.

전광훈, 자유 통일의 길

그는 전도사로서 1983년 서울 답십리에서 사랑제일교회를 개척했다. 이채로운 점은 당시 개척 교회를 열면서 그가 내세운 표어가 '내 민족을 내게 주소서!'였다. 당시 그 표어를 본 사람들 중 상당수는 비웃기까지 했다고 한다. 조그만 개척 교회를 하면서 너무 거창한 표어를 내건 것은 아니냐고 하면서다. 그러나 경상북도 의성군에서 자라난 젊은 전도사 전광훈은 "그것은 내 진심"이었다고 말하곤 했다.

그의 본래 포부는 지금의 상황과 많이 다르다. 그는 유명하다는 교회의 목사, 그 목사들이 등장하는 대형 부흥회를 쫓아다니며 이른바 '잘 나가는 목사'들을 따라 배우는 데 여념이 없던 사람이었다. 강남중앙침례교회의 김충기 목사, 여의도순복음교회의 조용기 목사 등이 그의 '롤 모델'이었다. 대한민국 기독교 교단에서 '최고'로 손꼽히는 그 목사들을 따라 배워 언젠가는 그들의 대형 교회들보다 더 큰 교회를 만드는 것이 꿈이었다고 했다.

그는 타고난 부흥사였다. 답십리 사랑제일교회를 세운 뒤 30대의 젊은 나이임에도 그는 늘 전국을 분주히 돌아다녔다. 나름대로 '길'에 부지런히 나섰다는 점에서 그는 매우 행동적인 목회자였다. 아주 큰 교회에서도 그는 부흥사로서의 주목을 받았다. 지금도 그 대형 교회에서 그가 부흥회를 맡았을 때 모인 청중의 수는 아직 그 기록이 깨지지 않은 상태라고 한다.

그러나 그의 꿈은 거기서 멈추지 않았다. 행동적인 목회자답게 그는 그 다음 단계를 설계했다. 그는 성도들의 성장 못지않게 그들을 이끄는 목회자들의 변화가 없으면 한국 기독교는 더 큰 발전을 이룰 수 없다고 판단해 '청교도영성훈련원'을 만들면서 다른 모색에 나선다. 목회자를 대상으로 한 집회였다. 목회자만 따로 모여 교육을 받는 일이 거의 없었던 당시의 사정으로서는 매우 획기적인 발상이었다.

그러나 지금의 전광훈이라는 인물의 행동에서 나타나듯이 그는 결국 '길' 위에 서고 만다. 그 결과에 대해서는 여러 설명이 가능하겠으나, 우선은 그가 일찌감치 자신의 시골 고향 친척 아저씨로부터 건국 대통령 이승만의 이야기를 듣고 배웠던 경험을 눈여겨 볼만하다. 그저 흘려들은 것이 아니라 "이승만을 모르면 한국인이 아니다"라는 훈계와 함께 그의 생애와 업적에 관한 자세한 지식도 새겨들으며 자랐다. 그의 친척 아저씨라는 사람은 전성천 목사였다. 이승만 대통령이 유학한 프린스턴 대학에서 신학을 전공한 목회자이자, 정치인(이승만 대통령 정부 공보실장 역임)이며, 성남교회에서 사회운동을 이끈 사람이었다. 아울러 교계의 큰 어른이자 대한민국 CCC(대학생 선교회)의 창립자인 김준곤 목사, 여의도순복음교회 조용기 목사의 권유도 작용했다. 이 부분은 책의 후반부에서 다뤄질 예정이다.

그로써 전광훈 목사는 정치적인 길 위에 선다. 그러나 그가 실질적으로 정치를 하려는 것은 아니다. 전 목사는 자유 통일당 설립을

전광훈, 자유 통일의 길

주도했고, 집회 등을 통해 정치권에 쓴 소리도 하는 등 일종의 간접적인 정치를 하고 있다. 그러나 속내를 들여다보면 직접적인 정치가 아니다. 그저 그는 '영향력 있는 정치인 한 명이 세상을 바꿀 수 있다'는 신념을 지니고 있다. 이를 테면 대한민국의 올바른 가치를 대변하면서 그를 현실에 옮길 수 있는 유력한 정치인을 '카운터 파트너'로 계속 찾아 왔다는 것이다.

전 목사는 그 일례로 콘스탄티누스 대제가 발표한 밀라노 칙령을 예로 들기도 한다. 그 칙령 하나 때문에 당시 박해받던 기독교가 전 세계 신도수가 가장 많은 종교로 퍼져 나갔다는 점을 설명한다. 아울러 '기독교 입국론'으로 나라를 세운 이승만 대통령으로 인해 건국 당시 120만 기독교인 밖에 없던 우리나라에 1,000만 명이 넘는 기독교인이 생기게 된 점도 사례로 들고 있다. 이렇게 영향력 있는 정치인을 배출해 대한민국을 올바른 길로 나설 수 있게 하는 것이 전 목사의 목표다. 일종의 '킹메이커' 역할일 수 있다.

그는 두 가지 꿈이 있다. 하나는 '자유 통일'이다. 북한을 비롯한 공산권 국가, 또는 그들과 몸통을 이뤄 소위 '블록화'의 흐름에서 공산권 국가와 한 데 서 있는 국가들을 자유와 민주라는 이념적 흐름으로 통일하는 일이다. 그래서 전 목사는 남북문제를 매우 중시한다. 대한민국이 자유와 민주의 토대를 확고히 닦아 튼튼한 토대에 세운 뒤 이를 북한으로 펼쳐 통일을 이루고, 다시 공산권 국가인 중국, 옛

사회주의 맹주였던 러시아까지 넓혀간다는 구상이다.

그래서 북한에 대한 태도에 관해 그의 입장은 확고하다. 기독교적인 사명에 입각해 자유와 민주로 북한을 활짝 열어야 한다는 점이다. 북한을 지배하고 있는 현재의 정권은 세습의 왕조에 불과하며 문명의 흐름에서 아주 뒤처진 북한 지배층에게는 추호의 타협적 자세를 보여서는 안 된다고 주장한다.

다른 하나의 꿈은 '복음 통일'이다. 목사인 그는 모든 일이 기독교의 믿음 바탕 위에서 이뤄져야 한다는 점을 강조한다. 복음이 한반도를 덮고, 온 민족이 복음으로 하나가 되는 통일을 말한다.

자유 통일과 복음 통일은 다른 길이 아니다. 하나의 길이다. 전 목사는 이미 좌파 방향으로 기울어져 위기 빠진 대한민국이 극복하기 위해서는 복음 위에 자유민주의 가치가 바로 서야 한다는 점을 외치고 있다. 이 외침이 바로 자유 통일이며, 복음 통일이다.

그래서 그는 대한민국의 중심인 서울, 그 서울의 한복판인 광화문 '이승만 광장'에 서는지도 모른다. 그 광장에는 앞서도 언급했듯이 서울의 '도로원표'가 있는 곳이다. 그는 그 중심에 서서 집회를 이어가며 대한민국이 샛길로 빠지기 전의 원점, 올바른 자리에 서 있는가를 되묻고 있는 것이다. 그곳 원점에서 다시 출발해 대한민국의 자랑스

전광훈, 자유 통일의 길

러운 가치와 성과로 남북통일을 실현하고, 더 나아가 세계적인 강국으로 성장해야 한다는 믿음에서다.

전 목사의 요즘 눈길은 태평양 건너를 향하고 있다. 그는 실제로 미국의 보수 기독교 정치인들과 교유를 넓히고 있다. 기독교가 기독교의 가치를 스스로 지키지 못할 때 틈은 벌어져 형해(形骸)만 남은 기독교로 변질한다고 그는 믿고 있다. 기독교의 전통 가치를 뒤흔드는 현상이 많이 벌어져 그 오염의 상태는 심각하다고 그는 또한 믿는다.

이 문제를 태평양 건너 미국의 보수 기독교와 연대를 함으로써 대한민국의 기독교계가 더 올바른 방향으로 성장하기를 그는 고대한다. 아울러 이는 한반도의 전쟁, 또는 급변 사태 등 위기 요소가 깊어졌을 때 양국의 유대를 한 결 더 넓고 크게 강화해야 모든 위기에 대응하는 토대가 만들어진다고 믿고 있다. 이를 위해 전 목사는 지난 (2023년) 9월, 미국을 방문해 미 상원의원 린지 그레이엄(Lindsey Olin Graham)을 만났다. 70주년 한미 동맹을 맞아 양국이 더 깊은 가치관으로 한 데 맺어지도록 하는 사안을 두고 깊이 있게 의견을 교환했다고 한다.

아마 이런 점 때문에 전광훈 목사는 대한민국의 수도 서울 복판에 있는 '이승만 광장'에 앞으로도 줄곧 설 전망이다. 그는 그곳에서 우리가 어느덧 빠져들었던 샛길의 위험성을 계속 소리 높여 경고할 듯하다. 아울러 원점으로 돌아가 우리 모두가 다시 옳은 길을 향해 무겁고 힘찬 걸음을 옮길 때까지 그는 계속 목청을 드높여 외칠 것이다. 그는 그렇게 자유 통일의 길에 나선 목회자로서의 역할을 앞으로도 결코 마다하지 않을 듯하다.

# 목차

# 01
## 낙동강의 아프리카 소년

그는 '일자무식(一字無識)'의 부모님 아래 태어났다. 출생지를 정확한 주소로 적으면, 경상북도 의성군 신평면 쌍호리 892번지다. 700리 낙동강의 드넓은 유역에서 헤아리기조차 힘들 정도로 많은 굽이의 어느 한 자락이다. 이제는 대한민국에서 가장 유명한 목사 전광훈의 출생지다. 전 목사는 자신이 태어난 이곳을 스스럼없이 '아프리카'로 지칭한다. 이렇게 표현하면, 알게 모르게 지역적인 차별이 묻어 있는 듯하다. 그러나 인류 문명의 발전사라는 측면에서 언급하는 개념이다. 그저, 현재의 세계 정세에서 경제적으로 가장 낙후한 아프리카의 상황을 자신이 태어난 곳의 당시 형편에 견준 것이다.

우선 그의 부모님 이야기는 매우 진솔하다. 아버님, 어머님 모두 를 배운 게 전혀 없는 시골의 농부(農夫)와 농부(農婦)로 표현하기에 서

승지 않는다. 고향에서의 생활을 회고할 때 전 목사는 "내 앞길이 참 어두웠다"는 말을 자주 입에 올린다. 그가 스스로 언급하는 '어둠'은 여러 가지 의미를 담고 있다. 그는 그렇게 일찍이 '밝음'과 '어둠'의 의미 맥락 사이에 서 있었다. 이 부분은 책에서 더 풀어가야 할 주제다.

그의 아버지는 한글을 해독도 못한 채 세상을 등졌다고 한다. 문자 속에 묻어 있는 문명이나 개화, 또는 근대의 요소와는 아무래도 거리가 멀었던 모양이다. 전 목사의 어머니는 좀 더 오래 살면서 겨우 숫자를 익힐 수 있었다고 한다. 전 목사는 어머님이 돌아가시기 전까지 사택에 모시고 살면서 아라비아 숫자를 겨우 가르쳐 드렸다고 한다. 늙은 어머니는 전 목사에게 벽에 거는 메모판에 동생의 전화번호를 큼지막하게 써달라고 자주 부탁을 했다.

숫자를 겨우 익힌 어머니는 잘 보이지 않는 눈으로 벽에 쓰인 숫자를 읽는 데 꽤 힘이 들었던 듯하다. 당시에는 휴대폰 등이 없던 시절이라 늙은 어머니가 숫자를 읽는 동안 전화기는 금세 "뚜-뚜-뚜"라는 기계음을 내고 바로 꺼지고 말았다. 어머니는 열 번 정도 그렇게 숫자를 읽고 다이얼을 돌린 뒤에야 동생과 통화를 할 수 있었다고 한다.

전 목사가 어린 시절을 보냈던 의성군 신평면 쌍호리는 낙동강의 한 굽이가 짧지 않은 구간에 모습을 드러내고 있는 곳이다. 대개의 강은 멀리서 보면 일정한 방향으로 향하지만 구간과 구간, 사이와 사이에서는 무수한 굽이를 튼다. 그가 자라난 쌍호리 892번지는 함께 촌락을 이룬 가옥이라고 해 봐야 모두 합쳐 열여섯 가구가 사는 아주 한적한 동네였다.

낙동강의 완만한 굽이가 주는 안온함은 그곳에도 있었다. 사시사철 꽃이 피고, 꽃이 지고, 열매가 자라고, 추위가 닥치고, 눈발이 혹한을 가져 오는 한반도의 계절 변화가 그곳에도 늘 있었다. 특히 낙동강의 흐름이 가져오는 백사장의 기억이 있었고, 철에 이르면 나타나는 절후의 변화도 그의 기억에는 또렷하다.

그러나 전 목사는 자신의 어린 시절을 왠지 모르게 '어둠' 또는 '캄캄함'으로 자주 언급한다. 아울러 그의 설교 과정에서 '미개'라는 말

전광훈, 자유 통일의 길

이 자주 어린 시절 기억의 대표적인 표현으로 등장할 때가 있다. 그는 무엇엔가 닿고자 하는 본능적 몸부림이 있었을지 모른다. 그래서 때로는 자신의 고향을 '아프리카'로 지칭한다. 본래 아프리카가 문명의 완연한 낙오자는 아닐지라도, 지금의 세계 상황으로 볼 때 가장 뒤에 처진 지역이다. 그 아프리카를 자신의 고향 상황과 같은 선상에 두는 것은 아무래도 그 '어둠'과 '캄캄함'의 기억 때문일지 모른다.

"열여섯 가구가 모여 살지만 각 집안의 어른들이 몇몇 모여 '누구네 집 며느리 버르장머리가 없으니 쫓아내야겠다'고 결정하면 곧 그렇게 행동으로 옮겨졌던 곳이었어요. 추장들이 나서서 모든 것을 결정하는 부족국가, 그 사회 형태가 만연해 있던 아프리카랑 전혀 다르지 않았습니다."

전 목사의 회고대로 그의 고향은 사시사철 자연의 학습이 가능했던 천연의 마을이었지만 문명 흐름 속 개화의 세례를 받지 못한, 한반도 안에서도 아주 오지에 속하는 곳이었다는 회고다.

왜 '어둠'의 기억과 인상이 그의 소년 시기에 넓고 펑퍼짐한 의식의 밑바닥을 형성했을까. 우선 그의 이름에 얽힌 에피소드가 눈에 띈다. 그의 현재 이름은 전광훈(全光焄)이다. 온전하다는 뜻의 전(全)이 성이고, 빛나다는 의미의 광(光)에, 향내가 나는 경우를 가리키는 훈(焄)이라는 두 글자 이름이 붙는다. 지금은 매우 유명한 종교인으로 이름을 떨치고 있지만 그의 본래 이름이라고 할까, 태어나서 처음 붙여진 이름은 전혀 다르다.

그의 부모는 위로 전광훈 목사의 누나를 낳은 뒤 5년 동안 아이가 들어서지 않았다고 한다. 당시 농사로 삶을 이어가던 한반도 사람의 삶 속에서 오랫동안 부부 사이에 아이가 들어서지 않는 일은 차라리 큰 고통이나 시련에 가까웠을 테다. 아주 오랜 가뭄 뒤에 내리는 비처럼 그의 부모는 마침내 전 목사의 잉태와 출산을 맞았다. 그와 함께 오랜 기다림 끝에 품에 안은 이 아이의 이름을 '칠성'으로 지었다.

이 이름의 한자는 일곱 개의 별을 가리키는 칠성(七星)이다. 직접적으로는 하늘에서 가장 높게 있다고 믿는 북두칠성(北斗七星)에서 비롯했다. 종교적으로 말하자면, 이는 중국에서 발원한 도교(道敎)라고 해야 옳고, 여러 곡절을 거쳐 한반도의 불교(佛敎)적 토양에도 이어진 외래의 민간 신앙이다. 아울러 우리 민속에서의 '칠성'은 사람들의 목숨을 관장하는 신격으로 떠받들여졌고, 특히 세상에 태어난 뒤 여러 질환을 얻어 곧 생을 마감했던 아이들의 수명과 관련이 있다고 믿는 대상이었다.

따라서 전광훈 목사가 세상에 태어나 처음 얻은 이 '칠성'이라는 이름은 그의 잉태와 출산을 간절히 기원했던 부모의 믿음 형태와 관련이 있다는 추정이 가능하다. 아주 오랜 기다림 끝에 얻은 아들에게

"시름시름 앓지 말고 오래 오래 살아 남거라"고 하는 뜻에서 붙인 '신앙적'인 이름이었다. 그래서 전 목사는 생후 유년기 내내 "칠성아~"라고 부르는 부모의 부름에 늘 "네~"하고 대답해야 했던 처지였다.

전 목사의 직접적인 회고에 따르면, 그의 모친은 한반도 민간 신앙, 특히 무속으로 지칭하는 민속 신앙의 흐름을 따르는 사람이었다. 틀림없이 그의 모친은 5년 동안 낳지 못한 아들을 간절히 기다리는 마음으로 무속의 믿음이 넘치는 서낭당이나 무당집을 찾았을 테고, 때로는 절집의 높은 곳에 자리를 잡았던 칠성각을 찾아 소원을 빌었을 것이다.

누가, 언제, 어디서 그의 이름을 '칠성'으로 지었는지는 분명치 않으나, 무당이나 절집의 승려가 지었을 그 이름은 무탈하게 그 소년기의 전 목사를 따라다녔다. 그 또한 제 이름이 '칠성'이라는 사실을 분명히 믿고 초등학교(당시는 국민 학교)에 입학했다고 한다.

그의 모친은 귀하게 얻은 아들 광훈에게 매해 음력 칠월칠석에는 새 한복을 입혀 잠을 재우지 않았다고 한다. 모친 또한 새 옷으로 갈아입은 뒤 없는 살림에 정성들여 마련한 떡 한 시루와 함께 초저녁부터 아들을 불러 마당에 나오게 했다. 이어 밤하늘 높이 떠있는 북두칠성에 정각으로 맞춰 선 뒤 절을 하게 했다. 그런 이벤트는 초저녁부터 새벽까지 줄곧 이어졌다고 한다. "이렇게 해야 네가 오래 살고,

아주 유명한 사람이 된다"는 타이름과 함께 말이다. 그렇게 전 목사의 어린 시절은 '칠성'의 신앙과 함께 흘렀다.

그러나 이름이 가족이나 친지가 아닌 타인들의 입에 오르내리고, 공적인 업무 영역에서 취급당할 때의 문제는 사뭇 달랐다. 초등학교 입학이 그 관문이었다. 처음 들어온 신입생들을 맞이하는 교실에서 문제가 불거지고 말았다. 그의 초등학교 첫 담임 선생님은 코흘리개 전 목사를 향해 "네 이름은 뭐냐"고 물었다. 어린 전광훈은 "제 이름은 전칠성인데요"라고 거침없이 대답했다. 그러자 선생님이 고개를 갸웃거렸다. "아냐, 잘 생각해 보아라. 집에서 너를 부르는 이름이 그럴 것이고, 호적에 있는 네 이름은 뭐냐"고 선생님이 다시 물었다. 그러나 어린 전광훈은 망설임 없이 "전칠성인데요"라고 또 대답한다. 태어나서 줄곧 불렸던 이름이었으니 전혀 이상하지 않다는 태도였다.

새로 입학한 학생 명부와 어린 '전칠성'을 옳게 확인할 수 없었던 선생님은 어린 칠성이에게 이윽고 "내일 아버님을 모시고 오라"고 말한다. 이어 그의 부친이 학교에 나타나자 선생님은 "이 아이의 이름이 뭡니까"라고 또 묻는다. 그러자 부친 또한 "전칠성이요"라고 대답한다. 그러자 선생님은 "어르신, 잘 생각해보세요. 집에서 부르는 이름 말고 호적에 있는 이름…." 선생님의 말이 끝나기도 전에 부친은 "아, 맞아요. 면서기가 지어준 이름이 있기는 한데…." 그의 부친은 한참 기억을 더듬어 마침내 '칠성'이 아닌 다른 이름을 생각해 냈다.

전광훈, 자유 통일의 길

그 이름은 '창훈'이었다. 지금의 이름과 또 다르다. 부친 또한 글자를 전혀 모르는 문맹이어서 벌어졌던 에피소드의 둘째 단락이다. 옛 시골에서 행정체계의 새로운 도입과 그에 대응해야 했던 일반 대중들은 가끔 그냥 웃지도 못하고 울지도 못하는 경우에 직면한다. 이름을 올려 출생신고를 마치고, 그 이름을 근거로 병역, 세무, 혼례 등 각종 행정체계에 들어서야 했던 길목들이 다 그렇다.

전광훈 목사가 설교 때 자신의 부모님을 언급하는 대목에서 늘 변함없이 밝히듯이 두 분은 '일자무식'이었다. 이 점은 결코 특별하지 않았다. 일제가 다스리는 시대에 태어나 제대로 교육을 받지 못했던 시골 사람들은 당시에는 그야말로 부지기수였다. 정규교육을 거치지 못해 글자를 식별할 수 없었던 사람들, 특히 한글을 포함해 한자까지 전혀 읽지 못하는 사람들을 '일자무식'이라고 하는데, 전광훈 목사의 부모는 그에 해당했다.

전 목사의 첫 이름이 '칠성'이었다가 초등학교 입학 때 '창훈'으로 바뀌는 내막은 이렇다. 오래 기다렸던 아들이 태어나고 얼마 뒤였단다. 면의 서기가 논두렁에서 일하고 있던 전 목사 부친의 옆을 지나갔다. "애들 낳았으면 출생신고 해야 한다"고 소리치면서 말이다. 뭔지는 정확히 몰랐으나 전 목사 부친은 "우리 아도 하나 올려주소"라고 했던 모양이다. 그러자 면 서기는 "이름이 뭡니까"고 물었고 부친은 "아무거나 한 개 써주소"라고 했단다.

면이라는 곳에서 그래도 글자를 알아보는 일, 즉 식자(識字)에 관해 그 지역에서 제일 수준 높은 이는 면서기였다. 그 글자를 제법 아는 면서기가 아주 그럴싸하게 이름을 지었다. 빛날 광(光)에 향내 날 훈(焄)…. 지금의 전광훈 목사 한자 이름이지만 어쨌든 독특하고 별나다. 빛과 함께 향내가 따르는 이름이라는 점에서다. 한반도에 사는 사람 중 성은 달라도 '광훈'이라고 적는 이름의 소유자는 제법 많다. 그 경우 대개는 빛 광(光), 공 훈(勳)이 대부분이다. 아무튼 그 면서기 또한 뭔가를 짐작하거나 예시하며 지은 이름은 아닐 텐데 나름 별난 작명임에는 분명했다.

## 02

# 세 번 바뀐 이름

전 목사의 초등학교 입학 때 그의 아버지는 유감스럽게도 아들의 정식 이름을 옳게 기억하지 못했다. 면서기가 지은 '광훈'이라는 이름을 제 때 기억에서 떠올리지 못하고 부친은 엉뚱한 이름을 꺼냈다. 가운데의 '광'을 '창'으로 기억하고 말았다. 어떤 곡절을 거쳤는지 모르겠으나 부친이 겨우 생각해 낸 '창'이라는 글자는 '창성하다'라는 뜻의 한자인 창(昌)으로 귀착하고 말았다. 그로써 초등학교 내내 전 목사의 이름은 '전창훈'이었다.

학교에 입학하는 일은 나름대로 한 사람의 일생이 국가의 공식 행정체계 안으로 들어서는 의미를 지녔다. 그 전의 어린 시절을 '칠성'이로 보냈던 전 목사는 급기야 학교 문턱에 진입하면서 가까스로 '전창훈'의 이름으로 불렸다. 그로써 그의 이름은 굳어지는 듯했다. 그

27

러나 곧 '이름 파문'은 또 일어나고 말았다.

중학교에 입학했을 때의 일이다. 그의 중학교 첫 담임은 반의 학생들 모두에게 호적등본 한 통씩을 떼어 오라고 시켰다. 선생님의 분부에 맞춰 호적등본을 떼 간 전 목사는 다시 담임 선생님의 호출을 받아야 했다. 국민 학교 입학 때 겪었던 낯익은 장면이 다시 연출되고 있었다.

"네 진짜 이름이 뭐냐?"

선생님이 진지하게 물었다.

중학교에 갓 입학한 전 목사는 전혀 말설임 없이 대답했다.

"전창훈인데요."

칠성에서 창훈으로 바뀌기는 했지만 제 본명을 찾았다고 충분히 확신하고 있었기 때문이었다. 그러나 이번에도 뭔가 단단히 꼬여 있었다. 선생님은 고개를 갸웃거리더니 마침내 "여기에는 네 이름이 없어. 내일 학교에 아버님을 모시고 나와라"고 했다.

이윽고 이튿날 아버님을 학교에 모시고 중학 신입생 전 목사는 담임 선생님 앞에 다시 섰다. 선생님은 부친에게 "아이 이름이 여기에 없는데, 본명이 뭡니까"라고 물었다. 그러자 부친은 "선생님이 한문도 제대로 못 읽나요"라면서 역정부터 냈다고 한다. 선생님은 그에 당황하지 않고 웃으면서 "그러면 이 아이가 집에서 몇 째입니까"라고 물었다. 부친은 "이 아이가 첫째 아들이요"라고 응답했다. 선생님은 그제야 "그렇다면 잘 알았습니다. 아이 이름은 광훈입니다. 광훈이…."

전 목사가 설교를 통해 자주 언급하는 자신의 이름 찾는 과정에 관한 웃지 못 할 일화들이다. 이름을 제대로 찾는 일은 보통 정명(正名)이라고 한다. 뭔가 자리를 제대로 잡지도 못하고 이리저리 흩어져 쪼개져 있던 것을 한 데 모아 큰 흐름으로 잘 정리해내는 일도 그런 '정명'으로 말할 수 있다.

중학교 첫 담임 선생님의 중재 노력으로 전 목사는 중학교 입학 무렵에 이르러서야 겨우 이름을 되찾는 '정명' 작업에 성공할 수 있었다. 아무도 제대로 학식을 쌓을 여유가 충분치 않았던 1950~1960년대의 대한민국에서 벌어질 수 있는 흔한 일이었다. 그러나 전 목사가 지금 사용하는 자신의 이름을 되찾는 과정은 몇 가지 점을 일깨운다.

우선 그의 부모님 모두 현대의 문명 흐름과는 동떨어져 있는 분이었다는 사실이다. 문명의 첨병이라고 해도 좋을 문자의 해독에 전혀

어두웠다. 또한 기독교의 시각에서는 차라리 순수 무속신앙이라고
해도 좋을 '칠성'의 믿음이 그의 어머님 의식 속에 온전해 있었고, 유
년에는 모친을 따라 칠월칠석날이 오면 북두칠성을 향해 정각을 맞
춰 절을 올려야 했던 과정을 그가 몸소 겪어야 했던 점도 그렇다.

전 목사의 어린 시절 회고처럼, 빛보다는 어둠이 그의 주변을 더
억눌렀다는 인상을 주는 대목들이라 할 만하다. 그와 함께 전 목사의
부친에게도 눈길이 간다. 그는 당시 땅을 가꿔 농사를 지어 가족을
먹여 살려야 했던 흔하디흔한 한반도의 농부 그 자체였다. 경상북도
의성 땅 외진 곳의 농부답게 그는 끈기와 노력으로 가족을 먹여 살리
려고 고심에 고심을 더한 농부였으나 문자를 읽지 못하면서 벗어버
리기 힘든 관습 등에 깊이 얽매였던 '어둠'을 지닌 인물이었다.

아울러 '면서기'라는 단어에도 관심을 기울일 만하다. 행정구역인
면(面)의 서기(書記)는 일반적인 직함이었다. 면에 근무하는 행정 관원
이다. 그러나 일제 강점기와 대한민국 건국 초반에는 이들이 기초 행
정 체계에서는 그나마 글을 읽을 줄 알고, 글을 쓸 줄 알았던 사람들
이어서 나름 적잖은 권한을 쥐고 있는 인물로 보였다. 따라서 일반
시골의 대중에게 '면서기'는 일정한 지식에, 안정적인 자리를 유지하
는 선망의 대상이었다.

마침 그 면서기가 지어준 이름이 지금 전 목사의 정식 이름으로 자

리를 잡았다. '칠성'이라는 이름을 지어주고 그 무속의 믿음으로 아들이 건강하고 행복하게 자라기를 꿈꿨던 그의 모친에게는 꿈 하나가 있었다. 어린 전 목사가 장성해서 '면서기'가 되는 것이었다. 그의 모친은 간절한 소망으로 얻은 아들이 '칠성'의 믿음 아래, 무탈하게 자라 면서기로 일생을 살아가는 소박한 수준의 꿈을 꾸고 있었던 셈이다.

무엇인가에 눌리거나 덮여 생겨나는 답답함, 울적함, 마음 속 방황과 미혹 등이 낙동강 쌍호리 어린 시절을 회고하는 전 목사에게 '어둠'이라는 인상으로 이어지지는 않았을까. 이제는 적어도 대한민국에서 그 이름만 대면 누구나 아는 유명한 인물로 성장한 전광훈 목사에게는 말이다. 아무튼 그는 스스로 '자연 체험장'이라고 부르는 고향의 산천에서 꿋꿋하게 자란다. 단지 말수가 별로 없고, 어쩌면 둔중해서 남의 눈에는 좀체 눈에 잘 띄지 않는 그런 청년으로 말이다.

# 03
## 공부와 담을 쌓은 아이

어린 시절의 전 목사는 지금으로 따지자면 학습부진아였다. 공부와 아예 담을 쌓았다고나 할까. 그의 놀이터는 모래사장이었다. 낙동강이 수천 년, 수만 년, 아니 그 이상의 억겁이라는 세월을 통해 부지런히 범람과 퇴적을 거치다가 어느 한 기간 동안 쌓은 천연의 모래밭 말이다. 그곳에는 어린 시절 전 목사의 수많은 기억이 남겨져 있다. 설교에서는 가끔 언급을 하지만 주로 생태, 자연을 학습했던 배움과 사색의 장소였다.

강 옆에 두드러진 야트막한 구릉 안쪽이 쌍호리, 그가 태어나고 살았던 마을이다. 그 구릉의 마을 언저리에서 바로 보이는 곳이 낙동강이다. 강변은 하얀 모래가 길게 깔려 있어 햇볕 맑은 날의 푸른 낙동강 물과 아주 멋진 조화를 빚어내는 곳이다. 방과 후의 그의 단조

로운 일상은 이랬다. 우선 지게를 짊어지고 집 문을 나서 곧장 산으로 향한다.

당시에는 땔감이 곧 산천에서 자라는 초목이었다. 우리 한반도의 민둥산을 있게 한 일이 곧 이 땔감 채취였으나, 당시의 변변치 못했던 연료 사정으로 봐서는 어쩔 수 없는 선택이기도 했다. 어린 전 목사가 태어나 자라던 1950년대와 1960년대는 대한민국 산업화에 발동이 걸릴 무렵의 초입인지라 사정은 역시 좋지 않았다.

설교 때 전 목사가 가끔 이 지게질을 언급하는 적이 있다. 지게 짊어지는 스킬에 관한 것이었다. 당시 지게질이 어느 정도 숙련에 이르렀는가를 묻는 질문이다. 대부분의 신자나 청자들은 지게질과 땔감을 떠올리는 경우가 많다. 지게 위에 가득 채워둔 땔감을 잘 옮기는 것이 지게질의 가장 중요한 기술이 아니냐는 점에서다.

그러나 전 목사가 내놓는 답은 전혀 엉뚱하다. 그의 지론에 의하면 지게질의 정점에 해당하는 일은 똥이나 오줌 등을 담은 '똥 단지' 옮기기다. 푸세 식 재래 변소를 청소하는 일은 참 고역 중의 고역이었다. 그나마 사업자들이 나서서 인부를 동원해 기술적으로 숙달된 인력이 나서는 서울이나 도시 지역의 변소 치우기는 그나마 덜했다. 직접 변소를 퍼내 분뇨를 옮겨 비료로 사용하는 농촌 지역의 그 일은 꽤 힘들었을 듯하다.

아무튼 변소의 똥과 오줌을 담아 지게로 져서 옮길 때는 단지 자체가 출렁이게 마련이다. 이 점이 지게질의 최고 기술을 요한다는 것이 전 목사의 주장이다. 조금이라도 걸음을 잘못 디디면 단지 안의 분뇨는 출렁이다 넘쳐 쏟아진다. 그래서 지게를 지는 동작과 걸음, 몸의 균형 등이 모두 맞아야 하는 일이 똥지게 지는 일, 지게 기술로는 최고봉의 작업이라는 주장이다.

이는 체험을 거쳐 나온 주장이다. 그만큼 전 목사의 유년과 초년은 고된 농사와 관련된 일상으로 점철한다. 부친을 도와 논밭을 경작하는 일, 지게를 지고 산에 올라 나무를 하는 일, 똥지게를 지고 밭에 거름을 뿌리는 일, 소를 몰아 풀을 먹이는 일이 모두 그의 차지였다. 일이 힘들어서 조금이라도 도망칠 기미가 보이면 부친은 "야, 이놈아, 나중에 대통령이 되더라도 농사는 지을 줄 알아야 해, 게으름 피우지 마. 이놈아"라며 곧장 호통이었다.

그런 사정인지라 "공부를 하려고 해도 할 시간이 없었다"는 게 전 목사의 변명이다. 토대가 약해서 남들의 진도에 제대로 맞추지 못할 때 공부하는 학생의 성취는 크게 떨어진다. 본래 관심이 적었던 학습의 영역이었다. 세부적인 과목에 맞춰 이런저런 지식을 쌓는 일에 관심이 적은 것 자체가 문제였다. 게다가 초등학교 시절에는 집을 일으키겠다는 강력한 의지를 지닌 모친의 지휘 아래 긴축과 함께 초강의 노동이 펼쳐지고 있었다. 빡빡하게 짜인 이 틀에서 어린 전 목사 또한 예외일 수 없었다.

따라서 초등학교 교과 과정에서 맨 밑바닥을 줄곧 헤매다가, 꼴찌의 성적표로 졸업을 해야 했던 그는 중학교에서도 마찬가지 과정을 되풀이 한다. 가정형편은 조금 나아졌다고 하지만, 문제는 학습에 기울일 관심 자체가 적었고, 의욕에 불을 댕기기에는 기초 학력 자체가 무척 떨어졌다. 그래서 중학교 교과 과정 또한 소년기 전 목사에게는 회피의 대상일 뿐이었다.

스스로의 고백에 따르자면, 중학교 졸업할 무렵까지 전 목사는 알파벳을 다 읽지 못했다고 한다. 소문자인 p와 q를 구분하지 못해 진땀을 흘릴 적도 많았다고 한다. 아울러 수학 공식 등은 아예 접어두는 상황이었다. 사정이 이렇다보니, 중학교 학습 또한 지지부진이었다. 나아지려는 노력과 생각도 없어 모든 것이 자포자기의 상태로 흐르고 말았다.

# 04

## 소금 배 오갔던 낙동강

그의 회고에서 고향의 낙동강은 늘 푸르게 다가온다. 그가 자라난 의성군 쌍호리는 사실 외가가 있는 곳이다. 그의 혈족들이 오래 머물며 삶의 터전을 닦았던 곳은 의성군 쌍호리 낙동강 건너편의 예천군 지보면 상락(上洛)이라는 지역이다. 이곳은 어느 정도 권세를 얻어 조선 말까지 나름대로 안정적으로 살았던 명문들이 탄탄한 혈족사회를 이루며 살고 있던 구역이다. 전씨(全氏)는 이곳 예천의 대표적인 가문이라고 할 수는 없었으나 이 상락 일대에서 나름대로 적잖은 성씨 집단의 끈끈한 혈계를 중심으로 터전을 잡고 살아가던 집안이다.

낙동강 상류에 해당하는 구간이며, 더 위쪽으로는 조선시대 대표적인 유림(儒林)을 형성했던 하회마을, 안동 등이 있다. 의성과 예천으로부터 더 낙동강을 따라 올라가는 상류 지역은 조선시대 우리의 사

전광훈, 자유 통일의 길

상과 관념을 이끌었던 유가의 흐름이 깊게 영글어 맺혀 있는 곳이라 하지 않을 수 없다. '상락'이라는 이름 자체는 '낙양(洛)으로 오른다(上)'는 뜻을 지닌 단어다. 중국에서 만들어진 명칭이었을 테고, 어느 시절인가에 유가적이며 중국적인 흐름을 따라 우리 지명으로 슬쩍 옮겨 앉은 말일 듯하다.

낙동강은 대한민국에서 가장 긴 강이다. 하천 길이로만 따지면 400㎞가 넘는다. 유역의 면적 또한 2만 3384㎢에 이른다. 강원도 태백에서 발원해 남해로 빠져드는 유서 깊은 강이다. 강이 지닌 문명성과 역사성 등은 거듭 이야기할 필요가 없다. 강이 있어 사람들은 오가고, 제가 생산해낸 물자를 교류한다. 때로는 거센 전쟁이 벌어져 피로 물들 때도 적지 않지만, 이 강이 있어 사람들은 편한 물길로 다

른 지역의 사람들과 만나고 물품을 나눈다.

　삼국시대를 비롯해 고려와 조선을 거치면서 이 낙동강은 늘 붐볐다. 몽골의 침략을 받은 고려는 이 낙동강을 통해 강화도에서 옮겨온 팔만대장경을 실어 날라 내륙의 합천 해인사로 운송을 마치기도 했다. 수로에 이어 육로 이동을 고루 활용한 운송작업이었다. 조선 때는 고려에 이어 경상도 지역의 세곡, 공물 수송이 이 낙동강 물줄기와 육로 구간에서 이뤄지기도 했다.

　낙동강을 오간 물품 중에서는 소금이 가장 눈에 띈다. 부산 등 강 하구에서 만들어진 소금이 낙동강 물길을 거쳐 경상북도 내륙으로 옮겨지는 일이었다. 이를 위해 낙동강 중류로부터 상류인 안동까지는 늘 소금 배가 다녔다. 바다 소금이 우선은 왜관으로 옮겨진 뒤 낙동강 물길을 따라 경상북도 각 내륙 지역으로 팔려나갔다. 그러나 상류를 거슬러 올라야 하는 일이었다. 뱃길은 쉽지 않아 사람들이 인력으로 땅에서 끌어야 하는 과정을 거쳐야 했다고 한다.

　이 소금 배는 꾸준히 낙동강 상류를 거슬러 오르면서 많은 이야기를 남겼다고 한다. 소금 배에 관한 기억은 전 목사의 7촌 아저씨로 나중 이승만 대통령 정부의 첫 공보실장을 지낸 전성천 목사의 회고에서 매우 자세히 등장한다. 그에 따르면, 소금 배는 작은 것일 경우 2명 정도, 큰 것일 경우에는 6~7명의 사공들이 타는 배가 운항했다고 한다.

　　　　　　　　　전광훈, 자유 통일의 길

상류로 거슬러 오를 때는 뭍에서 밧줄로 끌어주는 인부들의 도움을 받았으며, 소금을 실었던 배는 상류의 각 지역에서 소금을 내린 뒤 현지의 쌀이나 고추, 마늘 등을 싣고 다시 하류로 향했다고 한다. 하류 지역을 향해 내려갈 때의 배들은 강물의 흐름을 타서 아주 빠른 속도로 낙동강을 지나갔던 모양이다. 그래서 이 배를 바라보는 현지인들의 시선은 아주 뜨거웠다고 한다. 특히 낙동강을 품은 내륙의 젊은이들이 이 배에 올라타 낯설고 물 설은 하류 지역, 더 나아가 해외 등 미지의 세계를 향해 새 출발을 하는 꿈에 자주 젖어들었다고 회상했다.

이 소금 배는 근대에 접어들어 개화의 흐름에 물들어가던 한반도 경상 내륙 지방에 이전까지는 전혀 보고 듣지도 못한 문명의 요소들을 실어 나르기도 했다. 바로 기독교 계통의 선교사들이었다. 이들은 소금 배에 올라타 내륙으로 전도와 포교라는 쉽지 않은 길에 올랐다. 그 당시의 자세한 정황은 이제 일일이 알 수는 없으나, 그들의 전도와 포교로 인해 적잖은 경상도 내륙 지역의 사람들이 감화를 받았다. 그로써 경상북도 일원에는 교회가 들어서기 시작했다.

일부 기록으로 보면, 대구에 미국의 북부 장로회에서 제일교회를 세운 때가 1893년이다. 이로부터 경상북도 내륙 방향으로 기독교 교회가 들어서기 시작했다. 아무래도 낙동강 물길은 그 과정에서 매우 중요한 역할을 했으리라 보인다. 1901년에 구미와 군위에, 1903년과 1905년에 의성을 거쳐 1907년에는 예천 상락에 상락교회가 들어섰다.

이 무렵인가에 전 목사의 고조모가 전도를 하러 소금 배를 타고 상락리에 도착한 외국 선교사에게 생필품 등을 가져다주다가 기독교에 귀의한 듯 보인다. 조선이라는 왕조시대 내내 무겁고 어두운 남존여비(男尊女卑: 남자는 높고 여자는 낮다)의 고루한 성리학적 관념과 위계에 짓눌렸던 여성들의 입장에서 이 기독교의 의미는 과연 어땠을까가 참 궁금해진다. 아무튼 낙동강을 오르던 소금 배와 그에 올라탔던 선교사, 그리고 기독교의 메시지와 빛은 그렇게 전광훈 목사의 집안과

연결고리를 형성한다.

어쨌든 낙동강 700리 물길을 따라 기독교의 십자가는 경상 북부 지역을 향해 조심스럽게 번져 나갔다. 이들 곳곳에 세워진 교회들은 1919년 기미 만세 독립운동을 비롯해 일본의 신사 참배 거부 등 일제 강점기에 격렬한 저항을 펼치며 민족의식과 함께 기독 문명을 한반도 동남부 지역에 적극 보급하기 시작했다.

소금 배는 그 초기의 과정에서 매우 중요한 역할을 수행했고, 그 배가 드나들었던 낙동강의 물길을 또한 중시하지 않을 수 없다. 그 낙동의 물길 가운데 안동에서 흘러 하회마을을 거쳐 다시 굽이를 크게 틀어 하류를 향하는 곳의 하나가 의성이자, 예천의 길목이다.

앞에서 소개했듯 전 목사의 태생지 의성군 쌍호리 892번지는 모친의 고향, 즉 외가 동네다. 그의 부계 혈통 사람들이 모여 살던 곳은 역시 이미 언급했듯 의성군 쌍호리의 낙동강 건너편인 예천군 지보면 지보리 상락마을이다. 전 목사의 집안이 예천의 본가를 떠나 의성의 외가로 거처를 옮긴 데는 모친의 요구가 컸다고 한다. 모친의 믿음 성향, 즉 종교적 형태가 문제였다고 한다.

전 목사가 태어난 뒤 처음 얻은 이름은 칠성이다. 어머니의 취향과 일반적 믿음 형태가 충분히 반영된 이름이다. 그런 성향의 어머니는 남편의 집안사람들이 모여 사는 곳을 꺼렸다고 한다. 이미 그 예천의 상락마을 일대에는 소금 배를 타고 올라와 전도와 포교를 수행한 외국 선교사들로 인해 이미 기독교 신앙이 널리 퍼져 있었기 때문이라고 한다.

지금의 초등학교 과정을 '칠성'이라는 이름으로 마친 전 목사는 아들이면 누구나 그렇듯이 모친의 영향을 강력하게 받을 수밖에 없었다. 그 '칠성'이라는 이름 자체가 그 점을 더 분명하게 보여주고 있었다. 이어 '창훈'이라는 아버지 기억 속의 이름도 호적을 대조하며 확인절차를 분명하게 거쳤던 중학교 첫 담임 선생님 덕분에 '광훈'이라는 본명을 되찾기에 이르렀다.

무지와 무식, 그로써 찾아온 어둠에 덮여 벌어졌던 일들이다. 그는 강한 개성을 지녔으면서 생활력이 대단했던 모친의 보호 하에 무럭무럭 자라난다. 그러나 밝고 활기에 가득 찬 소년의 모습은 아니었다. 무엇인가 늘 생각하면서 제 혼자만의 고독 속으로 감겨드는 분위기의 생활이었다. 그는 쌍호리 끝으로 접해 있는 낙동강 강변을 어느덧 혼자 즐기는 소년으로 변해 있었다.

# 05
## 모친의 기질과 수완

전 목사가 곧잘 쌍호리 외가의 출생지 낙동강 강변을 떠올릴 적이 있다. 뭔가 막연하게나마 보인다는 느낌을 지녀보지 못한 채 그가 소년 시절을 침묵과 고요 속에서 보냈던 곳이다. 소금 배가 오갔던 모습은 어느덧 사라지고 가뭄과 홍수, 강의 범람 등의 재난으로 고향을 떠나 간도 지역으로 대규모 이동하던 피난민도 모두 없어지고 난 뒤다. 낙동강에는 그 잦던 홍수와 범람이 어느 새 잦아들었다. 강에는 어느덧 고요와 평화가 찾아왔다. 말라들거나 범람하던 강이 고요를 되찾으면서 하얀 백사장은 어느덧 소년 전광훈의 사색 장소로 자리를 잡아 갔다.

산에는 온갖 식생이 자라나고, 강변에는 철을 바꿔 꽃들이 피었다가 시든다. 낙동강의 오리 알도 이제는 홍수와 범람에 밀려 사라지지 않고 버텨 어엿한 생명으로 자라난다. 강에는 메기, 쏘가리 등이 왕성하게 살아나 물속의 생태계를 건강하게 채운다. 쌍호리 낙동강변 모래사장 일대는 완연한 '자연 학습장'이었다고 전 목사는 회고한다.

초등학교를 다닐 때의 생활 형편은 늘 풍족하지 못했다. 그의 일과는 늘 같은 패턴을 따라 움직였다. 공부에는 별로 관심이 없었다. 여러 과목의 세부적인 지식은 늘 그의 관심 밖이었다. 따라서 학습에 진척이 크게 있을 수 없었다. 그의 성적은 늘 '바닥'이었다. '수우미양가' 다섯 등급에서 그는 늘 '양'을 받았다고 한다. 그래서 지금도 설교를 하다가 "나는 어렸을 때부터 '양'을 좋아했지"라고 농담을 건넬 때가 있다. 목자와 그가 키우는 양(羊)의 기독교적인 설정을 학교 성적의 양(良)으로 바꿔 던지는 유머다.

여러 가지 다양한 지식을 쌓으면서 정해진 답을 찾아내는 '학교 게임'에 그는 왜 도대체 큰 관심이 없었던 것일까. 그 점은 좀체 수월하게 답할 수 있는 사안은 아니다. 사람마다 타고난 기질도 있다. 자라면서 얻는 후천적인 축적도 있다. 사람과 사람이 서로 만나고 교유하면서 침전물처럼 깊이 내 속에 가라앉는 것도 있다. 이 모든 것이 쌓이고 얽혀 사람의 성정(性情)으로 이어진다.

공부와는 거의 담을 쌓았다고 알려진 소년 시절의 전광훈은 우선 그를 낳아준 모친의 영향력 밑에서 전혀 자유로울 수 없었다. 모친은 일자무식이었다고는 해도 비범하다 해야 할 정도의 기질과 능력을 지닌 사람이었다. 시집을 갔으나 그쪽 사람들의 종교적 분위기 등이 싫어 다시 친정 쪽으로 옮겨 살자고 하는 일 자체가 결코 쉬운 일은 아니다. 유교적 분위기가 아직 진하게 남아 있던 1950년대의 경상북도 분위기를 감안하면 더욱 그렇다.

그런 모친은 대단히 집요하면서 무언가 목표를 세우면 그를 향해 어떻게 나아갈지를 제대로 헤아리는 스타일이었다. 사람이 그저 헤아리는 능력만 있다고 해도 일을 옳게 이룰 수는 없다. 그녀는 어떤 길로 어떻게 나아가야 할지를 아주 명쾌하게 생각하며 그 구체적인 방법을 궁리해 낸 뒤 과감하게 실천에 옮기는 여성이었다. 한 마디로 말하자면, 비록 배움은 형편없고 그래서 무식했다지만 당차면서 똘똘하며 맹렬한 사람이었다.

전 목사 모친이 돈을 모으는 과정은 아주 집요했다. 오랜 기원 끝에 마침내 얻은 아들, 어린 광훈이도 결코 예외로 두지는 않았다. 모친이 세운 목표는 바로 '모두 허리띠를 졸라 매고 열심히 일해 땅을 사자'였다. 그 구체적인 실천 과정은 산과 들에 나가 열심히 일하면서 먹는 것은 최소한으로 하자는 제안이자 명령이었다. 그 덕에 초등학교 시절의 광훈은 먹을 것이 넉넉지 않았다. 없어서 못 먹는 것은 아니었고, 있는데도 줄여보자는 어머니의 '작전 지휘 방침' 때문이었다.

초등학생 광훈은 학교가 끝난 뒤에는 늘 산에 올라가야 했다. 나무를 한 짐 해 와야 한다는 명령 때문이었다. 산에 올라가 지게로 나무를 한 짐 실어 내려오면 그에게 건네지는 어머니의 하사품은 고작 고구마 한 톨이었다. 물자를 엄격하게 통제하는 지휘관 격이었던 어머니의 생활방식이 그랬다. 부친은 어머니의 성화에 밀려 아예 남의 집 머슴살이까지 감내해야 했다. 거칠고 집요하며 맹렬했던 성격인 모친의 성화를 견딜 수 없었던 까닭이었다.

그렇게 자린고비처럼 먹을 것 줄이고, 씀씀이를 줄여가면서 산으로 들로, 남의 집으로 일하러 다닌 부친과 어린 광훈, 그리고 식구들의 노력 덕분에 전 목사가 중학교에 입학할 무렵 가세는 크게 일어났다고 한다. 16가구가 있는 쌍호리 생가 인근의 땅 절반 이상을 모친이 매입했기 때문이었다. '일자무식'이며, 북두칠성을 숭배하는 '칠성신앙'의 무지한 촌부라고 그의 모친을 깔봐서는 안 되는 대목이다.

크고 작음의 구별은 있더라도 무엇인가 일을 이루는 사람과 그 일을 망치는 사람들은 다 특징이 있다. 일을 이루는 사람에게는 뚜렷한 목표의식, 완성을 향해 가야하는 길의 선택, 끊김이 없으며 게으름 또한 없는 실천력 등이 모두 따라야 한다. 이 점에서 보면, 그의 모친은 대단한 기질을 타고난 사람이라고 볼 수 있다. 특히 일을 이뤄가는 과정에서 무엇을 해야 하고, 무엇을 버려야 할지를 냉정하게 따지는 현실주의자의 면모가 크게 돋보인다.

전광훈, 자유 통일의 길

공부에 관심이 없었던 소년 전광훈은 알게 모르게 이런 모친의 영향을 받으면서 성장했을 것이다. 그가 중학교를 바닥의 성적으로 마친 뒤 고등학교에 진학할 때의 장면도 그렇다. 전 목사는 공부에 아예 관심이 없어 고등학교에 진학하는 일을 포기하려고 했단다. 그러나 집안 형편을 일으키고 여유를 찾은 모친은 이런 광훈을 그냥 두지 않았다. "내가 일자무식이지만, 자식은 그렇게 되도록 내버려둘 수 없다"면서 아들 설득에 나섰다.

그러나 청소년기의 광훈 또한 고집에 관한 한 이미 높은 수준에 이르렀던 모양이다. 한사코 모친의 권유와 협박에 굴하지 않았다고 한다. 학습에 전혀 관심이 없었던 소년 광훈은 중학교 내내 성적표 '조작'으로 모친을 속이기도 했다. '39점'을 '89점'으로 둔갑시키는 성적 조작을 통해서 말이다. 글도 모르고 숫자도 모르는 모친은 그에 속았다고 한다. 글자를 아는 옆집에 다니면서 아들의 성적표를 확인했지만 달리 이상한 흔적을 찾을 수는 없었다. 그렇게 중학교 3년을 소년 광훈은 '무사히' 마쳤다. 그러나 고등학교 진학을 앞두고서 문제가 생겼다.

광훈의 중학교 성적으로는 진학할 고등학교가 전혀 없었다고 한다. 큰 아들을 향한 기대로 억척스럽게 살아가던 모친은 그야말로 커다란 충격을 받았던 모양이다. 그러자 어머니의 행동이 급격히 '비상 모드'로 진입했다고 한다. 옛날 낙동강 범람 때 생긴 호수가 둘이 있어 쌍호리(雙湖里)라고 이름이 지어졌던 마을이었다. 모친은 광훈을 끌고 마을 뒤쪽에 있는 이 호수에 갔다고 한다.

"너 고등학교에 안 가면, 엄마랑 함께 호수에 빠져죽자."

아들을 고등학교에 꼭 보내야 한다는 어머니와 고등학교는 절대 가지 않겠다고 고집하는 아들은 정말 호수 앞에 이르렀다. 이윽고 모친은 아들을 끌고 호수 안으로 걸어 들어갔다.

"애비나 애미처럼 땅 파 먹고 살려면 아예 여기서 함께 죽자. 네 애비가 싫어 도망가려고 해도 너 때문에 나는 도망가지 못했는데, 고등학교를 가지 않겠다고…."

그러자 광훈은 "싫어, 죽기 싫어"라면서 뛰쳐나왔다고 한다. 어쨌든 아들은 고등학교 진학 포기라는 고집을 꺾지 않았다고 한다.

'호수 사건'이 실패로 끝나자 모친은 그 다음부터는 아침에 일어나 오전 내내 술을 들이켰다고 한다. 어느 때는 아예 실성할 단계에까지 알코올 흡수량이 도를 넘어섰다. 사태가 이 수준에 이르자 사춘기의 광훈도 모른 체 할 수 없었다. 슬그머니 걱정이 들면서 모친의 동태에 주의를 기울이고 있었다.

그러던 어느 날, 모친이 아침부터 들이켰던 술을 왠지 마시질 않고 아들을 불렀다. "내가 더 이상 술을 마시지 않을 테니, 너도 고등학교만은 가야 한다"며 운을 떼더니 "네가 시험을 치르지 않더라도 갈 수 있는 고등학교를 대구에서 찾아냈다"고 했다. 술을 마시면 "남편 복이 없더니, 자식 복도 없다…"는 타령을 불러가며 아들을 압박하던 어머니가 그 사이에 사람을 시켜 '시험 없이 들어가는 고등학교'를 물색해 냈던 것이다.

당시 그의 모친은 어쩌면 '일을 이루는 사람'의 전형을 보여주고 있을지 모른다. 일을 이루는 데 있어서는 전쟁이 빠질 수 없다. 사람 사는 세상에서 일의 최고 단계는 아마 전쟁일 것이다. 살아남느냐, 아니면 죽느냐를 가르는 현장이 바로 전쟁터이기 때문이다. 맺고 끊을 곳과 때를 단호하게 가르면서 목표를 향해 쉼 없이 나가는 것이 결국 싸움의 요체다. 그 점에서 그의 모친은 전쟁터에서나 나올 법한 냉정한 현실주의자의 면모를 확연히 지니고 있었던 인물이다.

그런 어머니의 집요한 설득과 물색으로 청소년 전광훈은 마침내 대구에 있던 모 고등학교에 입학키로 마음을 먹지만 이 역시 현실로 이어지지는 않았다. 그의 부진했던 학습 의욕은 아직껏 되살아날 기미조차 보이지 않았다. 억지로 다니기 싫은 곳을 다니는 일만큼 큰 고역도 없다. 학교 성적은 늘 밑바닥을 기었고, 시간이 갈수록 그 염증은 더하기만 했다. 소년티를 막 벗어난 광훈에게는 뭘 어찌 해야 할지 모를 시기이기도 했다.

쌍호리 낙동강은 어쩌면 그의 피난처였다. 하얀 백사장과 물새, 그리고 산천 모두를 가득 채우곤 했던 푸른 식생과 이름 모를 들꽃들이 지금도 그립다고 한다. 낙동강 한 굽이는 소년 전광훈이 늘 생각을 키우던 곳이었다. 무엇인가 시야를 가로막는 청소년기의 답답함을 조금이나마 풀 수 있는 '나만의 장소'였다. 그곳에서 어린 시절의 광훈은 늘 어떤 길을 어떻게 걸어야 할지를 그곳에서 생각했다고 한다. 학교에서 풀어가는 문제보다, 그는 이런 궁극적인 문제를 더 끌어안고 고민하며 사색했다.

어머니를 많이 닮아 충분히 집요했던 성격의 소유자였기도 했던 전광훈은 그 무렵 아주 이상한 열병을 앓아 자리에 드러눕는다. 감기 증상이 번지는가 싶더니 정도가 점점 심해갔다. 몸을 가눌 수 없을 정도로 악화일로를 거듭했다. 눈에는 가끔 무엇인가 희뜩 나타났다가 사라지는 느낌도 없지 않았다. 소년기와 청소년기를 덮었던 '어둠'이 몸을 덮쳤다가 아예 땅으로 모든 것을 안아서 깊숙이 끌어내리는 느낌이었다. 가족들 모두가 느닷없이 찾아온 광훈의 이 증상을 심각하게 들여다보고 있었다.

# 06

## 죽음 앞에서 본 무엇

그는 때로 실어증을 앓는 소년이었던 듯하다. 중학교 때의 일화를 들어보면, 그의 발음은 우선 대개 부정확했다. 무엇인가 내면으로 크게 앓거나, 겉으로 드러나는 콤플렉스가 작용했던 것도 아니다. 그저 발음이 부정확했고, 뱉은 말은 제 때 상대에게 옮겨져 정확한 풀이로 이어지지 않았다. 이런 경우가 매우 드물지는 않다. 속으로 무엇인가를 잔뜩 생각하는 소년이 마땅히 옮길 개념이나 단어가 부족해 생기는 일시적인 현상으로 주변에서 흔하게 일어난다.

그러나 소년기의 전광훈은 그렇게 딱 꼬집을 만한 이유가 있지는 않아도 말을 더듬다시피 했다. 지금은 수십만의 청중들 앞에서도 거침없는 사자후를 토하는 목회자다. 전혀 주눅이 들지 않을 뿐만 아니라 수많은 대중을 아예 압도까지 하는 웅변 능력의 소유자다. 그러나 소년기의 광훈은 전혀 달랐다고 한다.

무엇인가에 홀리듯이 빠져들어 골똘히 생각하면서 되새기는 스타일이었던 듯하다. 그는 그래서 자신만의 공간인 쌍호리 낙동강 모래사장을 자주 찾았고 그 때마다 자기만의 생각에 탐닉하고 빠져들었다고 보인다. 그는 그래서 말수가 별로 없는 소년으로 그 시절을 보낸다. 이런 저런 잡다한 지식이 필요한 일반적인 학습의 과정을 건너 뛴 모양새다. 개별적이고 세부적인 문제를 별로 생각지 않는다는 느낌도 준다. 그보다는 매우 굵직한 화두를 품에 안고 자랐을 듯하다. 그의 모친은 매우 강력한 생활력으로 그를 감쌌고, 어린 광훈은 그 모친의 품에서 많은 것을 배웠다. 특히 현실에 맞서 강인한 힘을 발휘하는 모친의 여러 면모는 말수가 적은 광훈의 기억 속에 뚜렷이 자리를 잡아갔다.

고등학교 입학 문제로 실랑이를 벌이던 광훈은 어느덧 모친의 '적극적인 공세'에 휘말려 대구로 진학을 앞두고 있었다. 그러나 그 무렵 어느 날, 이상한 감기 증세가 찾아왔다고 한다. 하루 이틀을 시름시름 앓더니 몸져눕는 지경에 이르렀다. 어딘가에서 급한 처방을 받아 치료를 받았는데도 차도는 전혀 없었다. 아니, 날이 갈수록 증세는 깊어지기만 했다.

한 동안을 그렇게 앓았다고 한다. 식음을 거의 끊기도 했던 모양이다. 때로 헛것이 보여 소리를 지를 때도 있었고, 끙끙 앓는 소리까지도 냈다고 한다. 집안 걱정이 마을 걱정으로 등급을 높였다. 아버지와 어머니는 물론이고, 누나 동생까지 거듭 방안을 들여다보며 걱정을 보태지만, 결코 나아지는 기세가 없었다. 마을 사람들이 한두 명씩 찾아오다가 여럿이 모이기도 했다. '이 집에서 초상이 나겠구나'라는 생각에서다. 가구가 별로 많지 않은 마을이어서 모두 가족처럼 지내는 사이였다.

그 세 달 전에는 마침 외할아버지 생신 잔치가 있었다. 그 때 모친의 여동생, 즉 작은 이모가 고향에 내려왔다. 그 이모라는 여성은 전 목사의 인생행로에 어머니 못지않게 큰 영향을 미치는 사람이다. 서울에 살던 이모는 이미 교회에 깊이 빠져 있었다. 외할아버지 생신 잔치에 내려온 이모는 줄곧 광훈의 집에 찾아와 모친을 설득하고 있었다. 그럴 때마다 "너 이 년, 함부로 또 떠들면 경을 칠 줄 알아"라고 어머니는 날뛰었다고 한다. 그럼에도 이모는 굽히지 않고 "언니 집을 꼭 전도해야 한다고 했다"며 물러설 기미를 보이지 않았다고 한다.

그로부터 약 석 달 뒤 광훈은 원인도 알 수 없고, 병명도 알 수 없는 '죽을 병'에 걸렸다. 정도가 심해지면서 그의 집에는 마을 사람들이 곡괭이, 삽 등을 들고 와 아예 진을 치고 앉아 화투를 치면서 '시간'을 기다렸다고 한다. 청소년 광훈이 죽을병에 걸렸고, 곧 얼마 더 살지 못하리라는 확신이 섰기 때문이라고 한다.

광훈 밑으로 7살 아래인 여동생이 있다. 그 여동생이 어린 나이에도 오빠가 죽을 것을 알았던 모양이다. 하루는 이 여동생이 방으로 뛰어 들어와 "오빠, 사람들이 오빠 죽는대. 그래서 저렇게 곡괭이랑 삽 들고 앉아 있는 거래"라며 울었다고 한다. 그보다는 퍽 위의 오빠지만 광훈 역시 청소년기였다. 살고 죽는 것을 실감으로 알기에는 적은 나이였다.

그 때 광훈의 집은 거의 초상집 분위기였던 모양이다. 화투를 치며 술추렴을 하는 마을 사람 모두 그렇게 생각했고, 그의 죽음을 이제는 아예 기정사실로 받아들이는 듯했다고 한다. 집 마당에서 그런 이야기를 주고받는 마을 사람들 목소리가 광훈이 앓아 누워있던 방으로 그냥 들어오고 있었다. 어머니는 실성한 듯 울기도 했다고 한다.

그 와중에 누워있던 광훈의 기억 속으로 석 달 전의 광경이 떠올랐다. 이모는 간곡하게, 그러나 집요하게 어머니를 설득하고 있었다.

"언니는 지금 땅도 많이 사고, 집안 형편도 좋아지고, 부자까지 됐으니 이제는 교회를 나가서 하나님을 믿어야 해. 예수 믿어야 천당을 간다고. 이제는 제발 교회에 나가요."

그러면 꼭 모친의 호통이 이어졌다. 후다닥 하는 소리도 들렸다. 모친의 외침은 대개 "이년이 야소(예수)에 정말 미쳤구나 미쳤어. 이

년 정말 큰일 날 소리를 하고 있어"라면서 모친은 부엌의 부지깽이를 들고 후려치는 분위기였다고 한다. 그러나 잠시 내뺐던 이모는 곧 돌아와 다시 설득을 이어갔다.

다니던 교회 이야기도 빼놓지 않았다.

"우리 교회에 폐병으로 죽기 직전의 여자가 있었는데, 애들 셋 두고 세상 떠나기 싫어서 서울 삼각산에 가서 기도를 했는데… 성령의 불이 떨어져 폐병이 다 나았대…."

이런 식이었다. 집요하게 언니를 설득하는 이모의 목소리가 죽을 병에 걸려 있던 광훈에게 떠올려졌다. '하나님….' 도저히 믿을 수 없는 내용을 아무렇지도 않게 말하는 이모가 참 이상하게 여겨졌다고 한다.

시골이었으나 왕진하는 의사가 있었다. 그러나 주사 한 방 놓고 하루치 약 세 봉지 떨어뜨려 놓고 가는 일이 고작이었다. 병세의 호전은 전혀 없었다. 죽음에 관한 공포는 광훈에게 더 깊어만 갔다. 정말 이렇게 세상을 떠나는구나…. 그런 생각만 머리를 맴돌 뿐이었다. 그럴수록 이모의 말이 떠올랐다. '상황이 이렇게까지 이른 바에야 한번 그 하나님이란 분에게….'

07

## 처음 올리는 기도

목사 전광훈의 인생길에 매우 중요한 길잡이를 하는 세 여성이 있다. 첫째는 그에게 생명을 준 모친, 기독교라는 틀에 발을 들여놓게끔 만든 이모 박경선 권사, 그리고 아내를 짝지어준 장모 이정순 전도사다. 모친과 장모의 이야기는 더 풀어가야 할 내용이지만, 소년 광훈이 사느냐 죽느냐의 심각한 병환의 기로에서 이모는 그로 하여금 직접 '하나님'이라는 단어를 알게 했고, 기도까지 이끌어 후일 대한민국 기독교 교단에서 가장 유명한 목사의 한 사람으로 성장할 수 있도록 영향을 미친 사람이다.

예수의 사랑과 하나님의 존재 자체를 몰랐지만 죽음의 공포에 우선 내몰린 소년 광훈은 병으로 앓아누웠던 방 속에서 깊은 고민에 빠진다. 마을 사람들은 마침 그가 죽은 뒤 장사를 지내기 위해 무덤을 팔 수 있는 쟁기와 곡괭이 등을 들고 집에 와서 화투판까지 벌이고 있었다. 7살 터울의 누이는 어느 날 물을 떠 가져다주면서 "오빠가 죽는다고 엄마가 지금 울고 있어…"라며 눈물을 뚝뚝 흘리고 갔다. 죽음 자체를 모르기도 하려니와 그저 막연한 공포에만 휘둘리기도 지긋지긋했던 모양이다. 그럼에도 소년 광훈은 석 달 전 이모가 어머니께 건네던 말을 곱씹었다. '자, 그렇다면 나도 그 대단하다는 신에게 목숨을 살려달라고 빌어보자….' 마음속으로 그는 이런 결심을 세웠다고 한다.

그러나 뭔가 좀 이상하고 어색했다. 그는 베개 위에 올라앉았다고 한다. 조그만 베개 위에 몸집이 벌써 산만큼 커진 중학생이 올라앉으니 그 모습은 매우 생뚱맞았을 것이다. 기도의 내용은 아주 간단했다. 이런 내용이다.

"석 달 전에 서울에 사는 우리 이모님이 외할아버지 회갑잔치에 와서 하나님이 사람의 병을 고쳤다고 했는데, 그 하나님, 정말 살아계십니까?"

새벽 1시 무렵으로 기억하고 있단다. 조용한 새벽이었으니 사람이 작은 소리로 중얼거려도 그 소리가 밖에서는 비교적 쉽게 들렸을 테다. 아니나 다를까, "하나님, 정말 살아계십니까"라며 중얼거리는 소리는 그의 집 마당을 거쳐 다른 방에도 퍼져나갔던 모양이다. 느닷없는 병마가 찾아와 아들을 곧 잃을지도 모를 집안이었다. 우선 광훈의 기도에는 아무런 답이 없었다. 하나님이 직접 답을 내리기에는 너무 짧은 시간이었기 때문일 것이다. 대신 어머니가 방으로 뛰어 들어왔다.

"녀석아, 너 지금 뭐라고 떠들었어?"

어머니는 그냥 아주 울상이었다. 불길한 생각이 머릿속으로 가득 차올랐기 때문이다.

광훈은 어머니가 방에 들어서자 배를 쭉 바닥에 깔고 누우면서 "아무것도 하지 않았다"고 발뺌을 했다고 한다. 그러자 모친은 다시 방을 나갔다고 한다. 그러나 큰방에 간 모친은 울면서 "우리 아들이 마침내 헛소리까지 한다. 이제 정말 죽으려는가 보다"고 엉엉 울었다고 한다. 그 소리는 방안에 있던 광훈에게도 고스란히 들렸다.

광훈에게도 죽음의 공포가 더욱 깊어질 수밖에 없었다. 그저 살아야 한다는 간절함만이 기도를 재촉했다고 한다. 그는 다시 베개 위에 올라가 다시 기도를 올렸다.

"우리 이모가 그랬는데, 삼각산에서 불이 내려와 폐병을 앓는 사람을 살리셨다고 하는데, 그 하나님이 계시면 저도 좀 살려주세요."

어느덧 광훈의 눈에도 눈물이 가득 찼다고 했다. 그러나 두 번째의 기도는 앞선 기도에 비해 더 목을 놓았던 모양이다. 그의 '헛소리'는 밖의 다른 큰방에 있던 어머니를 다시 불러들였다.

"애야, 너 방금 뭐라고 했어? 네가 막 큰소리로 말했잖아….."

아들을 잃을지 모른다는 공포에 어머니의 얼굴도 역시 눈물로 범벅을 이루고 있었다. 그러나 광훈은 아무 말도 하지 않았다.

어머니가 다시 방으로 돌아간 뒤 광훈은 세 번째의 기도를 올렸다. 이런저런 종교적 지식도 없는 상태였다. 그는 그저 간절하게 "살려 달라"고 빌었다고 한다. 그 다음의 기억은 특별할 것이 별로 없다. 그 간절한 기도 뒤에 광훈은 그저 잠에 빠져들었다고 한다. 그 다음의 기억은 이튿날 잠에서 깬 그의 눈에 종이로 바른 창을 통해 쏟아져 들어오던 햇빛이다. 이윽고 그의 의식 속으로는 '아, 이제 살았구나'라는 깨침이 이어졌다고 한다. 쌍호리 낙동강변 하얀 모래밭으로 끝없이 쏟아지던 그 햇빛이 이번에는 그의 마음속으로 찬연하게 쏟아져 내리는 신비한 경험이었다고 전 목사는 당시를 여러 차례 회고한다.

나중의 기억까지 종합해보면, 병들어 심하게 앓던 중에 그의 눈에는 몇 이미지가 등장한다. 처녀, 긴 말총머리, 웃음 등이다. 심각한 병으로 누워있을 때 그의 의식 속으로 투영되던 그림이다. 이를 스스로 이어서 말할 때 전 목사는 "처녀의 모습이 보이는데, 긴 말총머리를 흔들며 나타났다가 웃으면서 사라졌다"는 내용이다. 때로는 그 처녀가 긴 말꼬리 같은 머리로 자신의 목을 휘감았고, 그에 졸려서 소리를 치려다가 실패하는 때도 있었다고 기억한다. 가위눌림 현상의 하나라고 봐도 좋고, 종교적 신성을 방해하는 마귀의 모습이라고도 여길 수 있다.

아무튼 소년 광훈이 하나님의 존재를 충분히 알지 못한 상태에서 기도를 시도했고, 결과적으로는 그의 목숨을 하나님이 살려주는 식의 결말로 이 스토리는 맺어진다. 대개는 잠이 들 무렵 비몽사몽(非夢似夢)의 경계에 나타났던 이 '처녀 마귀'는 소년 광훈이 기도를 하자 아예 모습을 드러내지 않았다고 한다. 그는 전 목사의 증언대로 그의 유년을 오래 감아들었던 '마귀'일 수도 있다. 앞서 소개한대로 그의 유년기 이름은 '칠성'이다. 한반도의 전통 무속을 바탕으로 성장한 민간신앙의 한 흐름을 고스란히 담고 있는 이름이다. 어쩌면 저 멀리 중국대륙의 오랜 도교 문화의 한 자락이 한반도 곳곳을 파고들며 생겼던 민속의 큰 흐름이다.

전 목사는 어린 시절 칠월칠석이면 어머님의 손에 이끌려 새로 맞춘 한복을 입고 하늘 위 북두칠성과 정각을 이룬 채 절을 해야 했다. 북두칠성의 이끌림을 받아 종내 어디로 향하는지도 모른 채 그는 어머님과 함께 길흉화복(吉凶禍福)이라는 사람 세상의 어두운 미로를 헤쳐가야 하는 신세였다. 그리고 늘 어둠에 덮였다. 말도 잘 하지 못하고, 학교 성적은 그저 바닥을 늘 헤매며 인생의 출로를 제대로 찾지 못했다. 그런 와중에 그는 처음 하나님이라는 존재를 향해 기도를 올렸고, 마침내 심하게 앓아 죽음을 암시했던 병마에서 탈출한다.

# 08

# 소년 광훈과 낙동강

그의 이름 변천사라고 해도 좋을까. 짧은 그의 유년과 소년, 청년 시절의 이름이 앞서 소개한 내용처럼 퍽 다르다. 앞에서는 제 이름 찾기라는 뜻의 정명(正名) 운동이라고 소개를 했지만, 그의 이름에 관한 에피소드와 의미는 나름대로 천착할 만한 영역이다. 우리 한반도의 문명 발전사가 이 안에 퍽 집약적으로 녹아있다는 생각 때문이다.

낙동강 한 굽이를 형성하는 의성군 쌍호리, 그의 출생지는 산간(山間)임에 틀림없고, 벽지(僻地)라고 해도 큰 손색은 없다. 이곳은 상류의 안동을 중심으로 펼쳐지는 우리 유교 전통문화의 흐름 속에 적어도 조선 500년의 일관된 인문과 사상을 이어온 곳이다. 더구나 이곳은 큰 물길인 낙동강을 제외하면 사람의 원활한 교통과 이동이 쉽지 않은 곳이다. 따라서 외지를 향해 줄곧 관심을 기울이며 소통을 시도

하지 않으면 정체와 답보를 피하기 어려운 지역이다.

이곳을 주름잡았던 조선시대 유명 반가(班家)들도 많다. 영남 사림을 형성했던 이곳 특성답게 퇴계 이황을 비롯해 서애 유성룡 등 한반도 유교 문화를 정점에서 이끌었던 양반 집안도 부지기수다. 이들은 나름대로 유학 전통을 꽃피우며 조선시대를 선두에서 이끌었던 집안들이다. 따라서 전통을 향한 집착이 높을 수밖에 없다. 아울러 새로운 문명의 요소가 과감하게 진입하지 못하면서 이 경북 지역은 시대의 흐름에 뒤처질 수도 있는 곳이다. 일정한 권세를 이루지 못한 일반 민간의 경우에서는 더욱 그렇다.

전광훈 목사의 유년 시절 이름인 칠성은 어쩌면 그런 경북 일원의 인문적 풍토를 충분히 반영하고 있는 대목이다. 유가의 흐름에 올라타 명문세도가를 이룬 집안도 많지만 그 밑에 복종하며 살았던 사람들이 더 많은 법이다. 이들은 대개 유교적인 질서를 따르지만 마음속으로는 더 살가운 민간 신앙에 기우는 법이다. 전광훈 목사의 모친은 그런 민속신앙에 충실했던 여성이다. 시집을 가서 아이들을 낳아 키우고, 집안의 살림을 일으키는 데 몰두하는 우리 한반도 농촌의 평범한 아낙네였을 것이다. 믿음이라고 해봐야 세상살이 도저히 헤아릴 수 없는 길흉과 화복을 그저 오래 믿어서 친근한 신위(神威)에 기대는 정도였을 것이다. 그러나 전 목사의 모친이 지닌 개인적인 기질과 능력은 앞에서 적은대로 결코 평범치 않다.

초등학교 입학 뒤 불린 이름 '창훈'은 그의 인생 구간 중 참 애매한 자리를 차지한다. 그 창훈이라는 이름은 낫 놓고 기역자도 모르는 일자무식의 부친 머릿속에서 만들어졌다. 그나마 초등학교 입학 때 첫 담임선생의 기여로 '칠성'이라는 무속신앙 한 가운데 있을 이름이 고쳐진 점이 다행이라면 다행이다. 그러나 담임선생 또한 호적 등을 확인할 생각은 없이, 전 목사의 부친이 기억하는 그대로의 이름을 기재했고, 초등학교 6년 내내 전 목사의 '공식 명칭'으로 쓰였다. 근대 이후의 흐름이 우리 삶의 가장 높은 지향이라고는 할 수 없어도 현대의 문명적 흐름을 이제는 도저히 거스를 수는 없는 마당이라면, 이는 무지(無知)로 인한 낙후성을 막 벗어난 단계로 간주할 수 있다.

전 목사의 이름 되찾기, 즉 '정명'의 마지막 구간은 '광훈'이라는 지금의 이름을 찾는 시절이다. 앞서 적은대로 초등학교를 마치고 중학교를 들어가는 무렵이었다. 호적을 가지고 오게 해 정식으로 호적대장에 적힌 이름을 확인했던 첫 담임선생 덕분이었다. 본의와는 다르게 지어진 이름이기는 해도 정식 출생신고를 할 때 '면서기'가 지어 호적에 당당하게 올린 이름이다.

호적제도가 일제 강점기를 통해 안착한 지 한참을 지난 뒤에도 이런 일이 벌어진 점을 감안하면 전 목사가 자신의 고향을 왜 스스로 '아프리카'로 지칭하는지 충분히 이해할 수 있다. 그만큼 전 목사는 개항시기, 그리고 일제 강점기, 더 나아가 대한민국 건국 이후까지 한반도에 몰아닥친 문명의 세례를 전혀 받지 못한 곳에서 자랐다는 인상을 준다.

그러나 전 목사가 유년과 소년, 청년 시절 늘 마주했던 낙동강은 그런 단정을 막는 지리적 요소다. 낙동강은 일찌감치 안동을 중심으로 한 유교 문명을 꽃피웠고, 그에 못잖은 불교와 민간의 도교적 믿음을 형성한 곳이다. 그리고 개항 이후 얼마 지나지 않아 소금 배를 타고 기독교 문명이 상류를 향해 거꾸로 흘러들어온다. 앞서 소개했듯 그 무렵의 경북 일원은 교회가 곳곳에 세워지고, 무수한 남녀 신자들이 십자가 밑에 모여든다.

그 소금 배가 상류를 향해 힘겹게 오르던 의성과 예천 구간의 쌍호리 낙동강변에서 늘 말없이 앉아 있던 소년이 지금의 전 목사다. 그 소년기는 본인의 표현대로 "벙어리에 가까웠던" 아이였다. 학교 성적은 정말 바닥, 수우미양가의 '양'을 도맡아 받았던 소년이다. 누가 갑자기 말을 걸면 "어어어…"라며 순간적 대응이 곤란하던 소년이었다.

소년기에 맞이하는 죽음의 위기는 한 사람에게 깊은 사색의 끈을 남긴다. 부모를 비롯한 육친의 죽음도 그러하지만, 제 자신이 죽음의 공포에 휩싸였다가 살아나는 경험자에게는 특히 그럴 것이다. 지독히도 말이 없던 이 낙동강 소년에게 그 죽음은 어떤 흔적을 남겼을까. 아무튼 그는 아주 말이 없는 소년기에, 매우 신비한 경험을 거친다. 몇 십 년 전 낙동강에 소금을 가득 싣고 왜관 일대에서 안동을 향해 오르던 그 소금 배는 마침 기독교 선교사들을 싣고 왔다. 배에 올라탄 그들이 의성과 예천 구간의 쌍호리 낙동강변을 거치면서 흘리고 뿌렸던 소금이었을까, 아니면 빛이었을까. 그 소금과 빛이 경북 일대의 산천을 돌고 돌다가 어린 전 목사에게 이어졌는지 모른다. 청년기에 막 접어들며 맞이했던 이 죽음의 고비에서 전 목사는 아주 강력한 빛을 체험했고, 그에 매우 뜨겁게 전율한다.

# 09

## 교회에 끌려 나가다

어머니가 아들 광훈에게 고교입학을 강요했고, 초등학교에 이어 중학교마저 꼴찌의 성적으로 마친 광훈은 완강하게 고교입학을 거부했다. 그 과정에서 생긴 일이 느닷없이 앓아누우면서 죽음의 위기를 맞았던 그 에피소드다. 그 덕분에 광훈의 고등학교 입학은 일단 미뤄졌다. 어머니는 시험을 치지 않고 신청만 하면 무조건 입학할 수 있다는 대구의 한 고등학교 입학 원서까지 준비를 했지만, 앓아누웠다가 거의 죽음 일보 직전까지 간 아들의 고집과 성정에 밀려 일단 그 고등학교 입학은 유아무야의 일로 치부할 분위기였다.

아무튼 광훈은 나름대로 정성을 기울여 드린 그 기도를 통해 제 입으로 '하나님'의 존재를 불러봤다. 어쨌든 전 목사는 그 과정을 통해 "아침에 창문으로 비쳐오는 빛의 찬란함을 고스란히 느꼈다"고 했다. 그 다음 벌어지는 일들이다. 가까스로 몸을 추스를 수 있었던 광훈은 자리에서 일어나 곧 동네 골목에 나와 이곳저곳을 지팡이에 기댄 채 움직이며 다닐 수 있었다고 한다. 마을 사람들은 그 광경을 보면, "쟤가 죽었다가 살아났구먼. 저 집은 될 집인가 보이. 장남이 죽을 고비에 서고서도 죽지 않고 살아나는 거 보면 말야"라며 수군거리기도 했단다.

그렇게 시간이 조금 흐르고 난 뒤였다고 전 목사는 기억한다. 한창 몸을 회복 중인 어느 날인가, 서울에 사는 이모로부터 편지가 한 통 왔다. 글을 쓸 줄 알았던 이모였고, 글이란 글은 전혀 읽지 못하던 모친이었다. 따라서 편지의 글을 읽어 내용을 전달하는 일은 광훈의 차지였다. 그 내용이 대충 이랬다.

**언니 전상서**
언니, 큰 아들 칠성이가 고등학교를 가지 않고 논다고 들었어요.
칠성이를 그대로 놔두면, 저녁에 동네 처녀들하고 놀러 다니면서 타락할지 몰라요.
애를 버리는 꼴이니까, 칠성이를 우선 서울로 보내시면 어떨까요?
내가 내 돈 들여서 칠성이 공부 다 시켜 훌륭한 사람 만들어 줄게요.

이 편지의 내용을 듣자마자 모친은 아들에게 물었다. "너 서울 가볼 테야?" 전 목사 또한 공부가 확실히 싫기는 했지만 한국의 대처 중에서는 가장 대처인 서울에 가 보고 싶은 생각은 굴뚝같았다. 그래서 마침내 서울행이 결정됐다.

병으로 앓아누워 생사의 큰 고비에서 소년 광훈이 떠올렸던 말의 주인공이 바로 이모였다. 이모는 외할아버지 회갑 잔치에 와서 언니인 모친을 설득하면서 "하나님을 믿어야 한다"고 했다가 모친의 부지깽이 질에 혼난 적이 있다. 그럼에도 다시 대들다시피 다가와 "교회에 나가야 된다"고 우기던 이모였다. 어느덧 그 이모의 얼굴을 떠올리고 있었지만 막상 서울에 가서 이모 밑에 살아야 하는 일이 어떤 의미를 지니고 있는지는 전혀 헤아릴 수 없는 상황이었다.

1969년 4월 5일. 식목일로 나라가 지정했던 이 날은 국가적으로 수많은 국민들이 직접 나서서 산에 나무를 심고, 도심에 녹화를 진행하는 날이었다. 전 목사는 이 날을 분명히 기억한다. 중앙선 선로에 올라타 한 나절을 가야 닿는 서울이었다. 청량리역에 도착해보니 이모와 그 아들딸 등 이종 사촌 형제들이 모두 '출동'해 있었다. 전 목사를 환영한다는 내용의 플래카드도 준비한 상태였다. 어리둥절했다. 조카의 상경에 이런 융숭한 환대가 따를 줄이야… 어머니도 그렇지만 이모 또한 성격이 만만찮은 여성이었다. 뭔가를 꾸밀 줄 알고, 그 꾸미려는 일의 목표가 확실하면 모든 것을 그에 맞춰 투입하고 실행할 기질과 능력이 있는 여성이었다.

이모는 전 목사가 상경하기 약 1년 여 전에 교회에 나갔고, 이른 바 '성령'을 받았다고 한다. 그 이모의 증언으로는, 새벽에 기도를 하는데 "너희 언니 집을 구원하라"는 음성을 들었다는 것이다. 그로부터 이모의 의성군 쌍호리 '언니네 집 구원하기'는 본격적으로 펼쳐졌다는 것이 전 목사의 회고다. 언니네 집을 성령의 품으로 이끄는 첫 작업은 바로 언니의 아들 광훈을 서울로 끌어들여 교회에 나가게 하는 일이었다고 한다.

그렇게 벌어진 일이었다. 이모는 서울에 처음 올라온 조카를 극진한 환대로 맞이했다. 낙동강변의 산간벽지에 가까운 시골에서 첫 상경을 감행한 조카 광훈은 사실 이모의 환대가 처음부터 곤혹스러웠다. 상경한 날 하루를 보낸 뒤 광훈은 이모와 이종사촌 형제들을 따라 서울 시내 구경에 나섰다. 명동에를 들렀고, 케이블카를 타고서 남산에도 올랐다고 한다. 특히, 명동 복판에서 사준 냉면을 맛있게 얻어먹었던 기억이 아주 뚜렷하다.

이모의 본격적인 '작전'은 곧 모습을 드러냈다. 아주 거센 '공세'였다. 첫 주일이 다가왔다. 이모는 의중을 조금도 감추지 않았다. "광훈아, 따라 나와라, 교회 가자"였다. "내가 왜 교회를 가요?" 광훈의 '방어' 또한 만만치 않았다. 고등학교 입학 문제를 두고 모친과 벌이던 갈등, 그 와중에 '죽을병'으로 앓아누워 하나님을 향해 벌였던 기도 등은 잠시 잊었다.

전광훈, 자유 통일의 길

모친과 이모의 '전쟁'은 바야흐로 큰 분수령을 향해 다가가고 있었다. 강렬했던 고향에서의 첫 기도 경험이 새카만 망각으로 향해 있던 것은 바로 고향을 떠날 무렵 어머니가 간곡하게 당부한 말들을 마음속에 품고 있었기 때문이었다. 모친은 고향을 떠나던 아들을 1주일 동안 옆에 두고 이런 신신당부를 했다고 한다.

"서울 가면 이모 말씀 잘 듣고 공부를 착실히 해라. 깡패들하고는 절대 어울리지 말고 어른들 말씀 잘 들어야 한다. 부디 한문(漢文)공부는 열심히 해서 학교를 마치고 꼭 면서기가 돼야 한다. 그렇더라도 이모 말은 잘 새겨서 들어라. 교회 나가자고 할 때는 절대 따라가지 마라. 네가 교회 나가면 우리 집 제사는 다 끊긴단다."

마침 광훈이 중학교에 입학할 무렵 가세는 아주 좋아진 상황이었다. 어머니는 집안 형편이 좋아지자 바로 집안 대소 제사는 물론이고, 친척들 제사까지 모두 챙겼다고 한다. 그런 제사 모시는 일이 이모의 '간교한 계략'으로 아들 광훈이가 교회에 나감으로써 다 끊어질 수 있다는 우려가 깊어졌던 것이다.

그런 사정을 빤히 짐작하고도 남았을 이모였다. 그럼에도 이모는 '정공법'을 펼치면서 광훈을 바짝 교회로 이끌고 있었다. 광훈은 이모의 첫 제안에 "내가 왜 교회를 가요"라면서 거부 반응부터 보였다. "왜 안 따라와?"라는 이모의 물음에는 "내가 우리 집 제사 이어받아야 하는 장남"이라는 이유를 댔다고 한다.

　이모의 첫 시도는 그래서 실패였다. 그러나 물러설 이모가 아니었다. 그 다음 주에는 더 친절 공세가 이어졌다. 학용품을 비롯해 옷도 사줬다. 이윽고 토요일이 오자 이모는 "내일 교회 가자"라고 또 말했다. 광훈의 대답은 한결같았다. "내가 왜 교회를 가요"였다. 그러자 화를 벌컥 내던 이모는 "너, 그러면 이 집에서 나가"라고 압박을 펼쳤다. "교회 안 나갈 거면 이 집에서 살 생각 하지 마"였다. 아예 "너 같은 놈은 필요 없어"라는 극언까지 했다.

　사실 이모는 어린 광훈에게는 매우 천사 같은 존재였다. 서울로 시집을 간 이모는 아이들의 옷을 살 때마다 광훈의 옷을 사서 보내줄 정도였고, 아주 어린 '칠성'을 등에 업어 키워주기도 했었다. 그래서 그에게는 매우 다정다감한 존재가 바로 이모였다. 울컥 눈물을 보인 광훈은 바로 짐을 싸서 나왔다고 한다. 마침 살던 곳은 금호동이었다. 찻길이 있던 금남시장 쪽 버스 정류장으로 향해 가는 조카를 좇아 이모도 몰래 따라왔다고 한다.

　그러나 머릿속은 복잡했다. 서울 도착하자마자 시골로 다시 내려가면 이게 무슨 창피일까. 이런 생각 때문이었다. 마침 '아프리카 16가구'의 고향 마을 사람들은 광훈이 고향을 떠나올 때 조금씩이나마 여비까지 챙겨 보탰던 터였다. 아울러 "돌아올 때는 면서기 돼서 와라"고 당부까지 했던 고향 이웃들이었다. 마음이 착잡해진 광훈은 급기야 발길을 돌리고 말았다.

다시 이모의 집에 들어가자 어느 새 먼저 돌아와 있던 이모는 "왜 다시 왔어, 시골 내려간다면서, 왜 온 거야"라며 기세등등하게 광훈을 압박했다. 광훈은 "알았어요. 교회 나가면 시골로 내려가라는 말 하지 않을 거죠"라는 말을 했다. 그러자 이모는 "당연하지, 교회만 나가면 여기서 그냥 살아도 좋아"라고 했다. 파란만장한 대한민국 목사 전광훈의 삶이 교회로 이어지는 첫 장면은 이랬다.

# 10
## 깨달음으로 쏟은 눈물

청년기를 거치는 무렵의 전 목사는 아직 자라나면서 알게 모르게 묻혀버렸던 고향의 습기(習氣)를 전혀 떨치지 못한 상태였다. 서울로 올라와 이모의 권유로 교회에 발을 들이기 전 그의 생각과 감정을 보면 그렇다. 그는 아직 전씨 가문의 제사를 이어갈 생각에 충실한 편이었고, 가문과 머잖아 떠맡을 가장(家長)으로의 책무에 더 고민한 흔적들이 있다. 비록 '죽을병'에 걸려 하나님의 존재를 떠올렸고, 기도까지 올리며 '빛'을 체험한 상태라고는 하지만, 그 모든 과정들이 종교라는 믿음의 형태를 띠고 있지는 않았다.

그의 의식 저변에 더 진하게 흐르는 것은 유년 시절의 이름 '칠성'에 담긴 무속의 믿음들이었으며, 낙동강 상류에서 하류로 흘러내리던 조선 유림의 강력한 가르침이기도 했다. 그래서 제 몸과 집을 추슬러 나라와 천하에까지 공명을 떨치는 수신제가치국평천하(修身齊家治國平天下)의 유교적 덕목이 더 마음과 생각을 이끄는 요소였을 것이다. 부친과 모친, 더 나아가 '아프리카 16가구'의 고향 친지들은 그 '수신제가치국평천하'의 가장 기초 스텝으로 광훈에게 "면서기가 돼서 돌아오라"는 주문을 낸 상태였다.

그런 여러 사정이 있으니, 그의 첫 교회 입문이 순탄할 리는 정말 없었다. 낙동강변 모래사장과 푸른 강물을 응시하며 품었던 소금 배의 추억이 있더라도, 아직은 고향의 짙은 무속과 유교의 관념에 더 젖어 있던 청년 초입의 연령이었으니 말이다. 그러나 고향의 소금 배가 실어왔던 문명의 '새 빛'이 지닌 흡인력도 만만치는 않았을 것이다. 일제 강점기 전에 이미 들어서기 시작했던 의성과 예천 일대의 적잖은 교회, 그의 7촌 아저씨로 알려진 이승만 정부 첫 공보실장이자 프린스턴 대학 신학박사 전성천 등 친척, 아울러 서울로 시집을 와 맹렬하게 자신의 친정을 교회로 이끌어 들이려는 이모 등이 다 그러했다.

아무튼 그런 실랑이를 거친 뒤 광훈은 교회에 다니기 시작했다. 첫 걸음은 본래 떼기가 다 어려운 법이다. 밀고 당기는 복잡한 과정 끝에 교회에 발을 들여놓기는 했으나 처음부터 어깃장이 나고 있었다. 우선 이모와 식구들을 따라 가는 길에서는 우선 욕지거리가 나오기 시작했던 모양이다. 그럼에도 교회까지는 무사히 갔다.

그가 처음 손에 쥐었던 성경은 세계적으로 유명한 전도 단체인 기드온 협회에서 나눠준 것이었다고 한다. 그러나 이모 가족들이 손에 쥔 정식 성경에 비해서는 아무래도 못해 보였다. 그 마저도 광훈에게는 불평이요 불만의 대상이었다. 더구나 처음 접한 목사의 설교는 아주 따분했다. 당시 이모와 가족들이 다니던 교회는 신도 약 50명 정도의 개척 교회였다고 한다. 교회 목사는 원고를 써와서 한 글자씩 또박또박 읽어 내려가는 설교를 했다. 신도들은 그런 설교를 들으면서 대개 다 졸고 있었다. 광훈의 눈에는 다 비효율적으로 보였다. 이 점은 설교 현장에서 즉감으로 대중들과 교감하는 방식을 줄곧 선호하고 있는 지금 전 목사의 생리와 아예 맞지 않는 방식인 듯하다.

그 모든 일이 다 지겨웠다. 광훈은 급기야 교회를 뛰쳐나와 집으로 도망쳤다고 한다. 그러자 집으로 돌아온 이모가 또 맹렬하게 '공세'를 펼쳤다. 이모는 다짜고짜 "너, 예배시간 다 마치지도 않고 왜 중간에 도망 나왔어"라고 했다. 이어 "목사님 마지막에 두 손 든 거 봤어, 안 봤어?"라고 다그쳤다. 당시는 몰랐지만, 예배 말미에 목사가 진행하는 축도 시간을 지칭했던 것이었다.

마지막까지 자리를 지켰고, 목사가 두 손 든 모습도 다 봤다는 광훈의 말에 아랑곳없이 이모는 그 다음 주 예배시간에는 아예 자신의 가방을 조카에게 맡기는 '작전'으로 나왔다. 꼼짝달싹 못하고 자신의 곁을 처음부터 끝까지 지키도록 하는 압박의 책략이었다. 서울의 이모 집에서 쫓겨나 강제 귀향하지 않으려면 광훈은 이를 견뎌야 했다. 나름대로 또한 고육지계(苦肉之計)라 하지 않을 수 없는 상황이었다.

따라서 그 다음의 교회 일정은 이런 모습이었다. 교회에 들어가는 순간부터 광훈은 이모의 핸드백 관리 담당자였다. 교회 예배가 모두 끝나고 집으로 발걸음을 다시 향하기 전까지 광훈은 꼼짝도 할 수 없는 이모의 핸드백 담당 '비서'였다. 목사의 설교는 귀에 한 마디도 들어오지 않고, 그저 하는 일은 이모의 핸드백 관리였으니 전 목사는 당시 상황을 "답답하고 미칠 지경"이었다고 술회한다.

그렇게 어느덧 석 달이 지났을 무렵의 주일이었다. 이모는 이상하게도 저녁에 다시 교회 나갈 채비를 서두르고 있었다. 광훈에게도 "함께 교회 다시 가자"는 말을 했다. 늘 있었던 실랑이는 다시 일어날 수밖에 없었다. 저녁에도 교회를 가자는 이모와 저녁에 왜 교회를 또 가야 하느냐는 조카의 다툼이었다. "그럼, 너 시골 내려갈래?"라는 이모의 한 마디로 상황은 또 싱겁게 마무리 지어졌다.

기회는 늘 우연과 함께 다니는 법이다. 전혀 기대하지도, 바라지도, 꿈꾸지도 않았는데, 아주 우연한 기회에 이상한 일이 벌어지는 경우가 있다. 그날도 그랬다. 저녁에 이모와 함께 간 교회에서 목사는 전과는 아주 다르게 '원고 읽기'의 설교를 하지 않았다. 성경을 펼쳐놓고 자연스레 강론을 펼치고 있었다. 자신의 체험과 성경의 가르침을 조화시켜 설득력 있는 논리를 만들어내는 그 내용에 광훈은 자신도 모르게 빨려 들어가고 있었다.

언뜻 성경의 한 구절을 읽는 대목에 이르렀다.

"이에 가서 저보다 더 악한 귀신 일곱을 데리고 들어가서 거하니 그 사람의 나중 형편이 전보다 더욱 심하게 되느니라. 이 악한 세대가 또한 이렇게 되리라(마 12:45)."

뭔가 번쩍이는 섬광과도 같았다. 이어 목사의 설교가 이어졌다.

"예수를 믿다가 병이 낫거나, 예수를 믿어 하나님을 체험한 사람이 다시 믿지 않으면 일곱 마리 귀신이 다시 들어가서 그 병 나았던 사람은 더 큰 병에 걸려서 죽고…."

이제는 작은 섬광이 아니었다. 커다란 빛줄기가 마음속에 펼쳐지면서 아주 넓은 어둠의 바다를 모두 삼키고 있었다.

우선, 퍼뜩 떠올린 것은 얼마 전의 '죽을병' 경험이었다. '내가 서울 올라오기 전 시골에서 저녁에 죽어갈 때 봤던 말꼬리 처녀는 귀신이었던가? 그렇다면 내가 그 때 "하나님, 살려주세요"라고 했던 기도로 살아났고, 이제 그 믿음을 저버리면 귀신은 일곱으로 변해 다시

내게 들어올 수 있다고?'

　죽음의 문턱에서 겨우 살아났던 고교생 광훈이었다. 이어 이모의 집요한 계획으로 자신도 모르게 서울로 올라와 교회를 다니던 시절이었다. 사춘기를 거칠 무렵의 청소년이 품는 죽음의 사색은 단순할 수밖에 없다. 막연한 어둠의 공포, 사라짐에 대한 막연한 두려움, 부모 가족과의 이별에 따른 지독한 고독감…. 가까스로 벗어난 그 무서움이 또 찾아올 수 있다니 큰일이면 큰일이다. 죽음의 문턱 비몽사몽의 경계에서 봤던 그 말꼬리 머리의 처녀 귀신이 일곱을 더 데려온다니 이제는 죽을 길만 남아 있다….

　그런 미혹 속에서 광훈에게는 다른 빛이 다가왔다. 그는 이어 '베개 위 기도'를 생각했다고 한다. 고향집 방에서 "하나님, 계신다면 저를 살려 주세요"라고 간절하게 올렸던 그 기도 말이다. 그로써 그는 말을 잃고 눈물을 쏟기 시작했다고 한다. 하나님이 자신의 모든 것을 지켜보고 계시다는 아주 강력한 믿음과 함께였다. 그러나 첫 걸음이었다. 그에게는 성령의 거센 불길이 곧 쏟아질 태세였다.

# 11

# 큰 길로 이끈 사람들

모든 것이 그로부터 다시 떠올랐다. 마치 영화의 필름이 차례로 돌아가듯이 그림을 이어놓고 있었다. 우선 주체할 수 없는 눈물부터 흘렸다. 이어 구원을 받았다는 기쁨이 밀려왔다. 시골집에서 베개 위에 몸을 올리고 "하나님이라는 신이 진짜 살아있나요? 살아있으면 저 좀 살려주세요"라고 했던 기도 장면이 먼저 떠올랐다. 이어 '하나님이 그 기도를 들었구나. 그때부터 하나님이 이모를 통해 나를 여기에 데리고 오셨구나'라는 생각이 이어졌다.

광훈에게는 걷잡을 수 없는 믿음의 희열이었다. 태어나서 처음 경험해보는 감정이었다. 얼마나 좋은지 헤아릴 수 없는 기쁨이었다. 굳이 말한다면, 거듭남의 기쁨이라고 할 수 있었을 것이다. 그 다음부터 광훈은 그저 주일날만 기다렸다고 한다. 교회를 억지로 끌고 갈 때 속으로 "미친년, 나쁜 년"이라고 욕까지 했던 이모한테는 "언제 또 교회 가요?"라고 묻는 광훈으로 변해버리고 말았다.

이렇게 급작스레 변하는 경우가 없지 않다. 돌변이라고 해도 좋고, 휙 방향을 돌아섰다고 해서 전변, 아주 급하게 변해서 급변이라고 해도 마땅하다. 그러나 아무래도 제 안에 깊이 묻혀 있는 무엇인가가 봄에 피어나는 식생들처럼 제 때를 맞아 마구 솟구칠 때의 기세라고 할까. 전광훈이라는 사람에게 교회는 감출 수 없는 자신의 토대였을 것이다. 그곳에서 오가는 '말씀'이 드디어 이 시골 소년의 영성을 깨우고 있는 장면들이다.

그는 그 이후로 급속도로 기독교의 정신세계와 말씀세계에 정말 깊고 진지하게 빠져든다. 예배가 있는 수요일이 기다려지고, 말씀을 듣는 주일은 학교 가는 일이나 밥을 먹는 일보다 더 기다려지는 일과로 변하고 만다. 메마른 곳에서 절망하다 물을 만난 물고기, 오래 가물었던 땅에 촉촉이 스며드는 빗물과도 같은 형국이었다. 낙동강에서 자랐던 소년은 그곳에 오르내리던 소금 배의 문명적 의미를 깨닫고, 이어 제가 나아갈 방향을 향해 힘찬 내달리기에 들어선다. 아무도 흉내 내기 힘든 속도로 말이다.

이모와의 대화도 아주 부드러워졌다. 수요일 예배를 이모가 먼저 언급하지 않으면 조카 광훈은 "날 좀 데리고 가요"라고 먼저 말했다.

그렇게 수요 예배를 위해 교회에 도착하면 그는 너무 좋아서 '천부여 의지 없어서', '죄 짐 맡은 우리 구주'를 목청 높여 불렀다. 모두 회개 찬송이었고, 그는 어느 누구보다 재미를 느끼고 희열을 간직하면서 교회를 다니기 시작했다.

그렇게 석 달쯤 또 시간이 흘렀다. 어느 월요일이었다고 기억한다. 이모가 "광훈아, 예배 갈 준비해라"고 했다. 월요일 예배는 처음이었으나 광훈은 기꺼이 그에 부응하는 사람으로 변해 있었다.

"그래요, 어디로 가요?"

이모는 부흥회라고 했다. 다니던 교회를 가는 것이 아니라 여러 교회가 한 데 모여 공동으로 예배를 드리는 장소였다. 그가 처음 경험하는 부흥회였다.

그날따라 광풍과 폭우가 몰아 닥쳤다. 가지고 갔던 비닐우산이 아예 뒤집힐 정도의 비와 바람이었다. 무엇인가를 암시하는 날씨였는지도 모른다. 그가 이모를 따라 간 곳은 지금 성동구 무학여고 바로 앞에 있는 신성교회였다고 한다. 신자가 약 300명 정도 모이는 부흥회였다. 그는 이 자리에서 자신에게 처음 성령을 체험케 한 김충기 목사와 처음 만난다.

목사 전광훈의 일생에는 여러 '스타'들이 빛을 비춰준다. 목사로서의 길을 가려는 광훈에게는 큰 빛을 비춰 그로 하여금 크고 넓으며 옳은 길을 가게 한 스승과 다름이 없는 인물이다. 인생은 그렇게 나 아닌 남과의 숱한 조우(遭遇)가 끝없을 정도의 촘촘한 그물망처럼 번지면서 펼쳐진다. 그 만남의 대상에서 자신에게 고귀한 빛을 내려주는 스승의 존재는 한 사람의 일생에 결정적인 영향을 미치는 법이다.

대구중앙침례교회에 있던 김충기 목사는 그날 부흥회를 위해 성동구 무학여고 앞 신성교회의 강단에 서 있었다. 광훈이 보기에는 아무래도 색다른 목사였다. 이모를 따라 다니던 교회 목사와는 달라도 너무 달랐다. 다니던 교회 목사는 설교할 때 미동조차 없었다. 따라서 사람들은 대개 졸기에 바빴다. 아주 단순한 흑백의 평면 사진과도 같은 인상이었다. 그러나 부흥회에 우뚝 선 목사는 마치 깡패 같았다고 한다. 전 목사의 기억이다.

"아예 깡패야, 깡패. 마이크를 딱 빼고 나오더니 연단을 종횡으로 왔다 갔다 하면서 '믿습니까, 믿습니까?'하는데, 절반은 욕설에 가까웠지요. 아직은 내게 남아있던 과거의 습성 때문인지 몰라도, 그런 목사를 보자 나도 속으로 욕설이 나오더군요."

심기가 불편해진 전 목사는 아예 팔짱을 꼈다고 한다. 석 달 정도의 체험으로 교회가 좋아졌다고는 하지만 낙동강 강변 쌍호리 시골에서 '칠성'과 '창훈'으로 자라는 동안 그의 몸과 마음속에 쌓였던 습관의 기운은 그렇게 쉽게 물리칠 수는 없었던 모양이었다. 마침 김충기 목사의 뜨거운 설교에 부흥회 참석 여성들이 들썩이고 있었다. 성령의 체험이라고 해야 할까. 좌석에 앉았던 여성들이 머리를 흔들었다. 그 모습이 광훈에게는 시골집에서 경험한 '죽을병' 걸렸던 무렵의 비몽사몽 때 언뜻 봤던 말꼬리 머리의 '처녀 마귀'와 흡사했다고 한다. 따라서 기분이 더 틀어졌던 듯하다.

전 목사의 성정에는 '경상도 식 돌직구'가 분명히 있다. 좋고 싫음의 호오(好惡)가 분명하고 한 번 정한 원칙에는 전혀 양보 없이 제가 가고 싶은 길을 가는 성격이다. 이런 성격이 어떠한 풍상을 겪고 원숙을 향할 무렵의 연령대에서는 비록 깎이고 다듬어지는 경우는 있어도, 타고 났던 천연의 품성이 그렇다면 좀체 그 바탕의 성정은 완전히 사라지지 않는 법이다.

젊은 시절의 전 목사는 그런 특유의 고집과 배짱이 지금보다 더 강했을 것이다. 고분고분해지면서 점차 교회에 의탁하려는 경향이 생기던 무렵이었지만, 아주 낯선 김충기 목사의 설교 방식에는 그만 견딜 수 없었던 모양이다. 그는 바로 자리를 박차고 일어나 집에 돌아왔다고 한다. 이어 돌아온 이모가 "너 왜 빨리 돌아왔어"라고 채근하더니 "이럴 거면 보따리 싸서 시골로 가"라고 또 압박했다고 한다.

커다란 배가 항구에 기착하려면 도선사(導船士)가 필요한 법이다. 인생의 길이 다 그렇다. 혼자만의 재능과 감각으로 모든 것을 만들어 가지 못한다. 커다란 만남과 깨달음, 마주침이 있기 위해서는 그 자리에 이르도록 돕는 사람이 반드시 있는 법이다. 제왕(帝王)이 큰 뜻을 이루기 위해서는 책사(策士)가 따라야 하는 것과 마찬가지다.

이모는 광훈의 충실한 '안내인'이었다. 그 점에서 보면, 서울의 이모는 광훈을 낳은 모친 못지않게 중요한 그 인생의 조역자다. 적어도 대한민국 기독교의 발전사에서 큰 축을 이뤄가고 있는 전 목사의 현재 행보만을 따져보자면 그렇다는 얘기다. 아무튼 이 대목에서도 이모의 역할은 아주 컸다. 밖으로 삐쳐 나가려는 조카를 다시 그의 스승과도 같은 김충기 목사 앞에 끌고 왔으니 말이다.

## 12

# 처음 쏟아진 성령

다음날, 그는 다시 교회에 끌려가 앉았다. 이번에는 이모의 경계심이 더 크게 작용했다. 아예 그를 앞자리에 앉혔다. 아울러 자신의 팔을 그의 팔에 걸었다. 그러더니 옆구리를 찌르면서 한 마디 하는 것도 잊지 않았다. "강사님 쳐다 봐!" 어쩔 수 없다고는 하지만 우스꽝스런 모습이기도 했다. 그러나 일이 제대로 이뤄지기 위해서는 이모와 같은 이런 '악역'은 당연히 옆에서 자리를 지키고 있어야 했다. 전 목사의 회고는 이렇다.

"그렇게 자리에 앉았는데도 끝내 강사의 눈을 쳐다보기 싫었습니다. 내 안에 있는 마귀가 덜 빠져나간 것이었을 테죠. 주의 종이 내비치는 눈길을 피하려고 했던 상황입니다. 그러나 목사님은 줄곧 날카로운 눈길로 나를 찌르면서 바라봤습니다. 그래서 고개를 숙이고 있다가 잠시 목사님을 본 뒤에 그가 칠판에 뭔가를 적으려고 하면 바로 고개를 숙이면서 피했습니다."

나중의 경험으로 볼 때, 이런 경우가 강단에 서서 설교를 하는 입장에서는 가장 힘들다고 전 목사는 설명한다. 맨 앞에 앉은 사람이 아예 머리를 처박고 앉아 있으면 강단에서 설교할 때는 기분이 가장 저조해진다는 이야기다. 특히 부흥을 위해 나선 부흥 강사의 입장에서는 이런 청중을 마주할 때의 기분이 아주 별로라는 말이다. 김 목사도 결국 그 점이 마음에 걸렸던 모양이다. 그는 가지고 다니던 텔레비전 안테나를 꺼내 접힌 부분을 뽑아가지고 내려오더니 전 목사의 머리를 한 대 후려 갈겼다고 한다.

분위기는 일거에 반전을 맞았을 테다. "야 이놈, 너 빨리 날 쳐다 봐, 말 정말 안 들을 거야! 한 번 더 머리 숙이면 내가 용서 안 한다"라는 호통이 떨어졌다. 기세에 눌리고 분위기에 찌들 수밖에 없는 상황이었다. 아직은 시골에서 올라온 지 얼마 지나지 않은 학생과 부흥 강사로 이름을 떨치는 기독교계의 명인이 다투는 장면이었다. 게다가 부흥회에 참석한 많은 신자들이 지켜보고 있었다. 또 걸핏하면 "짐 싸서 시골로 내려가"라고 호통을 치는 이모가 바로 옆에서 광경을 주의 깊게 살피고 있었다.

전 목사는 당시에 매우 주눅이 들어 무섭기까지 했다고 전한다.

겉모습은 아예 멀쩡하게 뜨고 있으나 제대로 상대를 바라보지 못하는 시선으로 김 목사를 향했다고 한다. 이를 테면 헛눈질이었다. 당시 김 목사의 설교는 아브라함과 사라, 그 둘 사이의 아들인 이삭의 이야기에 이어, 아브라함이 하갈과의 사이에서 낳은 아들 이스마엘까지 언급하는 내용이었다고 한다. 아울러 다시 에서와 야곱의 부분까지를 언급하면서 "여러분들은 율법을 좇아가는 사람, 성령을 따른 사람 둘 중에 어느 길을 택할 것이냐"를 물었다고 한다. 이와 함께 김 목사는 청중들에게 통성을 하라고 곧바로 주문한다.

바로 이 대목이었다고 한다. 소년 광훈의 혓바닥이 갑자기 꼬이기 시작했다고 한다. 아울러 입에서는 자신도 알아듣지 못하는 말들이 쏟아졌다고 한다. 또 전 목사의 표현대로 "헬리콥터를 돌리고 난리 났다"고 한다. 이를 테면, '성령의 체험', '방언'이 터진 것이다. 이 상태는 제법 오래 갔던 듯하다. 설교가 시작한 시간은 오전 11시, 설교를 마친 시간은 오후 1시였다. 그러나 오후 3시까지 소년 광훈은 '헬리콥터 돌리기'를 멈추지 않았다고 한다.

손을 들고 몸을 마구 흔들며, 남이 알아듣지 못한다는 이른바 '방언'을 마구 쏟아내는 일은 종교의 권역 밖에서 이를 바라보는 사람에게는 좀체 이해가 가지 않는 장면일 수 있다. 그러나 불과 같은 것이 정신 영역으로 쏟아져 들어와 사람을 극단의 의식 상태로 몰아가는 일은 충분히 종교적으로 설명 가능한 부분이기도 하다. 그 이후에도 자주 다가오는 성령의 부름을 소년 광훈은 김충기 목사와의 조우로 처음 경험했다.

그 광경을 지켜보던 이모의 반응은 물론 불문가지다. 혼자 열심히 '헬리콥터 돌리기'를 하고 있던 광훈은 그 상태가 소강으로 접어들자 교회 문밖에 조용히 서있던 이모와 눈이 마주친다. 이모는 광훈의 신발을 챙겨 들고 있다가 막 평소 상태로 돌아온 조카와 눈이 마주쳤다. 전 목사의 기억으로는 "이모가 마치 태양처럼 웃고 있었다"고 했다. 주변에 남아 있던 교인들이나 김 목사, 교회 일꾼들은 모두 사라진 뒤였다.

교회 문밖으로 나가자 전 목사는 쑥스러워했다고 한다. 그러나 이모는 조카를 덥석 안아주면서 "이제 됐다. 이제부터는 네가 교회 다니고 싶으면 다니고, 말고 싶으면 말아라"고 했다. 이모의 1차 미션이 완성으로 마무리되는 순간이었다. 그로부터 1년 여 전 믿음을 갖기 시작한 이모는 기도를 하다가 "네 언니 집을 구원하라"는 음성을 듣고, 그 1차 '작전'으로 맏아들 광훈을 교회에 이끌고자 많은 노력을 기울인 터였다.

다음 장면들은 어떻게 펼쳐졌을까. 중학교를 졸업하고 고등학교에 입학할 무렵에 벌어진 이 '성령의 불 사건'은 인간 전광훈에게는 매우 큰 전기(轉機)에 해당한다. 꼭 우연이라고만 보기 힘든 이 사건은 낙동강 강가에서 태어나 자란 이 청소년기의 심성과 앞으로의 행보를 모두 크게 바꿔 놓는다. 소년기를 벗어나 청년기로 향하는 광훈의 의식 속에는 '길'로 따질 때, 우선은 신작로(新作路)가 하나 크게 들어선 형국이었다.

한반도 산산골골을 잇던 크고 작은 길은 근대 이후, 특히 일제 강점기에 전국 각지에 만들어지기 시작한 신작로로 인해 빛을 잃는다. 신작로는 대처와 대처를 서로 잇고, 작은 마을과 큰 읍내를 교통케 하는 길로 자리를 잡는다. 이 무렵 성령의 불을 맞아들여 큰 종교적 각성을 얻을 수 있었던 광훈의 마음에 들어선 길이 바로 이 '신작로'다.

유년과 소년의 여정은 대개 어둠과 함께했다. 지식이 부족했고, 환경이 허락지 않은 부분이 있었다. 적어도 조선 500여 년의 생활 습속에 젖어 갈피를 잡지 못했던 광훈의 삶은 이로써 옳은 방향과 함께 넓고 큰 길을 찾은 듯했다. 소년을 넘어 이제 청년기로 본격 접어드는 광훈의 지향은 이로써 매우 분명해졌다. 그는 우선 이 작은 신작로에서 맹렬하게 돌진한다. 돌직구 식의 그 성향은 튼튼한 연료였고, 어둠을 깨고 나타난 광명의 빛은 그에게 더할 나위 없는 든든한 방향타였다.

# 13

## 들에 타오르는 불

거대한 평원에 불씨 하나가 댕겨진 상황이었다. 그 불씨는 밤하늘의
별처럼 아주 작고 작았지만, 의미가 넘치는 불기운이어서 곧 마른 풀
에 번져 거대한 벌판을 모두 태울 기세였다. 소금 배가 오르내리던
낙동강 강변의 산간벽지에서 태어나 무엇인가에 늘 덮여 '어둠'으로
만 당시의 상황을 회고하던 어린 전광훈에게는 그야말로 새 하늘과
새 땅이 열렸고, 그 이후로는 맹렬한 기세로 자신을 드러낼 시점에
들어서고 있었다.

김충기 목사의 부흥회가 그 기점이었다. 아니 기점이라기보다는
기폭점이라고 해야 옳을지도 몰랐다. 안으로 깊게 품고 있던 영성의
큰 폭발이라고 해야 할 정도로 그가 뻗어나가는 기세는 아주 대단했
다. 잠시 내렸던 영성의 불은 젊은 광훈의 의식 저변에 깔려 있던 모

든 것을 태워버렸다. 그것은 완전한 거듭남이었고, 그 말할 수 없는 희열로 인해 그는 교회에 가는 것만이 유일한 기쁨이었다.

전 목사는 당시 독특한 체험 하나를 했다. 이모를 따라 처음 나간 본 교회 목사의 설교가 갑자기 귀에 들어오지 않더라는 것이었다. 그는 그 상황을 "주파수가 달라졌다"는 점에서 설명을 한다. 성령의 세례를 받은 뒤 생긴 중요한 변화의 하나이기도 했다. 그로써 '폭발'과도 같은 충격을 이기고 난 뒤의 상황 변화이기도 했다. 그는 갑자기 답답해졌다고 한다. 아무리 노력을 기울여도 본 교회 목사의 설교는 귀에 들어오지 않았다. 이미 불이 댕겨진 뒤의 그에게는 마구 번져나가던 영성의 대 확산에 '말씀'과 '학습'을 얹어야 했지만, 불행히도 그 활화산과 같은 수요를 본 교회 목사께서 채워줄 수가 없었던 것이다.

성령의 세례를 가능하게 해줬던 김충기 목사의 생각이 났다. 그는 바로 김충기 목사에게 전화를 했다. 그가 소개한 대화 내용이다.

"목사님이 주재하시는 부흥회에 갔다가 성령의 불을 받았던 학생입니다."

"어 그런데 왜 전화를 했냐?"

"교회를 나가는데, 우리 목사님 설교가 안 들려요."

"그렇지, 그럴 수 있다. 그래, 너 지금 사는 데가 어디냐?"

"금호동에 살아요."

"거기에 산다면, 논골에 계시는 최복규 목사님이라고 있다. 그 베다니교회를 찾아가라."

전 목사는 사실 '행동파'라고 해도 좋을 사람이다. 어렸을 때나, 젊었을 때나, 지금 광화문에 나설 때나 다 그렇다. 단지, 그의 유년과 소년 시절은 뭔가 있어야 할 것이 빠진 채로 내버려져 있었을 뿐이다. 유년을 넘어 소년기까지는 대개 전통과 관습이 주는 일종의 '습기(習氣)'가 나름대로 강한 색조의 '어둠'을 형성하면서 그 소년을 덮은 형국이었다. 말까지 서툰 정도에 이르렀으며, 그에 따라 남들과의 소통이 매우 서툰 아이였을 뿐이다. 학습에는 관심이 거의 없었으나, 무엇인가를 골똘히 생각하고 마음속으로 새기는 그런 조용한 유년과 소년기를 보냈다. 그러나 죽음의 기로에 섰던 경험, 그로부터 바라본 '빛', 서울로 올라와 다니게 된 교회의 생활, 아주 우연히 찾아온 성령의 체험 등이 그를 확 바꿔버렸다. 본래의 활달하고 맹렬한 기질이 그를 계기로 뿜어져 나오던 때였다.

그의 행동은 신속했다. 옳다고 믿는 길, 의지할 수 있다고 믿는 길, 그래서 꼭 나아가서 몸을 들여야 할 길이 있으리라는 강한 믿음 속에 그는 있었다. 그는 충실한 '안내인'이었던 이모에게조차 말을 건네지 않은 채 베다니교회라는 곳을 갔다. 이어 그곳에서 손원배 목사를 만났고, 소개해 준 김충기 목사가 "만나보라"고 했던 최복규 목사의 설교도 들었다. 그는 최복규 목사가 행하는 설교를 들으면서 김충기 목사의 모습을 바로 떠올렸다고 한다.

"모두 똑같다고 느낄 정도였다. 입에서 불을 토하고, 그에 따라 내 영이 살아서 춤을 췄다"라는 회고다. 그로써 그는 "성령의 세례를 받은 사람과 그 성령의 세례를 받지 못한 목사의 설교는 전혀 다르다"는 결론을 내린다. 비유는 이렇게 한다. "학식이 깊은 아볼로의 설교를 듣던 사람이 사도 바울의 설교를 들어버리면 다음부터는 아볼로 설교를 못 듣는 것처럼….'

그로부터 '행동파 전광훈'의 빛은 더 강해진다. 그는 이후로 김충기 목사의 부흥회를 모두 쫓아다녔다고 한다. 고등학교 3년 내내 줄곧 그랬다는 것이다. 그로부터 불을 받았으니 전 목사가 지닌 성령의 불 뿌리는 바로 김충기 목사였다. 그는 그 복판을 향해 모든 것을 가리지 않고 뛰어든다. 그 김충기 목사의 부흥회만 54주간을 참여했다고 한다. 1년의 절반은 아예 그 부흥회 현장에서 살았다는 것이다. 원 타임으로 벌어지는 부흥회가 아니라 1주일 지속하는 풀타임의 부흥회가 그의 '현장'이었다고 한다.

학교는 사실 '덤'에 불과했다. '행동파' 전광훈 학생은 학교를 쉼터로 생각하고 다녔다. 일터로서 그가 현장에 반드시 있어야 하며, 늘 갈증에 허덕이며 기도를 해야 했던 곳은 부흥회가 벌어지는 교회였다. 그 정도로 몰입에 몰입을 거듭하고 있었다. 그에게는 또 하나의 목표가 세워졌다고 한다. 바로 자신을 성령 체험으로 이끌었던 김충기 목사를 닮아가는 일이었다. 그와 같은 수준의 설교 역량을 지니는 것도 목표였다. "나는 저 사람의 능력을 반드시 물려받겠다"는 확고한 꿈이 들어선 것이다.

14

## 누나를 먼저 이끌다

의성의 쌍호리 시골집에서는 아무래도 서울의 동정이 이상하게 비친 모양이다. 유학을 떠나보낸 아들 광훈이 소식도 뜸하게 보낼 뿐만 아니라, 상경하기 전에 신신당부 했던 '교회'에 관한 사안에도 이렇다 할 언급이 없었기 때문이다. 그 점이 이상했던 부모님은 우선 상황을 알아보기 위해 '특파원'을 서울에 파견키로 했다.

바로 광훈의 다섯 살 위 누나였다. 이 누나 역시 교회에 관한 한 모친의 충실한 지지 세력이었다. 모친은 특히 낌새가 아주 이상하다는 점을 알아차렸다고 한다. 아들이 아무래도 '이모의 꾐에 말려 교회를 나가는가 보다'라는 육감을 지울 수 없었던 듯하다. 그로써 시작한 일이 누나라는 '특파원' 파견, 이어 상황이 나쁘다고 여겨지면 '이모와 광훈의 분리'까지 염두에 뒀던 분위기였다.

누나가 느닷없이 서울 이모 집에 나타났다. 상황을 알아보니 심각하다고 여겨졌던 모양이다. 동생 광훈은 이미 '예루살렘'이라는 방향타를 잡은 뒤 십자가의 길을 맹렬하게 질주하면서 그 기세는 마치 길 앞의 모든 것을 태우고도 남을 정도였다. '질풍과 노도'라고 해도 좋을 기세로 앞만 보고 달려가는 동생을 바라보니 다른 것을 생각할 겨를이 없었다고 한다. 바로 모친이 지시한 '이모와 광훈의 분리' 작전에 착수했다. 어머니는 누나가 상경하기 전 "광훈이가 교회에 다니고 있으면 방을 따로 얻어 얼른 이모네서 데리고 나가라"고 지시한 상태였다.

누나는 이미 소를 팔아 어머니가 건네준 전세금을 손에 쥐고 있었다. 그런 누나와 광훈은 실랑이를 벌여야 했다. 우선 지금의 서울 성동구 약수동의 옛 '해병대 산'이라고 부르는 곳에 방을 하나 얻었다. 둘은 이모네로부터 짐을 옮겨 터전을 잡았다. 그러나 싸움은 계속 이어졌다. 교회를 가려는 광훈을 누나는 매 번 가로막았다. 싸움까지 벌여 손찌검까지 했다. 경상도 사내들은 흔히 집안의 여성들에게 하대를 하는 버릇이 있다. 어머니에게도 쉬이 존대를 하지 않는 습성이다. 광훈도 예외는 아니었다.

"너 정말 교회 다닐 거야"라며 앞길 가로막는 누나를 광훈은 "비켜, 가시나가 어디?"라며 윽박지르는 경우가 잦아졌다. 특히 주말이 오면 누나의 감시와 제지는 심해졌다. 전 목사의 회고는 이렇다.

"이미 성령에 눈을 떴는데 내가 교회를 어떻게 안 나가겠어요? 제지를 피해 교회를 다녀왔더니 누나가 점심을 먹고 있더군요. 내가 교회를 다녀왔다고 말했더니 먹던 밥상을 들어 나를 후려치기도 했습니다."

누나는 사실 어머니가 부여한 '특파원'으로서의 임무를 충실히 수행했던 것이다. 밥상으로 얻어맞은 광훈이 우격다짐으로 누나를 몰아붙이자, 누나는 "이놈아 너 정신 차려. 나는 여자라서 시집 가버리면 그만이고 남의 집 사람이 되지만, 너는 집안을 물려받을 놈이 조상과 인연 다 끊으면 어떻게 하자는 거야. 제발 조상 팔아먹지 마, 이놈아"라며 발악을 했다고 한다.

누나의 기질도 대단한 편이다. 먹던 점심상을 들어 동생의 안면을 가격했으니 말이다. 어쩌면 집안 내력이라고 해도 좋을지 모르겠다. 좀체 제 뜻을 굽히지 않고, 옳다고 여기면 그대로 행동에 옮기는 기질 말이다. 자식들은 유전형질을 통해 부모로부터 대개는 그런 성정들을 고스란히 전해 받아 닮기 마련이다. 누나도 그런 기질의 소유자였던 모양이다. 하지만 더 큰 기질은 동생 광훈의 몫이었던 듯하다. 그는 성령의 체험을 경험한 뒤 그 누구도 제지할 수 없는 광속의 몰입을 보인다. 그 첫 갈등이 모친의 밀명을 받고 부랴부랴 상경한 누나와의 '싸움'에서 빚어지고 있었다.

누나는 광훈이 주먹을 쥐고 반격할 태세를 보이자 바로 도망을 쳤다. 한참을 밖에서 보내며 동정을 살피다가 누나는 방에 들어와 두 다리를 뻗고 울기 시작했다.

"조상 팔아먹는 저런 새끼를 둔 우리 엄마가 불쌍하다, 불쌍해…."

그럼에도 동생 광훈은 태연했다.

"아무리 울고 불고해도 나를 이제는 누구도 막을 수 없어. 나는 목숨을 걸고 교회를 다니는 거야."

누나의 울음은 그치지 않았던 모양이다. 그러자 동생 광훈은 누나에게 돌연 이런 제안을 한다.

"나 따라서 한 번만 교회를 가면 어떨까. 교회에 가서 누나가 주님을 못 만나면 내가 교회를 안 다닐 수도 있지."

그 제안은 '특파원' 누나가 바로 받아들였다. 막연한 자신감으로 그런 제안을 한 광훈의 입장이 조금은 궁색해지고 있었다.

그러자 머릿속으로는 '보통 수준의 교회를 그냥 갔다가는 안 되겠다'는 생각이 들었다고 한다. 광훈은 김충기 목사를 생각해 냈다고 한다. '이 분이 오시는 부흥회가 언제일까.' 알아보고 알아본 끝에 그는 김충기 목사가 지금의 은평구 불광동 독박골이라는 곳의 집회에 오는 날짜를 탐색해냈다. 날짜에 맞춰 그는 누나와 집을 함께 나섰다. 그러나 가는 길이 순탄치 않았다.

지금의 성동구 금호동에서 은평구 불광동을 가는 길은 아주 멀었다. 지금이야 지하철 3호선을 타면 곧장 가지만 당시에는 버스를 타고 두어 시간 정도는 가야 하는 길이었다. 금호동에서 155번 버스를 탔다고 한다. 그러나 홍제동 인근 서울여상인가 어딘가를 지날 무렵 누나가 멀미를 했다고 한다. 시골 아가씨가 처음 타는 장거리 서울 버스 여행이었다. 지금이야 차의 진동이 모두에게 익숙하지만, 차량이 별로 없었던 당시에는 차멀미가 아주 흔했던 일상적 풍경이기도 했다. 아무튼 둘은 급히 내려 사태를 수습하느라 시간을 지체했다고 한다.

달리 마땅한 방도가 없었던 둘은 불광동까지 걸어가야 했다. 그러나 도착하면 낮 예배가 모두 끝날 터였다. 광훈은 그 때 눈물이 났다고 한다. 누나 생각에서다. 이런 기도를 했다고 한다. '주님, 주님, 나는 어떻게 하면 좋겠습니까? 누나가 이번에 교회 한 번 간 뒤 교회를 안 다녀도, 저는 계속 다니겠지만, 우리 누나는 지옥을 가게 생겼습니다. 제발 예배에 참석할 수 있도록 해주십시오.'

둘이 불광동의 독박골교회에 도착할 무렵 이미 낮 예배 시간은 끝나가고 있었다. 약 5분 정도 남았던 모양이다. 목사는 마무리 설교를 했다고 한다. 예배 마무리의 조용한 분위기 속에서 남매 둘은 당시까지는 늘 나누었던 여성 좌석과 남성 좌석으로 갈라져 들어가 앉았다고 한다. 누나는 여자 좌석의 맨 뒤에 앉았고, 광훈은 남자 좌석 뒤쪽에 앉았다고 한다.

성령 체험을 처음 이끌어준 분이 김충기 목사였다. 부흥회 낮 예배 거의 끝 무렵임에도 그 뜨거운 열기는 채 사라지지 않았던 모양이다. 김 목사는 마지막 설교 부분에서 "자, 이제 여러분께 드렸던 말씀을 속으로 잘 새기시면서 가슴에 품고 통성으로 '주여' 삼창으로 통성으로 기도합니다"라고 말했다고 한다.

그러자 날카로운 비명 소리가 여자 좌석에서 울렸다고 한다. 급히 바라본 그 여자 좌석에서 퍼진 소리였다. "사람 살려"라는 말이었다. 광훈이 놀랐던 것은 그 목소리의 주인공이 바로 누나였다. 시골의 어머니에게 특별 임무를 받아 '특파원' 자격으로 서울에 올라와 자신으로 하여금 교회를 다니지 못하도록 의도했던 누나, 바로 그 누나였다.

누나는 당시까지도 교회에 관한 아무런 지식이 없는 상태였다. 주님이 뭔지, 십자가가 뭘 의미하는지, 목사는 누구인지, 교회는 뭘 하는 곳인지를 잘 이해하지 못했다. 그저 '남의 집 조상 인연 죄다 끊는 이상한 집단' 정도로 교회와 기독교를 이해하고 있는 수준이었다. 따라서 성령의 체험에 들어섰다 싶었는데도 입에서 나오는 소리는 "사람 살려, 사람 살려"였다.

얼마 전에 김충기 목사의 부흥회 때 참석한 광훈의 사례와 다르지 않았다. 누나 역시 '헬리콥터 돌리기'에 들어간 것이다. 성령이 몸과 의식을 휘감으면서 생겨 이른바 나를 잊어버린다는 무아(無我)의 지경에 빠져든 것이다. 헬리콥터를 부지런히 돌리고 있던 누나에게 광훈이 다가갔다. "이제 기도 끝났어, 예수님은 만났어?"라고 조심스럽게 물었다고 한다. 그러자 누나는 이렇게 대답했다고 한다.

"이제 나 집에 안 가, 예수님 만났어…."

광훈 부모님의 '공작'은 이로써 수포로 돌아가고 말았다. 맏아들 광훈이 교회에 다닐지 모른다는 의구심에 누나를 '특파원'으로 보내 '이모와 광훈의 분리' 작업까지 서둘렀으나 이제는 서울로 보낸 광훈의 누나마저 결국 교회의 품으로 덜컥 들어가 버리고 말았던 것이다. 누나는 부흥회가 다 끝날 때까지 그곳에 있다가 집으로 돌아 왔다고 한다. 지금은 역시 목사의 사모님으로 여전히 큰 활약을 펼치고 있다.

# 15
## 부모님을 교회로

이 책의 앞부분에서 자세히 소개를 했듯이 그의 부모님은 본래 '일자무식'이었다. 낫 놓고 기역자도 모른다는 식의 속언으로 표현해도 좋고, 그저 '일자무식'의 성어 표현으로 해도 좋지만 아무튼 부모 두 분은 지식과 근대, 개화, 문명, 도시, 세련 등과는 아예 큰 담을 쌓고 살았던 우리 한반도의 전형적인 농부(農夫)이자, 농부(農婦)였다.

부친이 태어나 자란 곳은 경상북도 예천 상락마을, 모친은 그 낙동강 건너인 의성군 쌍호리 태생이었다. 개화의 바람이 일찌감치 낙동강 소금 배에 올라타 이곳의 산간벽지를 떠돌아다닌 적도 있지만, 일제 강점기에 살아남아 6.25전쟁을 거치고, 대한민국 산업화의 문턱까지는 그저 평범한 농부와 그 아낙으로 살아온 분들이었다.

부친은 그나마 전 목사의 고조할머니가 일찍 기독교에 몸을 의지했고, 이어 집안사람 여럿이 하나님의 품으로 귀의한 가문의 한 구성원이라 어린 시절 어느 무렵엔가는 교회에 몸을 들인 경험도 있다고 한다. 그러나 어머니는 아주 달랐다. 오랜 기다림 끝에 낳은 자신의 아들에게 '칠성'이라는 이름을 붙여준 분도 어머니였다. 그 본래의 믿음은 무속, 또는 아예 무당의 그것이라고 해도 좋을 정도로 전통적인 민속의 흐름에 젖어 있는 분이었다.

성령의 체험을 시작한 '행동파' 젊은이 전광훈은 그 무렵 부모 생각이 간절해졌다. 김충기 목사의 부흥회 현장에 가서 아예 그곳에서 먹고 자고, 기도를 하면서 더 깊어진 감정이었다고 한다. 그는 점차 길을 가다가도 기독교를 믿는 사람과 믿지 않는 사람의 경우를 생각하면서 때때로 '눈물'까지 흘릴 정도였다고 한다. 그런 그였는지라 자신을 낳고 길러준 부모님에게로 생각이 미치지 못한다면 그 점이 도리어 이상했을 법하다. 그래서 '행동파 전광훈'은 과감한 행동에 나서고 만다.

길을 오가는 낯선 사람을 바라보면서 무심코 '저 사람이 예수를 믿으면 좋을 텐데, 믿지 않고 있다가 죽으면 지옥을 갈 텐데…'라는 생각에 젖어 있던 광훈은 어느 날 문득 '부모님도 마찬가지로구나'에 생각이 미치자 바로 이렇게 편지를 썼다고 한다.

### 아버님, 어머님 전상서

*아무리 생각해도 큰 일이 생겼습니다.*

*저는 이제 예수님을 믿어 부모님과 갈 곳이 달라지고 말았습니다.*

*아들은 천국에 갈 수 있는데,*

*아버님 어머님은 지옥에 떨어질 듯합니다.*

*아무래도 여기서 두 분과 헤어져야 하겠습니다.*


이런 내용이었다고 한다. 서울로 유학을 떠나보낸 자식이라는 놈이 이런 편지를 보내왔을 때 시골의 부모들은 어떤 반응을 보일까. 지식이 부족하고 현대 문물에 익숙하지는 않더라도 두 사람은 '돌직구' 성격의 전광훈 목사를 낳은 부모였다. 느닷없이 보낸 이 편지에 대한 전 목사 부친의 회신은 바로 들고 나타난 '몽둥이'였다. 편지를 보내고 받은 시간은 며칠 걸렸다고 하자. 그럼에도 경상북도 의성에서 편지를 받아 글 읽을 줄 아는 이웃에게 부탁해 편지 내용을 이해한 다음날, 그 부친은 어머니와 함께 몽둥이를 들고 직접 나타났다고 한다. 잔뜩 화가 치민 부친은 이모에게 그랬다고 한다.


"이놈의 새끼가 시골에서 배 굶주려가며 등록금 보내주고 쌀 부쳐주면서 공부 시켰더니, 뭐라고, 부자지간 관계를 끊자고? 이놈 어디 있는지 말해. 다리를 분질러 놓고 내려갈 테니…."


다행인지 불행인지 광훈은 아버지의 그 분노와 정면으로 맞닥뜨리지 않았다. 그는 바로 도망쳤던 모양이다. 삼각산(현 북한산)에 있는 어느 거처였다고 한다. 그곳에서 그는 부모님을 위해 기도를 했다.

그러나 한 번 엎질러진 물이었다. 부모님의 완고한 고집과 성령의 체험 뒤 굳건한 기독교인으로 성장하고 있던 전광훈의 고집이 아주 거칠게 대립해 큰 충돌로 이어질 위기였다. 그러나 광훈의 고집이 더 강했던 모양이다. 아니면 우리 속말처럼 "자식 이기는 부모가 없다" 는 경우였을지도 모른다. 아무튼 광훈은 "아버지, 어머니가 시골로 다시 내려 가셨어"라는 이모의 전갈을 듣고 금호동 이모 집으로 돌아 온 뒤 편지를 다시 써내려가기 시작했다.

**아버님, 어머님 전상서**
아무리 생각해도 부모님과 나하고는 이제 관계가 끝입니다.
부모님 두 분은 어차피 지옥에 갈 족보,
저는 천국에 갈 족보입니다.
어차피 헤어져야 할 거면 여기서 헤어지는데
딱 하나, 부모와 자식 사이에 헤어지지 않는 방법이 있습니다.
지금 시골에서 짓는 농사를 도지로 모두 옆집에 넘겨주고,
대구 신암동에 가서 중앙침례교회라는 곳을 찾아
그 옆에 방을 얻어서 그 교회를 다니면
제가 부모님을 그대로 모시겠습니다.
이 점은 저와 부모님이 헤어지지 않는 유일한 방법입니다.

대구중앙침례교회에서 집을 얻으실 때는

교회로부터 500미터 이상 떨어지면 안 됩니다.

# 16

## 맹렬하고 거센 기질

자식 이기는 부모 없다고 해도 이 정도면 자식으로서는 아주 큰 패륜
이다. 우리 한반도의 전통적인 가족 개념이나, 그로부터 파생한 여러
윤리적인 체계와 규범으로 볼 때 그리 흔하게 접할 수 있는 사례는
결코 아니다. 쉽게 말해 아주 큰 불효요, 자식으로 해야 할 도리에서
아주 어긋나는 행위다. 그럼에도 청년기에 갓 접어든 광훈은 일을 저
지르고 말았다.

전통적인 윤리나 규범 등을 훌쩍 뛰어넘는 상위(上位)의 그 무엇이
고등학생 광훈의 마음을 잡아끌고 있었던 것이다. 그러나 이 또한 전
목사가 지닌 기질로서 설명해 봐야 할 구석이 있을지 모른다. 그는
유년과 소년 시절을 이렇다 할 만큼의 경력이나 화려한 기억으로 회
상할 수 없다. 경상북도 산간벽지에 해당하는 촌구석이 태생지이자

자라난 고향이다. '일자무식'이라고 해도 좋을 부모 밑에서 보낸 시절이다. 마을이라고 해봐야 16가구가 옹기종기 모여 사는 곳이었고, 경제사정 또한 중학교에 입학하기 전까지는 변변치 않았다.

단지 특기할 만한 점이 있다면, 집 앞으로 낙동강이 흐르고 그 강을 통해 고조모 때에 선교사들이 소금 배를 타고 오르내리면서 던진 문명의 자락이 고향 주변을 에워싸고 있었다는 점이다. 구체적인 기억은 아니지만 어린 광훈은 알게 모르게 그런 어느 한 자락에 서서히 이끌리는 분위기도 없지 않았다. 그러다가 스스로 '죽을병'에 걸린 경험이 있고, 서울에 시집왔던 이모를 통해 그 기독교의 빛을 바라보면서 서울에 이끌려 온 처지였다.

그럼에도 언뜻 접한, 이른바 '성령의 체험'이라는 것에 대한 그의 반응은 아주 놀랍다. 맹렬하다고 할 수 있을까, 아니면 거센 불길 그 자체라고 할까. 그는 마구 타오르기 시작했다. 그리고 조금의 주저함도 없었다. 우직함 그 자체라고 할 수 있을지 모르겠다. 한 번 들어서 옳다고 느낀 길에서의 그의 질주는 매우 경이롭다. 보통 사람들의 기질과는 아무래도 차이가 있다고 해야 마땅하다.

그 부모 또한 마찬가지다. 완고한 어머니였고, 무섭기도 한 아버지였다. 그럼에도 "아무래도 여기서 헤어져야 하겠습니다"라고 써 보낸 자식의 맹렬함 앞에서는 자식 아끼는 평범한 부모로 돌아설 줄 알았다. 그래도 세상에서 가장 사랑하는 자식과 헤어지는 것이 너무나도 두려운 엄마와 아빠였다. 어쩌면 자식을 걱정해 이런저런 잔소리를 하다가도 결정적인 대목에서는 제 아이를 위해 모든 것을 걸고 나서는 그런 부모였던 것이다.

두 사람은 한 여름의 모든 농사를 다 포기하고 대구로 갔다고 한다. 이웃에게 농사를 맡긴 부모님은 대구의 신암동이라는 곳에 가서 교회를 다니기 위해 방을 얻기도 했다. 아들이 겁박한 그대로였다. "대구중앙침례교회에서 500미터 이상 떨어지지 말라"는 웃지도 못할 그 아들의 마구잡이식 단서 조항도 잘 지켰다고 한다.

부모님은 그곳에 방을 얻은 뒤 처음 맞는 주일날 교회를 찾아갔다고 한다. 김충기 목사는 예배가 끝난 뒤 "새로 온 사람들은 손을 들어 보세요"라고 했단다. 그러자 어머니가 손을 들었다고 한다. 김 목사는 "손을 들었던 분은 이따 모두 마친 뒤 당회장실로 오세요"라고 했다. 당회장실로 찾아온 광훈의 아버지는 김 목사가 "어르신은 어떻게 교회에 나오셨습니까?"라고 묻자 기다렸다는 듯이 "아니, 이놈의 애새끼 하나를 공부하라고 서울로 보내놨더니, 야소한테 미쳐가지고 여기 목사님 교회 안 다니면 부자지간 끊는다고 합디다. 그래서 우리가 교회를 왔습니다"고 했다.

자신에게 성령의 체험을 가능토록 이끈 김충기 목사는 고등학생 광훈과 그 부모를 예수의 품으로 이끈 은혜로운 존재였다. 김 목사는 특히 '일자무식'으로 성경을 스스로 읽지 못하는 광훈의 부모에게 또한 극진한 배려를 했다고 한다. 김 목사는 광훈의 부모를 만난 자리에서 "아저씨, 아주머님 두 분 정말 잘 오셨습니다. 정말이지, 아들 하나 잘 두셨습니다"라고 인사를 건넨 뒤 여 전도사를 불러 하루에 한 번 이상은 꼭 심방을 해서 광훈의 부모님께 성경을 읽어드리면서 설명까지 잘 해드리라고 분부를 했다고 한다.

김충기 목사는 당시 유명한 부흥사였다. 그럼에도 아들이 강짜를 부려 완고했던 부모님을 이렇게 극적으로 교회에 이끈 사례를 처음 봤다고 했다. 마침 구로동의 곽전태 목사가 이끄는 구로감리교회에 집회를 갔던 광훈을 찾는 김 목사의 전화가 왔다고 한다.

"네가 광훈이냐?"
"예, 맞습니다."
"내가 김충기 목사야. 너 이제 더 이상 염려 말아라. 어제 너희 어머니 아버지가 우리 교회를 나왔다. 너는 마음을 놓고 더 정진해야 한다."

며칠 뒤 또 김 목사의 부흥회에 갔을 때였다. 김 목사는 광훈을 보자 아주 기뻐하면서 그를 얼싸 안으며 "광훈아, 이제 네 어머님 아버님이 구원을 받았다. 우리 교회 잘 다니시니 진짜 걱정을 말아라"며 옆에 있던 교회 집사들에게 "앞으로 광훈이가 교회에 오면 내 방에다 재우세요"라고 했단다. 당시 김충기 목사는 한국의 기독교계에서 이미 큰 이름을 떨치고 있던 터였다. 워낙 유명해서 일반 사람들은 악수조차하기도 어려웠던 인물이었다.

굳이 비유를 하자면, 17세 정도의 아마추어 권투선수가 세계 타이틀을 이미 쥔 노련한 프로복서의 후원을 받는 경우였다. 그러나 매우 전도가 유망해 보이는 아마추어 선수였다. 체력이 충만하고 펀치가 아주 강한 선수였다. 머잖아 세계를 휩쓸 챔피언 중의 챔피언 재목으로 비쳤을 법하다. 노련한 세계 챔피언 출신 선수는 그 재목을 일찍 알아보고 앞으로 나아갈 그의 앞길에 자신이 지녔던 빛을 크고 넓게 비쳐줄 생각이었을지 모른다.

인생에서 저를 크게 도와주는 스승과의 조우는 우연만은 결코 아니다. 그 스승의 곁을 지나칠 무렵 그 자신이 멀고 장엄한 길을 갈 채비를 갖췄느냐가 우선 관건이다. 그 채비를 갖추지 못했고, 아예 그길을 나서려는 마음이 없는 경우는 좋은 스승과 때를 만나지 못하는 법이다. 설령 만나더라도, 그 인연은 그저 '옷깃을 스쳐가는' 정도에 그치고 마는 법이다. 아주 어린 나이였지만, 광훈은 그런 스승과의 조우를 제 인생의 깊은 복판으로 끌어들일 줄 아는 소년이었다. 우선 남과는 아주 다르게 맹렬하면서도 거셌다.

전광훈, 자유 통일의 길

'자신의 모든 것'이라고는 할 수 없어도, 세상에 태어난 이에게 무릇 가장 소중한 존재는 바로 부모님이다. 제가 성령의 체험을 했다고 하더라도 그 부모를 같은 길에 나서도록 하는 일은 결코 쉽지 않다. 고등학교에 갓 입학하고 세상 물정을 제대로 깨치지 못한 나이였다. 하지만 광훈은 그런 일을 '거뜬하게' 마무리를 짓고 다시 십자가의 길에 나선 형국이었다.

'세계 챔피언'급이라고 해도 전혀 이상하지 않았던 당시의 노련한 부흥사 김충기 목사는 그 점을 아주 주의 깊게 살펴낸 듯하다. 대구의 교회에 찾아간 청년 광훈을 얼싸 안고 "이제는 걱정 말고 네 갈 길에서 정진하라"는 격려를 내린 점도 사실 그 맥락일 것이다. 그 이후로 청년 광훈은 매우 귀한 경험을 한다. 모두 '세계 챔피언'급의 부흥사 김충기 목사의 보살핌, 그로부터 나오는 치밀한 배려의 덕분이다.

청년 광훈은 많은 것을 배우고 익힐 수 있었다. 그는 대구에 내려갈 때면 당대의 가장 유명한 부흥사인 김충기 목사와 같은 방에서 잠을 잘 수 있었다. '체득(體得)'이 가능한 과정이었다. 몸으로 직접 보고 배워 얻는 그런 수업 말이다. 교회의 설교 강단에 서 있을 때의 김 목사는 성령의 가르침을 대중에게 어떻게 전달하는가를 몸소 일깨웠다. 같은 방에서 숙식을 함께할 때는 생활에서의 성령을 가르쳤다. 그 모든 것을 청년 광훈은 카메라에 광경을 담듯이 보고, 듣고, 생각하며 쉼 없이 배우며 또 익혔다.

그럼에도 주목할 점은 청년 광훈에게서 벌써 조짐이 나타나는 '기세'의 문제였다. 어느 정도 타고난 기질과 후천적으로 쌓은 축적이 모여 일정한 힘으로 나타날 때가 있다. 우리가 '기세'라고 부르는 그 영역이다. 그는 타고난 몸집에 어울리는 그런 기질을 지녔다. 오랜 번민과 생각 등을 거쳐 한 번 결정을 내리면 매우 단호해지는 그런 성격 말이다. 앞에서 '돌직구'라고도 표현했던 그런 기질이다. 청년기에 들어선 광훈은 어느덧 그런 면모를 드러내고 있었다. 17세에 링에 올라선, 잠재력이 대단한 아마추어 복싱 선수와도 같았다. 그가 어떤 조련사를 만나 또 어떻게 펀치력을 키워갈지 지켜봐야 하는 길목이었다. 아직 어린 나이지만 광훈은 아주 멀고 험한 길을 달려 나아갈 채비를 차곡차곡 쌓고 있었다.

# 17

## 엄마와 이모, 그리고 장모

세상의 크고 넓은 길을 달려 먼 곳에 이르는 일에는 누군가의 조력이 반드시 필요하게 마련이다. 제 아무리 하룻밤 사이에 천리를 달린다는 명마(名馬)라 하더라도 그를 세상이 알아주는 길, 그 트랙에서 뛰게끔 만들어주는 사람이 있어야 한다. 소금 마차를 끄는 천리마가 있었다. 중국의 고사다. 천리마라고 하면 하루에 천리를 내딛는 능력을 소유한 말이다. 그 천리마가 하찮은 소금 수레를 끌고 있는 경우를 생각해보라. 결국은 험한 산을 소금 수레 끌며 올라가는 천리마 옆에 백락(伯樂)이라는 사람이 있어 스토리에 반전이 일어난다.

백락은 첫 눈에 소금 수레 끄는 말이 천리마임을 알아본 사람이다. 그는 중국 민담에서 명마를 알아보는 특별한 재능이 있다고 알려진 인물이다. 그 백락이 험한 산길에서 고생을 하는 천리마를 알아보고는 목을 놓아 울었다고 하는 스토리다. 그 천리마 또한 자신의 재능과 그릇을 알아준 백락이 고마워 깊고 험한 산골짜기에서 아주 길게 울음을 울었다는 내용이다.

백락과 천리마. 사람의 일생에서 그 둘의 요소는 매우 긴요하다. 백락이 있어 천리마가 저와 맞지 않는 일에서 벗어날 수 있는 법이고, 천리마가 있어 높은 안목을 키운 백락이 제 능력을 또한 발휘할 수 있는 법이다. 인생의 멀고 험한 길에서는 이 둘의 요소가 잘 맞아야 서로 윈-윈할 수 있는 것이다.

유년과 소년기의 광훈에게 지대한 영향을 미쳤던 이들은 우선 가족이다. 가족 중에서 눈에 띄는 존재는 그의 모친이다. 앞서도 설명을 했지만, 그의 모친은 글자를 깨우치지 못했던 문맹의 지식수준을 지닌 사람이었다. 그러나 전해지는 내용을 보면 정말 범상치 않은 인물이기도 했다. 집안을 일으키기 위해 보였던 행동 중에서 드러난 집요한 현실적 대응 능력, 재산 축적을 위한 과감하고 단호한 행동 등에서 현실적 방도를 제대로 찾아내는, 훗날 전광훈 목사의 그림자를 읽게 만드는 스타일이다.

아울러 모친의 집요한 제지에도 불구하고 조카를 서울에 불러들여 교회를 나가도록 분주하게 이끈 이모 또한 남다르다는 인상을 주는 인물이다. 모친과의 끝없는 실랑이 속에서도 굳건한 믿음을 바탕으로 결국 오늘날의 전광훈 목사를 성령의 세계로 이끈 사람 중의 하나다.

자라나는 과정을 마감하고 성년으로 들어설 무렵에 전 목사가 우연히 마주친 여인의 하나가 그의 장모 고(故) 이정순 전도사다. 이정순 전도사는 1970년대의 대한민국 기독교계에서 매우 유명한 사람이었다. 성경으로 미래를 예언하는 사람이었고, 그 출중한 능력 때문에 많은 사람들이 그 주위에 몰려들던 유명인이었다.

청년기의 전광훈과 미래의 장모 이정순 전도사가 만나는 장면도 참 공교롭다. 고등학생 전광훈의 2학년 때 일이라고 한다. 그를 성령의 체험 속으로 몰아넣었던 이모가 이번에도 앞장을 섰다. 한 번 십자가의 광휘에 접어든 전광훈은 그야말로 펄펄 뛰어다니는 준마와도 같았다. 거침없는 기세로 영적 체험에 적극 나서던 그에게 이모가 하루는 "광훈아, 예배드리러 갈 곳이 있다. 따라 나와라"고 했다. 경상도의 일반 청년답게 그는 이모에게 거의 반말로 스스럼없이 굴었다. "알았어."

서울 중구에 있는 방산시장이라는 곳을 갔다. 시장 한 구석 어느 건물의 문을 열고 들어갔더니 분위기가 색달랐다. 하얀 천사와 같이 생긴 여성이 하얀 저고리에 까만 치마를 입고 쪽머리를 한 채 앉아 있었다. 사람들은 약 50명 정도가 모여 있었다. 그 천사 같이 생긴 여성은 모여 앉은 사람들을 향해 말을 하는데, 마치 6.25전쟁 때 인민군이나 중공군이 사용하던 따발총처럼 말을 내뱉고 있었다는 것이다. 그녀의 앞에는 조그만 가정용 강대가 놓여 있었다.

신이(神異)라고 하면 어떨까. 신기하게 드러내는 이적(異蹟)말이다. 분위기가 참 묘했다고 한다. 이 여성은 한 사람 당 다섯 구절을 이야기해줬다고 한다. 그냥 "몇 장 몇 절"이라고 한 뒤 그 성경 내용을 그대로 외워 내뱉는 식이라고 했다. 어느 날엔가는 사람들이 500명 정도가 모였는데, 한 사람에게 다섯 구절씩을 또 쏟더라는 것이다. 그러니까 500명의 사람에게 2500구절의 성경을 이야기하는데, 구약이나 신약을 도대체 가리지 않더라는 것이다. 그것도 전혀 망설임 하나 없이 말이다.

어떤 사람은 쏘듯이 내뱉은 그 말을 받아 적기가 힘이 들어 아예 녹음기를 가지고 와서 녹음을 하기도 했다는 것이다. 한참을 쏘아붙이듯이 발언한 뒤 그 여성은 "아까 내가 성경 어디를 말했어요?"라고 묻는다. 이어 자신이 말한 성경의 몇 장 몇 절을 다시 기억하게 한 뒤 "바로 이거는 이 뜻이니까 그대로 하세요"라고 역시 쏘아붙이듯 말을 하고 끝낸다. 고등학생 전광훈이 성령 체험을 했다고는 하지만 아주 이상하게만 비치는 광경이었다. 참석한 사람들은 그러나 한 마디도 놓칠 수 없다는 듯이 그녀의 말에 고분고분 듣기만 했다고 한다.

전광훈, 자유 통일의 길

전 목사가 그로부터 몇 년 뒤 그의 장모가 되는 이정순 전도사를 처음 만나는 장면이다. 보통 기독교에서는 이런 사람을 '은사자(恩賜者)'라고 한다. 신으로부터 특별한 은혜를 받은 사람이라는 뜻인데, 성령을 받아 거듭 태어난 사람, 또는 성령 등의 힘으로 특별한 능력을 받아 활동을 펼치는 사람 정도로 이해할 수 있다. 고등학생 광훈이 나중에 안 일이지만, 그의 미래 장모는 이미 기독교 교계에서 특별한 예지 능력이 있음으로써 큰 이름을 떨치고 있었던 그 은사자 가운데 한 명이었다고 한다.

광훈을 대하는 그 미래의 장모 태도가 참 이상했단다. 따발총처럼, 속사포처럼 "성경 마태복음 x장 x절 어디…"를 내뱉다시피 쏟아내면서 한 사람씩 상대를 하다가 "이제, 그 정도니 얼른 가라"고 쫓아내듯 앉았던 사람들을 전부 내보내더니 마침내 광훈에게 "학생 여기 앞으로 나오라"고 하더란다. 그에게는 아예 성경책 한 권도 손에 쥐어주지 않은 상태였다. 아주 특별한 일이 벌어지고 말았다.

광훈을 가운데 두고 여성은 춤을 췄다고 한다. 남들에게 쏘아붙이듯이 뱉은 성경은 한 마디도 입에 올리지 않았단다. 이어 "예수는 나의 힘이요, 내 생명 되시니…"라는 찬송을 했다. 갑자기 노래 소리를 뚝 끊더니 그 여성이 소리치듯 외쳤다고 한다. "한국이 좁다. 세계를 달라고 하라"고 말이다. 이어서 이 여성은 "다른 공부는 하지 말고 이제부터는 무조건 성경과 영어만 공부해라. 세계가 너를 부를 날이 온다"고 했다.

이어서 그녀는 성경 구절을 입에 올렸다. 요한복음 15장이었다.

"네가 나를 먼저 택한 것이 아니라, 예수님이 너를 먼저 선택했다. 네가 나를 택한 것이 아니라, 내가 너를 택하여 세웠는데, 이는 너로 하여금 많은 열매를 맺게 하려 함이라."

그러더니 "두고 봐라. 한국이 좁으니, 세계를 달라고 해라"고 거듭 덧붙였다고 했다.

미래의 장모라는 점은 전혀 눈치를 채지 못했을 무렵이다. 아울러 영어를 배우라고 하지 않나, 한국이 좁다고 하질 않나, 세계는 왜 누구한테 달라고 해…. 성령의 체험 길목에 막 들어선 고등학생 광훈에게는 참 기이하게 비쳤던 광경이었다. 그런 기이한 분위기에서는 대개 기세에 눌리게 마련이다. 더구나 꽤 많은 사람들이 거의 머리를 조아리다시피 하면서 그녀의 '말씀'을 적거나 받들어 가지 않던가.

그럼에도 고등학생 전광훈은 이상하게 반응한다. 속으로 '미친년 아니야?'라는 의구심부터 들었고, "세상에 신비로운 이적을 보이며 다가서는 거짓 은사자들에게는 미련도 갖지 말라"던 김충기 목사 등의 말도 떠올랐다. 그래서 자신을 이곳에 데리고 온 이모에게 물었다고 한다. "저, 미친년이지?"라며 말이다. 그러자 이모로부터 돌아온 것은 뒤통수를 향해 내리꽂다시피 했던 주먹이었다고 한다. 광훈은 "세계를 달라고 해라"고 했던 이정순 전도사의 발언에는 아예 관심조차 기울이지 않은 채 그 방산시장을 휘이 한 바퀴 돌아 나왔다고 했다. 다시는 이런 장소를 찾지 않겠다는 생각을 다지면서 말이다.

미래의 장모 이정순 전도사와 고등학생 전광훈의 첫 만남은 이랬다. 마치 백락이 중국 오대산의 험산준령에서 소금 수레를 끌고 있던 천리마를 발견했던 장면에 견줄 수 있을까. 아무튼 그렇게 스치듯 지나가지만, 그의 '또 다른 모친'인 장모 이정순 전도사와는 결국 서로 의도하지 않았던 상황에서 다시 마주쳐 깊은 인연을 맺는다. 그 이야기는 광훈이 군대를 다녀와 새로운 모색의 길에 들어섰을 때다. 다음의 스토리는 그 때 펼치도록 한다.

# 18

## 넘치는 열정의 전도 견습생

언뜻 보면, 그는 무장(武將)의 모습이다. 우선 덩치가 크고, 골격이 무겁다. 만약 스포츠라는 길에 들어섰다면, 그는 어느 영역에서든지 한 자락 제 능력을 펼쳐 보였을만한 인상이다. 국가대표 권투선수이건, 축구선수이건, 야구선수이건 스포츠라면 큰 두각을 나타낸 뒤 매우 큰 능력을 선보이면서 이름을 떨쳤을 법한 체육인의 느낌을 준다. 평시가 아닌 전시라면, 그는 어쩌면 군대에 들어가 장교로서, 또한 시신이 산처럼 쌓이고 피가 강처럼 흐르는 시산혈해(尸山血海)의 전쟁터 속에서 적을 향해 무섭게 나아가는 장군의 자리를 차지했을지 모른다. 유명한 스포츠 선수, 또는 전쟁터의 무장 스타일을 떠올리는 이유는 어떠한 각도에서 보든지 그는 평범한 서생(書生), 늘 남의 틀을 답습하는 책상 앞의 관료, 말은 풍성하되 행동으로는 그를 잇지 못하는 학자 등의 스타일이 아니라는 것이다.

전광훈, 자유 통일의 길

그는 주저 없이 사람들의 전면에 나서는 스타일이다. 시도 때도 없이, 또는 아무 영역에서나 그렇다는 말은 아니다. 그와 개인적으로 이야기를 나눈 사람들은 대개 공통적으로 느끼는 점이 '매우 부끄러움을 잘 탈지도 모른다'는 인상을 받는다는 사실이다. 말수가 매우 적을 뿐 아니라, 목소리도 별로 크지 않다. 오히려 수줍어하는 듯한 인상의 전 목사가 말문을 터 목소리를 높이고, 목표를 향한 수단의 개념으로 동원하는 욕설을 터뜨릴 때는 필히 설교의 현장이다. 그는 오롯이 자신의 몸과 정신을 던져 합일(合一)코자 하는 신성의 영역에서는 늘 때와 장소에 맞춰 '폭발'할 줄 아는 성직자다. 물과 불을 전혀 가리지 않는 지독한 열성으로 나타나는데, 전 목사는 일찌감치 그 조짐을 드러내고 있었다.

성령의 체험으로 그 정신의 문짝이 확 열렸을 때 이후, 아울러 그 불길이 다시 전도라는 차원으로 옮겨 붙을 때 그가 보인 행동거지는 매우 역동적이었고, 활화산처럼 타오르는 듯한 기세를 보였다. 금호동 지금의 무학여고 앞 신성교회에서 받은 성령의 체험은 곧 이어서 부모님을 비롯한 가족과 친지, 더 나아가 길을 가는 낯선 이들 모두에게 복음을 전하고 싶은 충동으로 이어졌다고 한다. 마침 고교생 광훈은 '마포에 있는 티엘 오스본(T. L. Osborn)'이라는 말을 들었다. 전 세계를 대상으로 복음의 전도를 펼치는 봉사자였다.

이들은 초기에 인도 등 기독교 복음이 전해지지 않은 나라와 지역 등을 상대로 성경의 복음을 전파하는 일을 펼치고 있었는데, 당시 서울 마포에도 동양 권역 선교를 위해 사무실을 차려 놓고 전도지를 인쇄해서 나눠주고 있었다고 한다. 가져갈 수 있는 최대치를 가져가도록 허용하는 방식이어서, 고교생 광훈은 바로 그곳을 찾아갔다고 한다. 어떤 이는 아예 리어카를 가지고 와서 그 리어카 가득 전도지를 실어갈 정도였다. 고교생 광훈은 그럴 엄두는 내지 못해, 우선은 배낭을 가져가 전도지를 얻었다고 한다.

그는 마포에서 배낭 가득 전도지를 채워 넣은 다음 서울역으로 발길을 향했다. 궁핍했던 고등학생이었다. 부모님이 부쳐주는 돈이라고 해봐야 서울에서 학비를 제외하고 쓸 액수로는 매우 적었다. 교통비도 아껴 써야 했던 시절이라 우선 서울역에서 표를 끊고 한 번 올라타면 서빙고, 왕십리, 청량리, 상봉, 의정부, 문산, 파주를 한 바퀴 돌아 서울역으로 다시 회귀하는 기차를 타기로 했다. 한 번 올라타면 계속 순회가 가능한, 요즘의 서울 지하철 2호선 순환선에 올라타는 격이었다.

그는 이 열차에 올라타 '용감하게' 전도를 했다고 한다. 배낭에 가득 채워 놓은 티엘 오스본 마포 사무소의 무료 배급 복음 전도지를 꺼내들고 그는 이런 식으로 외쳤다고 한다.

"한 번 죽는 것은 사람에게 정해진 것이요, 그 후에는 심판이 있으리니….”

이어 그는 좌석에 있는 사람, 아니면 입석으로 찻간에 서 있는 사람들에게 모두 다가서 “예수를 믿으시라”고 소리 높여 전도를 했다.

반기는 사람도 있었지만, 그렇지 않은 사람도 있었다. “어린 학생이니 공부나 열심히 해라”고 핀잔을 섞어 말을 던지는 사람이 더 많았다. 가끔씩은 격려를 해주는 사람들도 있었다고 한다. 그러나 사람들의 반응은 중요하지 않았다. 광훈은 매 주일마다 기차에 올라타서 낯선 사람들에게 복음을 전도하는 일 자체를 즐겼다고 한다. 그 일 자체가 기쁨이었고, 다른 이들을 위한 진정한 의미의 봉사라고 여겨졌다. 그러면서 첫 여름방학을 맞이하며 그는 고향으로 돌아가는 길에 같은 방식으로 전도를 해보고자 하는 마음을 먹었다.

청량리에서 중앙선에 올라타 고향 의성까지 내려가는 여행이었다. 그는 오랜 만에 찾아가는 고향, 그곳에서 맛난 음식을 마련해 아들의 귀향을 기다리는 부모님과 고향 가족 친지 등을 만나는 설렘보다 같은 열차를 타고 가는 사람들에게 성령의 복음을 전파하는 일에 더 관심을 기울였다. 오랜만의 귀향이라기보다 전도를 위한 여행이라고 생각했던 것이다.

그는 열차 칸 하나씩을 다녔다. 마침 전도지는 마포의 티엘 오스본의 사무실에서 한껏 가져와서 배낭 등에 가득 채워 넣은 다음이었다. 그는 열차 모든 칸을 다니면서 "주 예수를 믿으라. 그리하면 너와 네 집이 구원을 받으리라 … 영접하는 자 곧 그 이름을 믿는 자들에게는 하나님의 자녀가 되는 권세를 주셨느니라"며 외치면서 전도지를 나눠줬다. 전 목사의 회고다.

"어떤 권사님은요, 눈에서 눈물이 글썽글썽하면서 내 손을 딱 잡고서는 '학생, 나는 교회 권사야. 권사인데도 나는 용기가 없어서 한마디도 못하고 있는데, 학생은 어떻게 그렇게 담대하냐'고 하면서 계란을 왕창 사가지고 내 주머니에다 다 넣어주기도 했습니다. 성령의 체험으로 기쁨이 닥치면 모두가 어렵지 않게 할 수 있는 일입니다. 나는 그 때 그 기쁨으로 온 마음이 가득 차 있어서 아주 즐겁게 몰두할 수 있었던 상황입니다."

중앙선 열차에서 내려 또 버스를 타고 더 들어가야 고향에 도착할 수 있었다. 당시 운행하던 그 버스는 소년 광훈이 초등학교 4학년 때 이르러서야 처음 보던 대상이었다. 그 전까지 전혀 볼 수 없었던 버스였다. 이제 그 버스를 타고 고향으로 돌아가는 광훈에게 쌍호리 태어난 곳은 아직 서울이나 대구 등 대처에 비해 시골의 티를 전혀 벗지 못한 곳이었다. 그곳에 전도지를 뿌리면서 나타나는 고교생 광훈에게는 낯선 도전이 펼쳐진다.

# 19

## 치유의 은사가 임하다

집을 하나씩 찾아다니면서 펼치는 축호(逐戶) 전도를 시작했다. 자신이 늘 "아프리카"라는, 조금은 비칭에 가깝지만 사실은 애칭이라고 해도 좋을 그 이름으로 부르는 자신의 고향에서다. 작고 보잘 것 없지만 고향은 고향이었다. 자신의 어릴 적 꿈이 영글고, 소년으로 자라면서 생각과 감성을 키워주던 정겨운 땅이었다. 고교생 광훈은 우선 서울에서 잔뜩 가지고 온 전도지를 편지봉투에 담아 집을 하나씩 찾아다니면서 사람들에게 직접 건네는 전도를 펼쳤다.

'아프리카'에는 많아야 16가구 정도였으니, 옆 마을들도 자연스레 그 전도의 범주에 넣을 수밖에 없었다. 아예 면에 속해 있는 마을들을 죄다 찾아다녔다고 한다. 고향을 찾아간 시절이 여름방학이라 그저 웬만한 마을 앞에는 대부분 들어서 있던 큰 느티나무 아래에서는 여름 성경학교를 열었다고 한다. 마침 그곳 고향에는 교회가 하나도 들어서지 않은 상태였다. 따라서 고교생 광훈이 이렇다 저렇다 한다고 해도 거리낄 구석이 없었다고 한다.

문제는 성령 체험에 이어 광훈이 예수를 믿음으로 모신 시간 자체가 매우 짧다는 점이었다. 기껏해야 6개월을 조금 넘겼을 정도였으니 말이다. 그럼에도 강한 믿음과 뜨거운 열정으로 휩싸인 그였다. 아울러 마포를 다니면서 티엘 오스본이라는 선교 단체에 가서 배낭 가득 전도지를 가져 와 서울 주변의 여러 지역을 열차로 돌아다니며 정열적인 전도를 펼치고 온 직후였다. 고향으로 향하는 열차 안에서 벌인 전도활동으로 자신감도 더해진 상태였다.

마을의 수호 신격이라고 해도 좋을까. 대부분 조선시대 이후 전통적인 우리 마을의 모습이 그랬다. 서낭당이라는 전통 민간 신앙의 믿음이 흘렀고, 마을 입구 어딘가에는 그 마을을 신처럼 보호해준다는 큰 나무, 거수(巨樹)가 버티고 있어 역시 소박한 형태의 믿음을 이끌고 있었다. 전통 마을의 구성원들은 대개 그 큰 나무 밑을 마을의 사랑채처럼 쓴다. 날씨가 춥지 않은 봄, 여름, 가을의 그곳은 마을 사람들이 함께 모여 한가한 잡담부터 마을의 공동 사안에까지 의견을 서로 나누던 장소였다.

마침 그곳에서 고교생 광훈이 여름 성경학교를 벌이던 날 마을 어른 여럿이 그 느티나무에 모여 앉았던 모양이다. 그들이 수군거리기 시작했다고 한다.

"저 아이가 어느 집 애지?"
"저 쪽 동네 누구네 집 아이라는데, 서울 가서 야소(예수) 배웠다고 하네, 야소….."

아무래도 호의적인 이야기만 있을 수는 없었다. 궁벽한 시골 마을이어서 도회의 흐름에 비해서는 매우 뒤처진 곳이었기 때문이다. 새로운 문물과 제도는 그로부터 70여 년 전 한반도를 강타하면서 흘러들었으나, 흐름에 처지다 보면 그런 선진의 물결과는 담을 쌓고 살아야 했을 테니 말이다.

1960년대 들어서며 대한민국에서 정부가 주도했던 강력한 변화의 물결이 아직은 낙동강의 이쪽 굽이까지에는 제대로 퍼지지 않은 듯했다. 그럼에도 고교생 광훈은 성령의 체험에 입각해 열심히 전도에 나서고 있었다. 당시의 고교생 광훈은 이런 생각을 했다고 한다. '흙에서 와서 흙에서 일생을 지내는 농촌의 농민들은 결국 흙에서 생을 마감하고, 예수를 만나지 못해 결국 흙 저 안쪽의 지옥에 들어가니 눈물로 보지 않을 수 없는 사람들이다. 나는 이제 성령을 받으니 얼마나 눈물이 나는지 모르겠다. 그래서 분노라는 감정이 먼저였다. 이 분들에게 어르신 뒤에 하나님은 반드시 살아계신다고 말을 해줘야 한다'는 내용이다.

그런 생각과 느낌으로 광훈은 결국 뒤에서 지켜보던 마을 어른들에게 이런 말을 했다고 한다.

"하나님이라는 분은 정말 살아계십니다. 제가 하나님 살아계신 것을 보여드리겠습니다. 내일 아픈 사람은 제게 다 데려 오세요. 싹 고쳐드리겠습니다."

처음부터 계산하고, 다듬고, 보완해서 한 말이 아니었다. 여름 성경학교를 진행하다가 느티나무 뒤쪽에 몰려 앉은 고향의 사람들을 보면서 문득 들었던 생각과 감성에서 급히 우러나온 말이었다. 뭔가 저질러 놓은 뒤 그를 수습할 방도에 관해서는 조금도 생각해보지 않은 상태에서 나온 발언이었다.

당시 전 목사는 고등학교 2학년. 숙성(熟成)이라 하기에도, 숙련(熟練)이라 하기에도 아주 이른 나이다. 따라서 그 때의 그에게 노숙하다거나 노련한 사려를 기대하기는 어렵다. 기대한다는 것 자체가 어떻게 보면 과도하다. 그럼에도 이런 성격과 발언에서 생각해 볼 몇 가지가 있다. 그는 헤아리거나, 또는 깊게 따지는 일에 능숙한 성격은 아니다. 면밀하게 대상을 따지고 헤아려 깊은 계산에 몰두하는 그런 성격은 전혀 아니다. 오히려 번갯불처럼 번쩍이는 섬광, 찰나 같은 어떤 메시지에 모든 것이 타오르는 그런 성격이다. 깨달음과 종교적 각성이 빨라 그에 총체적으로 반응하는 스타일에 가까워 보인다. 아마 여름 성경학교를 마치고 느닷없이 "병을 고쳐주겠다"고 하는 그런 준비 없는 발언에서 전 목사가 지금껏 보여주고 있는 행동주의적인 종교적 행보는 이미 단초를 드러내고 있는 셈이다.

고교생으로서 서울에 갔다가 처음 고향에 돌아온 광훈은 느티나무 앞 여름 성경학교를 마치고 피곤한 몸으로 집에 돌아와 쉬었다. 잠을 자고 일어난 시간은 오전 6시였다. 그의 어머니가 잠든 그를 깨웠다.

"애야, 너 도대체 어젯밤 저 느티나무에 가서 뭐라고 했던 거냐?"
"어, 사람들 병 고쳐준다고 했어."
"네가 책임 질 수 있는 말이야? 그런 말은 왜 함부로 하고 다녀, 이 녀석아. 밖에 나가 봐, 한 어른이 널 데리러 왔어."

집 밖에는 이웃 마을 어른이 자전거를 가지고 와 있었다. 그는 잠자리에서 일어나 밖으로 나간 광훈에게 "너 진짜 병 고치냐"고 물었다. 느티나무 앞에서 "다 오세요, 제가 병 고쳐드려요"라고 당당하게 외친 광훈이었다. 바로 어젯밤 큰소리를 쳐놓고 이튿날 못 고친다고 할 수도 없는 노릇이었다. 그래서 광훈은 "고쳐요"라고 대답했다. 그러자 이웃마을 어른은 "그러면 빨리 자전거 타라, 날 따라가자"고 했다.

그러나 그 앞으로 펼쳐지는 광경이 간단치가 않다. 병을 고친다는 일이 말처럼 수월한 적은 거의 없기 때문이다. 우선 이웃집 마을 어른이 광훈을 데려가 보여준 '현장'은 퍽 낯설었다. 중학교 2학년짜리 여자 아이가 앓아누워 있었고, 그 아이는 벌써 병원을 여러 차례 다녀온 뒤 "도저히 고치지 못하겠다"는 판정을 받은 상태였다. 여자 아이는 방구석에 이부자리를 깔고 누워서 죽을 날만 기다리고 있었다.

광훈이 교회를 다닌 지 불과 6개월이었다. 안수기도라는 것도 해봤어야 흉내를 내는 법이다. 광훈이 안수기도를 먼발치에서 바라본 적은 있었다. 서울에서 부흥회에 참석했을 때였다. 제대로 된 흉내조차 불가능했지만, 이왕 "병을 고친다"고 선언을 한 뒤에 마침 이튿날 한 집에 끌려온 상황이었다. 그렇다면 희미한 기억이라도 살려 안수기도를 하는 수밖에 없었다.

이웃 마을 어른은 그 방에다가 광훈을 밀어 넣다시피 하면서 "우리 애를 고쳐줘"라고 했다. 광훈은 그 여자 아이 옆으로 다가가 무릎을 꿇고 앉았다. 이어 이렇게 기도를 했다고 한다.

"하나님, 이 아이 살려주시면 제가 여기서 죽겠습니다…."

마음을 다 바쳐 올린 간절한 기도였다. 여자 아이의 병명도 알 수 없는 상황에서 시작한 안수기도였다. 여자 아이는 퉁퉁 부은 상태에서도 기도를 시작하자 광훈의 옷을 잡아 뜯고, 괴상한 소리도 질러댔다. 기도는 줄곧 이어졌다. 광훈은 땀으로 범벅이 될 정도로 기도에 혼신의 힘을 쏟고 있었다. 호기심 많은 동네 아이들은 방문 창호지를 손가락으로 뚫어 안을 들여다보고 있었다.

오전 8시에 시작한 안수기도는 오후까지 이어졌다. 고교생 광훈은 그야말로 성령의 힘을 내려 받아 그 힘으로 병마를 내쫓는 구마사(驅魔師)의 역할을 하고 있었다. 그러나 아무런 차도가 없었다. 오후 3시 무렵에 모친이 그 방으로 들어와 "상태가 어떠냐"고 물었다. 광훈은 "심한 병이어서 하루로는 안 된다"고 대답했다. 마을 사람들은 이 희한한 광경을 지켜보려 그 집 마당에 가득 몰려와 있는 상태였다.

물러설 수 없는 상황이었다. 그렇다고 기도 외에 다른 방도는 전혀 없었다. 한 번 들어선 그 길로 곧장, 그냥 내딛는 길이 전부였다. 함부로 돌아설 수도 없는 막바지의 길이기도 했다. 그는 마침내 방에 찾아온 어머니에게 "3일은 해야 한다"고 말한 뒤 단식을 결심했다. 먹을 것을 끊고 올리는 기도 말이다. 광훈은 모든 힘을 모았다. 다시 여자 아이의 옆에 무릎을 딱 꿇고 앉았다. 눕지도 않고, 잠도 아예 안 잤다. 그저 "하나님, 애를 살려주세요, 애 살려주셔야 저도 삽니다"라는 식으로 더 간곡한 기도를 올렸다고 한다. 전 목사의 회고다.

"3일 후에 기적이 일어나더군요. 갑자기 여자 아이가 오줌을 싸기 시작했습니다. 그 아이가 아팠던 곳이 콩팥이었다고 합니다. 오줌이 안 나오는 병에 걸렸던 셈이죠. 단식하면서 줄곧 기도에만 몰두하고 있는데, 갑자기 이상한 느낌이 들어서 바라보니 아이가 오줌을 계속 싸는 겁니다. 콩팥에 이상이 생겨 오줌을 배출하지 못해 퉁퉁 부어있던 아이가 오줌을 드디어 싸기 시작하면서 병이 낫는 현장을 지켜봤습니다."

처음에는 몸이 아주 부어있어 남자처럼 보였던 아이가 오줌을 싸면서 몸 붓기가 내려앉자 여자처럼 보이더라는 것이다. 아무래도 여자 아이라 광훈은 그 집 식구를 불렀다고 했다. 종일 오줌을 싸던 여자 아이는 하루 사이에 몰라보게 다른 모습으로 변했다고 한다. 그리고 정상적으로 살아났다고 한다. 예수를 믿은 지 6개월 된 광훈이 기도의 힘으로 처음 병자가 나음을 입은 기적이 일어났다. 이 소식은 온 동네에 바로 퍼졌다고 한다.

# 20

## 고향에 교회 세운 고2

나름대로 드러낸 '이적(異蹟)'이었다. 상식적인 틀에서, 상식적인 방법으로, 상식적인 예상의 수준을 넘지 않게 벌어지는 일과 정 반대의 현상이 '이적'이다. 공교로운 것일지는 몰라도, 그래서 콩팥에 깊은 이상이 생겨 죽기 직전의 여자 아이가 우연한 순간에 찾아온 계기로 오줌을 싸면서 병이 나았을지 몰라도, 아무튼 광훈은 그 자리에서 아주 정성스런 기도를 하면서 그 결과를 빚어냈다. 따라서 고향 마을 인근에서 그의 명망은 하루 사이에 급격히 올라갔다.

그가 자전거를 타고 마을길에 나서면 논밭에서 일하던 이웃 사람들은 "저기 재 간다, 병을 고친 광훈이가 간다"고 수군거리기도 했다. 병을 고친다는 의미는 남에게 생명을 다시 부여한다는 고귀한 뜻을 담고 있다. 인류의 삶이 문명의 흐름을 타면서 줄곧 그런 '이적'의 행위자들은 존경을 받았다. 근대기로 들어서면서 서양의 의술이 그런 높은 위상을 우선 차지하기는 했지만, 전통적으로 신의 힘을 빌려 사람을 치유키도 했던 성직자들도 그런 존경의 대상이었다. 마침 고등학교 2학년인 광훈이 그런 위상을 차지했다. 그러나 그런 개별적인 '이적'보다 더 중요한 것이 있었던 모양이다. 적어도 다음 한 차례의 시련을 겪은 청년 광훈에게는 그 점이 빨리 시야에 들어왔다고 한다. 우선 그가 겪은 다음의 '시련' 내용은 이렇다.

그가 어린 여자아이의 병을 고쳤다는 소문이 퍼지자 그의 집으로는 매일 저녁이면 사람들이 몰려들었다고 한다. 웬만한 사람들은 광훈의 열정적인 기도로 대충 돌려보냈지만, 한 사람이 큰 문제였다고 한다. 시집을 갔다가 정신병이라는 것에 걸려 돌아왔다는 여인이었다. 우선은 광훈이 몰려든 사람들에게 가르쳐 준 한 두 개의 찬송가가 있었다. 광훈은 사람들로 하여금 목소리 높여 이 찬송을 부르게 한 다음 그 정신병 걸린 여인의 머리를 잡고 "예수님의 이름으로 명령한다. 귀신아 나가라"고 외쳤다.

그러나 정신병 걸린 여인은 광훈의 손을 틀어쥐더니 "왜 이래, 이거"라고 소리를 쳤다고 한다. 이어 조그맣게 지어진 연단으로 다시 올라온 광훈이 "여러분들이 소리를 세게 외치지 않으니까 귀신이 안 나가잖아요. 다시 시작해요. 크게 외치세요"라고 한 뒤 "예수님의 이름으로, 귀신아 나가라"고 했단다. 그러나 이번에는 더 큰 망신이었

전광훈, 자유 통일의 길

다. 정신병 걸린 여인은 아주 센 힘으로 광훈의 팔을 꺾어가지고 팽개쳤다고 한다. 광훈은 땅에 머리가 처박히는 수모를 당하고 말았다.

하룻밤을 집에서 잔 광훈은 이튿날 고향에서 도망을 쳤다고 했다. "사람들 앞에서 고개를 들 수가 없다"는 이유였다. 서울에 도망을 와서도 그 수모를 잊을 수가 없었다. 자취방에서 그는 통곡을 했다고 한다. '그렇게 열심히 기도했는데, 왜 여자 속에 든 귀신이 안 나갔을까'라는 생각이 꼬리에 꼬리를 물고 이어지더라는 것이다. 그는 통곡을 거듭했다고 한다. 그러다가 잠이 들었다는 것이다.

"잠이 드는데, 수가 성 야곱의 우물에서 예수님이 나타나 그 우물의 물을 퍼서 내 입에 먹여주면서 '내가 네게 마르지 않는 생수를 주리라'는 말씀을 하시더군요."

전 목사의 회고담이다.

그러면서 정신병 든 여인의 일은 잠시 잊을 수 있었다. 약 한 달이 지난 뒤 아버지와 어머니가 서울에 오셨다고 한다. 아버지는 오자마자 "이 녀석아. 먹을 양식은 네가 가지고 와야지, 새벽에 도망치듯 빠져 나와서 바쁜 사람 양식 가지고 오게 만들어"라고 하더란다. 그 때까지는 정상이었다. 그러나 저녁에 이르러 아버지와 겸상을 하고 밥을 먹을 때였다. 당시 조금 몸이 편찮았던 아버지와 눈이 마주쳤다.

아버지는 이상한 비명소리를 냈다.

"나, 안 나가, 나 안 나간다구."

그러자 광훈은 상을 건너 뛰어 바로 아버지의 육신 위에 올라탔다고 한다. 이어 "뭐가, 안 나가?"라고 하자 부친은 "나는 귀신이야"라고 하더라는 것이다. 광훈은 "사탄아 물러가, 물러가라니까"라고 외쳤다고 한다. 어머니는 부엌에서 방으로 오다가 이 광경을 지켜보다가 연탄집게를 들고 와서는 광훈을 후려치기도 했다. 마침내 부친은 잠시 의식을 잃었다가 깨어났고, 정상으로 돌아와 있었다고 한다.

아직 고등학생이던 시절 전 목사의 '이적'에 관한 체험담이다. 일반인으로서는 제대로 경험하거나, 크게 공감하기 힘든 영역일지도 모른다. 전 목사는 성령에 관한 믿음이 시련에 처한 경우였다고 당시를 설명한다. 어쨌든 고향 마을의 정신병 걸린 여자에게 붙었던 귀신이 서울에 올라온 아버지에게 옮겨 붙어 자신에게 시련으로 닥쳤으나 굳건한 믿음으로 그를 물리치는 과정이었다는 설명이다. 그러나 광훈은 다시 엉뚱한 해결책을 내놓는다. 그리고 과감한 실천에 나선다.

그 다음의 방학인 겨울에 고향을 내려갔을 때라고 한다. 사람들은 '병을 쫓아내는 고향 젊은이'에게 기대가 아주 컸다고 한다. 사람들이 또 "병을 고쳐 달라"고 하면서 집 앞으로 모여들 태세였다. 광훈은 머릿속으로 이런 생각을 했다.

'이 상태로 놔두면 그냥 병을 쫓아내는 이적 구현에만 매달려 사람들은 아무런 종교적 믿음을 쌓을 수가 없다. 교회를 지어야 한다. 그래야 믿음의 토대를 굳세게 쌓을 수 있다….'

고등학생으로서는 매우 대단한 생각이었을 테다. 그러나 교회를 짓는 일은 현실적인 여러 문제를 감안해야 했다. 우선 돈이 문제였다. 광훈은 고향 마을에서 매우 대단한 자린고비 생활을 겪으며 상당한 재력을 쌓은 부모님을 우선 떠올렸다고 한다. 어떻게 해서든 부모님이 돈을 내도록 만들어 고향 마을에 교회를 지어야겠다는 생각이었다. 그래서 우선은 시름시름 앓는 척을 했다고 한다.

어느 날 아침에 일어난 맏아들 광훈이 숨을 거칠게 내몰아 쉬었다. 모친은 처음엔 꿈쩍도 하지 않았다. 방에 들어와 광훈을 내쫓다시피 하면서 "왜 이래, 이 녀석아"라고 야단했다. 그러자 광훈은 더 아픈 시늉을 하면서 대화를 주고받았다고 한다.

"내가 섬기는 하나님이 내 귀에 무슨 소리를 해."
"무슨 쓸 데 없는 소리야, 녀석아."
"우리 동네에 교회를 지으라고 하셔, 짓지 않으면 나를 죽인대."

단번에 광훈의 부모가 아들 이야기에 넘어가지는 않았다고 한다. 적어도 이런 대화를 3일은 주고받았다고 한다. "일어나서 밭이나 나가 일해"라고 윽박지르던 광훈의 모친은 사흘 내내 앓아누우면서 '헛소리'를 하는 아들에게 결국은 기울어지고 말았다. 결국 모친은 "이놈의 자식이 정말 애물단지"라면서 급기야 부친과 두런두런 이야기를 시작하더란다.

아무래도 논밭 일부에다가 소까지 팔아버린 모양이었다. 앓던 광훈 앞에 모친은 돈 뭉치를 툭 던지다시피 놓더라는 것이다. 광훈은 이 돈 모두를 마을에 있던 전도사에게 건넸고, 그 돈으로 결국 광훈

전광훈, 자유 통일의 길

은 의성군 신평면 쌍호리에 조그만 교회를 세울 수 있었다고 한다. 이 교회는 아직도 고향 마을에 있다고 한다. 한창 바쁜 농사철에 농사를 거둬 남에게 맡기고, 대구에 있는 김충기 목사의 교회 옆으로 이사를 가서 그 교회를 착실하게 다녀야 한다는 주문을 내면서 부모를 압박했던 아들이다. 급기야는 이렇게 거짓으로 잃는 시늉을 하면서 부모님에게 돈을 내도록 해 고향 마을에 교회를 짓고 말았다.

고등학생이 벌이기에는 매우 어려운 일을 벌이고 만 전 목사다. 그러나 전 목사는 "모든 것이 성령의 불이 일으킨 힘이다"라고 강조한다. 개별적인 '이적'만을 좇을 경우 마을의 신자들은 믿음으로 인한 굳건한 신앙의 토대를 세울 수 없으리라 판단했고, 장기적으로 마을 사람들이 구원을 받고자 한다면 그 믿음의 토대를 우선 누군가 나서서 닦아야 했다는 것이다. 돈은 결국 세속의 방도에 지나지 않는다. 그 돈을 잘 써서 뭇 사람들에게 구원을 줄 수 있는 교회를 세운다면 더할 나위 없는 헌신이요 봉사라는 생각에서다. 그 점에서 전 목사는 "부모님의 돈주머니를 털기 위해 '쇼'를 했다"고 말한다.

# 21

# 주일학교 보조교사

정규적인 교과 과정에서의 학습은 청소년기 전광훈에게는 또 고역이
었던 모양이다. 학교는 다녔지만 여전히 학습에 자신이 없었다. 아
니, 자신이 없었다고 하기 보다는 어쩌면 아예 관심 자체가 적었다고
봐야 좋을 것이다. 그는 늘 그랬다. 정해진 답을 헤아리고 따지면서
찾아내는 일에 별로 관심이 없었다. 다 부질없다는 생각도 들었고,
그보다는 인간 삶의 깊은 바닥을 파고들면서 궁극의 답을 얻는 데 더
관심이 많았다. 그는 그래서 늘 성령 체험 이후 허전한 그 마음속을
줄곧 깊고 철저하게 더듬기에 바빴다.

이제 또 한 번의 진로를 고민해야 할 시점이 다가오고 있었다. 그
때도 고3이면 대학으로 진학을 할지, 아니면 취업의 전선으로 향할
지, 그마저도 아니면 제가 뜻한 바를 오로지 살려 특정한 인생의 길

을 걸어야 할지 결정해야 하는 시기였다. 그가 다닌 고등학교는 광운전자공업고등학교였다. 그의 고등학교 재학 시절이 교과와는 상관이 없는 성령 체험, 전도의 체험, 구마(驅魔)의 체험 등으로 범벅이 되는 이유는 간단하다. 그는 고등학교 과정 자체에 관심이 아주 떨어져 학과 공부는 아예 등한시하고 있었기 때문이다.

인생이 나아가는 길, 진로의 문제는 결코 간단치 않다. 그러나 현실적으로 제가 해야 하는 밥벌이에 주목할 때와 그 자체를 넘어설 때의 차이는 있다. 청소년 전광훈은 뒤에 치중하는 스타일이었다. 단순한 밥벌이와 직업 구하기 차원의 진로에는 관심이 아주 적었다. 그는 대신 궁극적으로 제가 어떤 길을 걸어 이 삶을 살아나가야 하는가를 고심한 편이었다. 그 '궁극적인 어떤 길'은 죽을 고비에서 우연히 찾은 빛, 그 전에 자신을 휘감았던 어둠에 관한 각성이자 성찰에 더 가까웠다. 그는 그래서 더욱 교회에 얽힌 삶으로 아주 더 깊이 얽혀 들어가고 있었다.

그의 회고에 따르면, 고등학교 3학년 당시에도 스스로 '내 사는 모든 삶은 예수 그 자체'라는 생각이 짙었다고 한다. 나머지는 모두 부업이라는 것이다. 그러니까 그는 스스로 제가 짊어져야 할 정업(正業)을 기독교 테두리에서의 봉사와 헌신으로 잡아뒀던 것이다. 따라서 그는 스스로 어떻게 살아가야 할 것인가에 관한 '길에의 물음'을 일찌감치 품었다고 볼 수 있다. 그에게는 다른 길이 없었다.

마침 그가 다녔던 교회의 목사님이 광훈을 불렀다.

"다른 생각은 말고 신학교에 가라."

그러나 '학교'라는 말에 광훈은 다시 진절머리를 쳤다고 한다. 아예 불가능하다고 생각했다는 것이다. 그도 그럴 것이 이미 내팽개치듯이 버린 학교 학습 과정이었다. 아주 조그마한 미련도 없이 학업은 이미 포기한 상태였다. 학업 성적은 당연히 꼴등이었으니 어떤 상급 학교 진학 자체가 불가능했다.

그는 그저 아주 조그만 영역을 봤다고 한다. 아주 평범하다 못해 그 누구의 이목도 끌지 못하지만, 스스로 예수의 가르침 밑에서 남에게 헌신하는 길을 택하고 싶었단다. 우선 보이는 것은 교회의 사찰(司察)이었다. 아는 사람들은 다 알지만, 이 사찰은 교회의 대소사를 모두 돌보는 일을 맡은 사람이다. 결코 거창한 임무는 아니다. 교회의 문을 여닫는 일이 우선이다. 예배를 위해 출입하는 교인 등을 대상으로 한다.

아울러 예배처소와 부속 건물, 나아가 비품의 유지 보수, 전기와 수도 및 음향을 비롯한 각종 시설, 차량의 운행과 주차, 심지어는 일반 봉사와 허드레 청소 등도 모두 관할하는 직책이다. 구약 시대 제사장들의 제사를 돕거나 성전을 관리하던 사역에서 비롯했다고 한다. 지금은 흔히 관리집사라는 말로도 부른다. 광훈은 당시 그 정도의 역할만으로 만족할 생각이었다. 처음부터 목회자의 꿈은 꾸지도 않았고, 꿀 엄두도 내지 않았다.

그래서 그의 고등학교 3학년 때의 주요 일과는 학교만 갔다 오면 곧장 교회로 가서 청소부터 모든 허드렛일을 맡아보았다. 거의 혼자 모든 일을 다 하다시피 했다. 당시 그가 다니던 교회는 베다니교회(현, 한국중앙교회)였고, 최복규 목사가 시무하고 있었다. 매우 큰 교회였는데, 예배당부터 모든 교회 구석의 청소를 자진 담당해서 끝까지 모든 구석의 청결을 책임지는 이 고등학생에게 교회 사람들은 매우 감사했다고 한다. 매일 학교가 끝나면 바로 와서 청소를 하는 이 학생에게 고맙지 않을 수 있는 방법은 별로 없었을 것이다. 그 교회의 사찰집사를 비롯해 교인들이 선물을 사주거나 사찰 상을 천거해 받게 하도록 주선도 했다고 한다.

기독교인으로서 인생을 살아가는 길에 그가 처음 확립한 나름대로의 철학이 있다. '작은 일에 충성을 해야 한다'는 점이다. 아울러 '하나님은 한꺼번에 큰일을 안 시킨다'는 것이다. 작은 일도 제대로 하지 못하는데, 큰일을 어떻게 맡기겠느냐는 논리다. 따라서 그는 처음부터 자신이 목회자가 된다는 꿈도 꾸지 않았다. 대신 맡을 수 있는 가장 작은 일을 맡아 충실하게 그 임무를 수행하는 데만 온 힘을 기울였다.

교회의 모든 잔일을 열심히 수행한 뒤 그 다음 단계로 광훈이 받은 직무는 주일학교 보조교사였다. 다행히 매사에 크고 작음을 가리지 않고 열심히 일하는 이 고등학교 학생 광훈에게 교회는 주일교사 보조교사라는 직책을 부여했다. '보조교사'라는 이름은 거창하지만, 실제 그가 했던 일은 아침 9시 주일학교 예배에 가서 신발을 정리하고 정돈하는 작업이었다. 그러나 전 목사는 "그 때 그 일이 너무 즐거워서 얼마나 기쁜 마음으로 열심히 주일학교 예배 신발 정리정돈을 했는지 모른다"고 말한다. 아이들 코 닦아주는 일도 그의 독차지였다고 한다.

주일학교 정교사 또한 그렇게 사람들이 선망하는 자리도 아니었다. 따라서 3개 월 정도가 지나면 주일학교 정교사에도 결원이 생기고 만다. 한두 명씩 그 자리에서 빠져 나갔던 것이다. 이런 자리는 사실 어엿한 직업이 아니어서 적당한 급여가 따르지도 않았다. 따라서 사명감 자체가 충만하지 않으면 이 자리를 오래 지키면서 나름대로 보람에 찬 일을 이루기는 힘들었다. 광훈이 다니던 교회의 사정이라고 별반 다르지 않았다. 그가 보조교사로 두어 달 일하다보면 결원이 생긴 그 자리를 누군가 채워야 했다.

그에게도 드디어 주일학교 정교사 차례가 왔다. 주일학교 부장이 와서 "전 선생님, 지금 교사 한 명이 빠졌으니 다음 주부터 정교사 맡아주세요"라고 하더란다. 광훈은 그 때 '감격'까지 했다고 한다. 그는 그런 믿음이 강했다. 아주 작은 일부터 잘 해야 큰일 또한 잘 한다는 점 말이다. 그는 종종 이렇게 견준다. "주님이 주시는 아주 작은 직분이라도 잘 해야 그것이 나중에는 면류관으로 바뀐다"고 말이다.

그와 더불어 드는 사례도 있다. 구레네 사람 시몬 이야기다. 골고다 언덕에 무거운 십자가를 지고 힘겹게 오르고 오르다가 쓰러지고 또 쓰러지는 예수를 위해 십자가를 대신 어깨에 졌다는 그 사람이다. 하나님의 부름에 따라 무엇인가를 맡았을 때 군말 없이, 일의 대소에는 신경 쓰지 않고, 최선을 다 해 그 사역을 수행함으로써 구레네 사람 시몬이 결국 하나님으로부터 구원을 얻듯이 큰 보람을 찾을 것이라는 점을 말하고자 하는 것이다.

그는 그렇게 신의 부름에 적극 호응하는 사람으로 변해가고 있었다. 아주 작은 부름이라도 제 마음과 몸을 다 바쳐 최선을 다 하는 사람으로 말이다. 전면적인 자기 투입(投入), 더 나아가 몰입(沒入)이라고 할 수 있었다. 어떤 기대치는 아예 접어두고 그 부름에 모든 것으로 호응하는 성직자로서의 자세를 갖춰나가는 시기라고 볼 수 있었다.

# 22
## 작은 일부터 잘 하자

그는 용산구 청파동에 있던 대한신학교 야간부에 입학한다. 고등학교 3년을 나름대로 고생하며 다닌 결과였다. 광훈에게는 그러나 고등학교를 졸업했다는 성취의식은 없었다. 대신 자신이 다니던 교회의 주일학교 교사를 아주 성공적으로 마치고 드디어 신학교를 갔다는 점에서 신이 났다. 보통은 고교에 이어 대학 과정 취학으로 이어진 일에서 기쁨을 더 느끼는 게 정상일 텐데, 광훈은 주님의 종으로서 교회에 사역한 자신의 성취가 더 대단하다 느끼고 있었던 셈이다. 그는 그 만큼 모든 것을 교회에 던지는 '몰입'의 경지에 들어서 있던 것이다. 마침 어느 하루인가 광훈에게 성령의 체험을 이끌어준 김충기 목사로부터 전화가 왔다.

"3월 달에 뭐 하냐?"

"저, 신학교 들어갔어요."

"아, 그래. 아주 잘 했다. 내가 서울에서 개척 교회 하러 왔는데, 네가 와서 주일학교를 좀 맡아볼 수 있겠나?"

김 목사가 말한 개척 교회란 당시 개발 붐에 올라 타 있던 서울 강남 지역이 대상이었다. 지금 강남구청 앞에 세워졌던 강남중앙침례교회였다. 아주 유명한 부흥강사가 주도하는 개척 교회에서 그는 실력을 펼쳐 보일 계기를 맞이하고 있었다. 이는 어쩌면 지금의 전광훈 목사가 있기까지의 과정에서 그의 진짜 발전 잠재력의 토대가 무엇인지를 가늠케 하는 장면이기도 하다. 그는 얌전한 서생도 아니었고, 말과 이론만 앞세우는 학자 스타일도 아니다. 행동에 나서되 현실의 여러 장애를 정면으로 넘어서는 데 매우 적극적인 해결사의 기질이 아주 농후한 인물이다.

그는 이른바 '기록'을 잘 세우는 인물이다. 남이 가보지 않은 길에 털털하게 나서는 것은 물론, 다른 이는 아예 시도조차 해보지 않은 전인미답(前人未踏)의 영역에서 남이 생각지 않은 아이디어로, 남이 겨냥한 적이 없던 새 목표를 향해 돌진하는 습성이 있다. 이는 고등학교 때 이후 그의 삶을 통해 꾸준하게 드러나는 그 자신만의 스타일이다. 김충기 목사의 부름을 받아 강남중앙침례교회 주일학교 담당자가 된 뒤에도 마찬가지였다. 그는 어느덧 아무도 해보지 않은 '방법'을 찾아 움직이고 있었다.

"한 가지 직분이 작더라도 내게 주어지면 나는 기록을 세워요, 기록."

설교 시간을 통해 가끔 전 목사가 하는 발언이다. 그가 '기록'이라고 하는 대목이 궁금해진다. 고등학교를 갓 졸업하고 대한신학대학이라는 곳에 막 입학한, 20세 무렵의 청년이 어떤 일을 해낼 수 있을까. 우선 그는 학동초등학교를 찾아가 '홍보'에 주력한다. 많은 학생들을 주일학교에 끌고 들어오려는 차원의 일이었다.

당시의 이름은 물론 학동국민학교였을 테다. 주일학교 선생 광훈은 우선 이 학교에 가기 전에 '가리방'을 긁었다. 이는 일본 말이다. 흔히 뭔가를 판에 새겨 다량으로 찍어내는 작업을 말하는데, 일본어 원어로는 がり版・かりばん이라고 적는다. 요즘은 잘 쓰지는 않는 단어지만, 한 때 우리 한자 표현으로는 '등사(謄寫)'라고 했다. 철필로 등사 원판에 글자 등을 새겨 그를 바탕으로 복사하듯이 인쇄물을 찍어 내는 것이다. 아무래도 복사기 등이 나오기 전의 인쇄 형태 중 하나였으니, 효율은 그렇게 높지 않았던 방식이다.

아무튼 광훈은 토요일마다 이 '가리방'을 긁어 만든 내용에 색종이 등을 오려 붙여 상품권을 만들었다. 이 상품권을 우선 아이들에게 나눠준 뒤 이를 가지고 주일학교가 열리는 교회에 오면 추첨을 통해 크레파스와 연필, 지우개 등을 상품으로 지급하는, 이를 테면 나름대로

전광훈, 자유 통일의 길

의 기발한 '홍보 전술'이었던 것이다. 당시에는 토요일에도 수업이 있었다. 주일학교 담당 광훈은 이를 토요일마다 학교에 가 뿌린 뒤 아이들을 이튿날인 교회에 오도록 유도했다.

교회에는 첫 주일학교가 열리자 난리가 났던 모양이다. 아이들이 몰려들어 서로 제비뽑기에 나서 상품을 타가기 위해 장사진을 칠 정도였다고 한다. 그 분위기가 아주 대단했던 모양이다. 그 다음 주에는 바로 학교에서 발령한 '경계령'이 떨어지고 말았다. "학교 들어오다가 키 큰 전도사가 나눠주는 상품권은 받지 말라"는 아주 구체적인 경계령이었다. 그러나 학교 측의 경계령은 별로 소용이 없었다.

교회가 큰일을 치루고 말았다. 아이들은 상품권을 들고 예배가 벌어지기 1시간 전인 오전 8시에 교회에 몰려들기 시작했다. 아이들은 심지어 교회 문을 발로 차기도 했다고 한다. 주일학교가 열리는 교실도 교실이려니와, 아이들은 예배당 본당에도 진을 쳤다. 아예 본당 밑바닥에 주저앉는 아이들도 부지기수였을 정도였다.

그런 다음이 문제였다. 주일학교 담당인 광훈은 그에 대비해 인도 북부에서 태어난 성자 썬다 싱의 이야기들을 충분히 준비했다고 한다. 맨발의 성자로 알려진 사람이고, 인도의 시크교도 출신이면서도 기독교의 성자로 성장한 사람, 아울러 빛의 체험으로 예수를 직접 경험한 흥미진진한 이야기를 많이 갖춘 사람이다. 이로써 딱딱한 교리

등을 배제하고 체험 중심으로 이야기를 끌어 아이들의 관심을 집중
시킬 수 있었다는 것이다.

그의 '눈부신' 활약상은 또 있다. 김충기 목사는 "내가, 여기에서
한 달에 한 번씩은 부흥회를 한다"고 했다. 그 부흥회를 알리는 방법
은 당시로서는 포스터 밖에 달리 없었다. 그 포스터를 사람들의 눈
에 띄게 붙이는 일이 고작이었다. 김충기 목사의 "한 달에 한 번씩 부
흥회를 한다"는 발언은 주일교사 광훈에게는 '당부'로 들렸다고 한다.
그래서 그는 당시 포스터를 찍을 수 있었던 을지로 2가 인쇄 공장에
갔다. 그러나 당시로서는 비싼 인쇄를 할 수가 없어서 부흥회 전단지
를 직접 찍어야 했다. 한 번 댕겼다가 놓아야 포스터 한 장이 인쇄로
찍혀서 나오는 순수 수공(手工)의 기법이었다.

문제는 그 다음이었다. 힘들여 찍은 포스터는 풀을 잔뜩 발라서
벽에 붙여야 하는 작업을 필요로 했다. 광훈은 을지로 2가 인쇄 공장
에서 새벽 내내 찍은 포스터를 자전거에 싣고 풀 통을 준비해 이를
사당동에서 시작해 강남 곳곳의 아파트나 주택 골목 벽에다가 붙이
고 다녀야 했다. 매우 수고로운 일이었다.

그 때는 또 겨울이었다고 한다. 강남의 지금 풍경과 당시의 그것
은 많이 달랐다. 강남 곳곳에는 조금씩 대형 아파트 단지가 들어서고
있는 중이었다. AID 아파트, 해청 아파트, 개나리 아파트, 도곡 주공

대단지 아파트, 잠실 시영 아파트 단지 등이 다 대상이었다. 강바람이 아주 매서웠다고 한다. 어느덧 '낙동강의 소년'은 서울 '한강의 전도사'로서 활동하고 있었다. 당시에는 아파트 경비가 없어 출입이 상대적으로 쉬웠다고는 하지만, 아주 매서운 한강의 바람을 뚫고 자전거로 서로 멀리 떨어진 아파트 단지 등을 찾아가 부흥회 포스터를 붙이고 다니는 일은 많은 인내와 노력을 필요로 했다. 광훈은 군말 없이 이 작업들을 모두, 끝까지, 철저하게 해냈다고 한다.

기뻤을까, 억울했을까, 아니면 스스로 한심했을까. 그는 기뻤다고 한다. 모두 하나님의 일이라는 점에서다. 물론 김충기 목사에게도 큰 보탬으로 작용했다. 당시 교회에서는 "2,000명 정도가 부흥이 됐다"고 얘기했다고 한다. 1년 만에 이룬 숫자 치고는, 꽤 대단했던 모양이다. 더구나 서울에서는 새로 개발 붐에 올라타 신흥 부촌으로 왕성하게 변화하고 있던 강남에서였으니 그 숫자는 매우 대단한 평가를 받을 정도였던 듯하다.

매는 참새를 잡을 때에도 최선의 노력을 기울인다. 호랑이도 그렇다. 타고난 맹수라고 해서 호랑이가 토끼를 붙잡을 때 대강 하지 못한다. 역시 모든 힘을 기울여 토끼 쫓기에 나설 수밖에 없다. 작은 일이라고 해서 함부로 다룰 수 있을까. 그것은 큰일을 망치는 습성을 키우는 지름길일 수밖에 없다. 매사에 최선을 다 하고 최고의 성적을 기다려야 옳다. 그러나 '최선'이라는 말이 애매하다.

머릿속에서 키우는 생각이 복잡하다고 해서 일을 거뜬하게 제대로 마무리한다는 법은 없다. 생각이 섰더라도 그를 현실의 판 위에 거뜬하게 세우거나, 과감하게 실천으로 이어가지 못하면 일은 이뤄지지 않는다. 머릿속으로 이뤄지는 축구와 숙달된 기량으로 진행하는 축구는 엄연히 다른 법이다. 일을 배워가는 순간에 어느덧 이런 접근방식의 차이에서 사람들의 성공(成功)과 실패(失敗)는 일찌감치 갈리게 마련이다.

청소년기를 갓 벗어날 무렵, 대부분의 '현장'에서 나타나는 전 목사의 기질은 이랬다. 망설임 없이 행동에 나서는 행동주의자, 실제 생활 현장에서 드러나는 여러 가지 장애 등을 정면으로 넘어서는 '담력'과 '수완'을 갖춰가는 모습이다. 우회해서 돌아가는 방식이 아니라 직접 부딪쳐 해결의 실마리를 찾아내고, 문제가 버티고 있는 곳에서는 마땅한 현실적 해결 방법을 찾아내는 모습이다. 그 모든 것의 바탕은 열정이다. 옳다고 판단한 믿음이 있으면 그를 관철해 목포에 다가서려는 뚝심이 당시 그에게서는 잘 드러나고 있다.

그가 이제는 병역을 이행하기 위한 국가의 부름을 받는다. 입영열차에 올라타 가족들과 이별을 하고, 훈련소에 입소해 간단치 않은 군사훈련을 마친 뒤, 그리고 급기야 자대에 배치를 받아 어떤 군역(軍役)을 치렀는지 궁금하다. 그의 행동주의자, 수완까지 갖춘 현실주의자, 그러나 뜨거운 신앙심으로 예수의 사랑을 가슴에 품었던 청년으로서의 그는 군문(軍門)에서 과연 어떤 생활을 펼쳤을까.

1976년이라고 했다. 그의 나이 이제 스물하고 두 살. 그의 조력으로 교회는 힘찬 부흥의 길에 들어섰다고 한다. 김충기 목사는 그에게 이런 내용의 기도를 해줬다고 한다.

"군대에 다녀오면 내가 크게 교회를 지어서 네가 앞으로 우리 교회에서 교역자로 활약할 수 있도록 내가 다 준비를 해놓을 테니, 건강하게 군대를 다녀오라."

그의 머리를 누르고 해준 안수기도였다고 한다.

모진 훈련이 있고, 구타도 심심찮게 벌어지고, 그런데도 먹는 것은 충분치 않아 늘 허기를 느끼기 쉬웠던 곳이 당시의 대한민국 군대였다. 병기를 지니고 실전에 가까운 훈련을 벌이는 데라서 안전사고도 잦다. 자칫 잘못하면 몸에 큰 부상을 입거나, 부실한 안전 관리 때문에 급기야 사망으로 이어지기도 한다. 1970년대의 군 입대라는 것은 그런 불길한 경우를 최대한 피하고자 하는 사람들의 심리가 엉겨 묘한 풍경을 빚는 일이기도 했다.

속으로 면밀히 따지거나 계산하지 않고 우직하면서 솔직하게 내뱉는 화법이 특징인 전 목사는 설교 때 가끔 자신의 입대 상황 전후를 숨김없이 털어놓는다. 이런 식이다.

"군대를 갔어요, 군대를. 군대 가기 전에 오산리순복음금식기도원에 가서 3일 동안 금식을 하면서 기도를 올렸어요. 왜? 편한 데 떨어지게 해 달라구요. 그런데 기도가 거꾸로 응답이 돼 돌아오더군요. 논산 훈련소를 가게 됐습니다. 그런데 일이 더 벌어졌습니다."

그 이후에 벌어진 일이 정말 기도와는 전혀 다른 방향이다. 그가 훈련소에 입소한 뒤 정식 병력으로 분류되기 직전인 장정(壯丁)의 신분으로 줄을 서 있을 때였다고 한다. 키가 커서 남의 눈에 잘 띄었던 그는 훈련소에서도 같은 상황을 맞는다. 교관이 "너 키다리, 카드 가지고 이리로 뛰어 나와"라고 했다. 정식 병력으로 분류하기 전 장정의 신분으로 있던 입소자들은 제 신상이 적힌 카드를 가지고 있다가 배치 받은 곳에 이를 제출하는 절차가 있었다. 교관은 그 카드를 들고 나오라는 것이었다.

그러고 나서 벌어진 상황은 광훈이 바라던 바와는 정반대의 길이었다. 그는 바로 '하사관 학교'로 배치를 받고 말았다. 보통의 훈련병 과정은 4~6주였다. 대개는 한 달 정도의 훈련과정을 마치고 훈련소를 나온 뒤 자대(自隊)라고 하는 곳에 배치를 받아 군 복무를 모두 마치는 게 일반적이다. 그러나 광훈이 배치를 받은 하사관 학교는 그 과정이 자그마치 6개월이었다. 게다가 당시에는 강군(强軍) 육성을 향한 작업이 한창 진행 중이어서 군대의 핵심 인력인 부사관 양성 과정이 매우 엄격하고 혹독하기로 유명했다. 당시의 상황을 전 목사는 이렇게 회고한다.

"조금 과장을 보태자면, 하사관 학교는 한 주일에 한 번씩 장례를 치른다고 할 정도였어요. 대개는 토요일이었어요. 그 주에 사고가 나서 훈련병이 죽으면 가족들이 토요일에 와서 울고불고 난리가 한 마당 펼쳐졌어요. 내 아들 살려내라면서 말이죠."

아주 혹독한 훈련 탓이었다. 자식을 먼저 떠나보낸 부모들과 그 가족들이 벌이는 장례 의식이 하사관 학교에서 매우 빈번하게 펼쳐졌던 모양이다.

"너무 힘들어서 진짜로 예수님과 하나님 안 계시다면 자살해서 죽고 싶을 정도였다"고 전 목사는 당시를 회상한다. 실제 부모 둘 모두를 여읜 고아의 경우 하사관 학교는 그 사람을 뽑지 않았다고 했다. 하사관 학교의 6개월 훈련 과정이 아주 힘들어 부모가 없는 자식이면 흔히 자살을 시도하기 때문이었다고 한다. 전 목사 또한 그런 과정을 충분히 견뎠다. '좀 편한 곳에 가게 해달라'는 기도는 아예 사치스런 희망이었다. 논산 훈련소를 거쳐 바로 지옥과 같은 길고 모진 훈련의 하사관 학교로 곧장 직행하고 말았으니 말이다.

그 훈련도 무사히 마쳐가고 있을 무렵이었다고 한다. 아주 혹독한 훈련을 시킨 사람들은 조교들이었다. 이들은 훈련병들에게 아주 악명이 높은 사람들이다. 그러나 과정을 다 마칠 무렵에는 태도를 확 바꾸는 버릇이 있다. 훈련병들에게 얻은 원망을 풀어주기 위해서다. 그래서 마지막 한 주에 들어설 때는 훈련병에게 아주 나긋나긋하며 친절한 조교로 변한다고 한다. "너희들을 내 악감정 때문에 그리 혹독하게 훈련시킨 것이 아니다. 다 저 북한의 김일성과 그 빨갱이 군대 때문에 그런 거지"라며 유화책을 썼다는 것이다.

그러면서 귀띔해 준 내용이 있다. 가장 편한 자대는 김포 비행기장 경비대였다고 한다. 평소에도 군복을 잘 안 입고, 머리도 적당히 기르고, 식사도 훌륭하게 나오고, 공항을 오가는 늘씬한 여성들도 매일 볼 수 있다는 이유에서다. 조교들은 그런 말들을 늘어놓다가 "너희들이 누구를 믿는지 모르지만, 하나님 믿거나 부처님 믿거나 무조건 기도해라. 제발 비행기장 경비대 보내달라고"라는 식의 충고까지 해줬다고 한다.

솔깃한 말이었다. 훈련의 고된 과정을 마치고 몸 편하며 마음까지 편한 자대에 배치 받는 일은 우리나라 군대 생활을 겪어 본 모든 사람들이 공감하는 아주 큰 바람이었다. 그래서 하사관 학교 훈련병 광훈은 간절히 또 기도를 올렸다고 한다. "저도 꼭 비행기장 경비대로 갈 수 있게 해주십시오"라면서 말이다. 그러나 이 기도 또한 하나님이 들어주시지 않았다. 그가 정작 배치를 받은 곳은 전차, 즉 탱크 부대였다.

기도는 잇따라 올렸지만 한 번도 이루어지지 않았다. 하나님은 정말 계시는 것일까? 속으로 그런 마음도 들었다고 한다. 당시의 탱크 부대는 군기가 아주 엄했다. 대한민국이 보유한 무기 중에서는 아주 값이 나가는 탱크라서 그랬고, 그 탱크에 조금이라도 흠집이라도 나면 부대 전체가 아주 큰 곤경에 처할 수 있어서 그랬다. 공중에서 낙하해 적진 깊숙이 들어가 공격을 펼치는 공수부대, 즉 특전사 등과 비교해도 탱크 부대는 군기가 더 엄정하면 엄정했지 결코 못하지 않았다. '늘씬한 여자'들을 구경할 수 있는 비행장 경비대는커녕 그 정반대라고도 할 수 있는 배치를 받았으니 나름 낭패라면 낭패랄 수 있었다.

'시련'이었지만 심리적으로 스스로를 '단련'하는 기간일 수 있었다. 성령의 체험을 통해 목회자의 길로 다가서는 그에게 이런 시련과 단련은 필요했다. 사람이 험한 경우에 놓이면 스스로의 나약함을 극복하는 길을 찾을 수 있다. 어느 누구는 그런 상황에서 무릎을 꿇고 의지를 꺾어 안온하고 평화롭지만 큰일을 이룰 수 있는 지경으로는 나아가지 못한다. 그러나 어느 누구는 결코 꺾이지 않는 의지로 고난의 상황을 이기고 올라서 더 큰일을 이룰 수 있는 기량과 의지력, 마음 자세 등을 갖춘다. 그 시절의 군대는 그 자체가 다 어려운 훈련을 마치고 더 어려운 일에 나아갈 수 있게끔 하는 단련의 과정이었다.

자신이 원하는 곳으로 배치를 받지는 못했으나 하사관 학교 훈련생 광훈은 어느새 그 점을 현실로 받아들이면서 시련이었으나, 단련일 수도 있는 그 과정의 장점을 먼저 생각했다. 전차, 즉 탱크는 크고 육중하며 매우 비싼 무기였다. 당시의 대한민국이 처한 경제적 상황으로 볼 때는 특히 그랬다. 따라서 탱크를 몰고, 훈련을 벌이며, 그 무기를 제대로 수습하며 관리하는 모든 과정 자체가 대단히 엄격한 관리 방침을 필요로 했다. 군기는 아주 세서 조금의 실수도 용납하지 않는 과정이 거의 매일 이어졌다.

아무래도 앞으로 살아가야 하는 인생의 길 한 모퉁이에서 마주친 시련이었다. 이 조그만 시련을 이겨내지 못하면 더 큰 일을 이루기 어렵다는 생각이 가장 먼저 들었다. 그렇다면 이 시련을 단련으로 여기고 옳게, 바르게, 담대하며 원대하게 겪어내는 자세가 필요하다는 마음을 먹어야 했다. 전 목사의 회고다.

"이런 과정에서 훈련이 안 된다면 나중에 무슨 일을 할 수 있었겠어요. 지금 맞이하는 모든 위기의 상황도 당시 군대에서의 훈련 과정을 떠올리며 잘 겪어내고 있습니다. 하나님이 마련해주신 고난이자 시련이었고, 저는 그에 잘 순응했습니다. 오히려 저에게는 감사한 시절이었습니다."

동양에서 오래 전해지는 유명한 구절이 있다. 그의 회고와 견줘 함께 음미해 볼 만한 내용이다.

"하늘이 이 사람에게 큰 임무를 내릴 때에는 우선 그의 마음을 고단하게 만들고, 그 몸의 근육과 뼈대를 수고롭게 하며, 배고픔을 알게 하며, 신체를 비쩍 마르게 하며, 하는 일을 어지럽게 만들어 마음을 일으켜 참아내도록 하니 이로써 갖추지 못했던 능력을 키우게 한다(天將降大任於是人也, 必先若其心志, 勞其筋骨, 餓其體膚, 空乏其身, 行拂亂其所爲, 所以動心忍性, 曾益其所不能)."

〈맹자(孟子)〉에 나오는 유명 구절이다. 살다 보면 이런 과정은 누구에게나 닥친다. 그러나 뒤로 숨고, 빙 돌아서 우회하고, 여러 인연을 빌려 회피하는 사람도 많다. 어떤 이들은 그에 정면으로 맞서 당시의 고난에 가득 찬 체험을 통해 제 능력을 크게 증가시킨다. 어떤 마음을 먹고 어려움을 이겨내는가에 따라 그의 인생 항로는 크게 달라진다.

군대 훈련소에서 고된 훈련을 마친 뒤 아주 엄정한 군기의 탱크 부대로 옮겨져 또 어려운 군대생활에 들어간 전 목사의 마음 자세는 그렇게 재빠르게 정리됐다. 그는 어려운 시기를 어려움 그 자체로 받아들이고 그 과정으로부터 무언가를 얻고 배우려는 쪽으로 자세를 정리했다. 그는 '행동파'라고 해도 좋은 성격이다. 우회하거나 회피하는 데 능하지 않다. 도전에 직면하면 항상 정면 돌파를 시도하는 습성이 강하다. 그렇게 인생의 또 한 굽이는 그에게 왔고, 그는 그 굽이를 정면으로 헤쳐 거슬러 올라갈 요량이었다. 어렸을 적 늘 시간을 보냈던 낙동강 강변에서 소금을 실은 배가 힘겹지만 천천히 상류를 향해 거슬러 올라갔듯이 말이다.

# 24
## 군대에서 맞은 10.26

군대에서도 종교 생활은 가능했다. 자신이 믿는 종교를 선택해서 보통은 일요일에 종교생활을 할 수 있다. 하사관 광훈은 그 점을 놓칠 수 없었다. 주일마다 군대 동료들을 전도해서 교회에 나가게끔 하는 일도 그에게는 아주 중요한 사명이었기 때문이다. 그는 아주 직접적인 방법에 우선 착안했다고 한다.

혈기 넘치는 젊은이들이 많이 모여 있는 곳이 군대다. 게다가 1970년대는 대한민국 산업이 무역진흥 정책에 따라 마구 일어서는 시기였다고는 해도, 아직 국민들 모두가 풍요롭고 기름지게 살아가던 시절은 아니었다. 오히려 허리띠를 더 졸라매고 가난의 질곡과 배고픔의 저주를 벗어나기 위해 정말이지 안간힘을 기울여 국력을 신장시키는 데 모두 나서고 있던 때였다.

군대는 따라서 발전하는 경제, 비약하는 산업의 과실을 아직 맛보지 못하고 있던 시절이었다. 젊은이들이 모여 있는 군대는 늘 움직이며 훈련에 열중해야 하는 곳이었다. 당시로서는 배급 수준이 젊은이들의 배고픔을 완전히 해소시키는 단계까지는 가지 못한 상태였다. 따라서 배급품으로 나눠주는 건빵 정도는 매우 귀한 대우를 받았다. 삼시 세 끼 식사는 다 챙겨주더라도 군대가 훈련으로 에너지를 쉽게 소비하는 젊은이들의 시장기를 제대로 채워주지 못할 때 비상식량이랄 수도 있는 이 건빵은 사실 값지고 또 값진 식품에 해당했다.

하사관 광훈은 자신에게 돌아오는 배급 건빵을 모으기 시작했다. 물론 덩치가 큰 그 자신이 이 건빵을 먹어치울 욕망이 간절했음은 우선 사실이다. 봉지에 함께 들어 있는 알사탕과 함께 먹으면 허기가 몹시 심해졌을 때 이 건빵은 매우 요긴한 식량일 수밖에 없었다. 그러나 미련하고 우직할 정도로 그는 이 건빵을 뜯지도 않은 채 자신의 관물대 깊숙한 곳에 모아두기 시작했다.

모두 동료들을 교회에 이끌고자 마련하는 '재물'에 다름없었다. 우선은 허기에 자주 시달리는 동료들에게 물질의 혜택을 주면서 교회로 이끌어 차츰 이들을 다시 깊은 믿음의 세계로 인도하고자 짜낸 고육책이었다. 그러나 건빵으로는 한계도 있었다. 아무래도 식품으로서의 매력이 조금은 떨어져 보였다. 하사관 광훈은 이를 한 단계 더 높였다. 자신이 받는 월급으로 더 매력이 있는 물품들을 사들이기 시작했다.

당시 하사관 월급은 약 1만 2천원 정도였다. 전광훈 하사는 지독할 정도로 자신의 월급을 아끼고 또 아꼈다. 물론 시간이 닥쳐 쓸 때는 한꺼번에 쓰는데, 자신의 욕망을 채우기 위해서는 절대 월급을 축내지 않았다. 그는 아꼈던 월급을 모아 모두 초코파이를 샀다고 한다. 1970년대 초반에 나온 초코파이는 당시엔 그야말로 선풍적인 인기를 끄는 과자였다. 달콤한 식품에 갈증이 날 수밖에 없었던 그 때 대한민국의 과자 시장에서 초코파이는 정말 대단한 인기 품목이었고, 훈련을 거듭하는 군대에서는 젊은 군인들에게 최고의 간식이기도 했다.

전광훈 하사관은 열심히 모은 월급을 털어 초코파이를 산 다음에 이를 훈련시간에 죄다 풀었다. 그야말로 최고의 인기 간식을 배고픔이 엄습하는 훈련 시간에 나눠주는 동료를 만났으니 당시 부대원들은 즐거운 비명을 지르지 않을 수 없었을 테다. 그에 따라 계급의 높낮이를 따질 필요도 없이 전광훈 하사는 같은 부대의 모든 대원들에게는 가장 인기 있는 동료였을 것이다.

그는 이런 방식으로 부대원들의 '인심'을 얻었다. 그럼에도 목표 자체는 잊지 않았다. 부대의 동료들을 군대의 교회로 끌어들이는 일이었다. 아무튼 그렇듯 소박하게 베푸는 먹을거리의 인심 속에는 전광훈 하사의 날카로운 전도 의식이 숨어 있었다. 차츰 전 하사의 유인과 설득에 따라 동료 부대원들 중에는 교회를 나가며 믿음을 쌓아가는 이들이 늘어갔다고 한다.

"그런 과정을 거쳐 동료들을 적극 믿음으로 이끌다보니 나중에 전도사가 10명이 넘게 나온 것으로 알고 있습니다."

휴가를 나올 때도 돈이 생겼다. 모든 것이 다른 선진국들에 비해 크게 뒤떨어져 있던 경제사정 때문에 1970년대 일반인의 호주머니는 모두 넉넉지 않았다. 군대는 먹여주고, 재워주고, 훈련시켜주는 국가의 안보 초석이기는 하지만 튼튼한 국가재정이 모든 것을 뒷받침할 수는 없는 형편이어서 그곳에 입대한 젊은이들의 궁기(窮氣)는 대개 다 비슷했다. 따라서 이들이 휴가를 나올 때 일가친척은 물론이고 친지 등은 인사차 오는 군인들에게 아주 넉넉지는 않더라도 일정 금액의 용돈을 꼭 쥐어주곤 했다.

서로 고생하는 처지에서 건네는 용돈은 아주 귀한 것이었다. 가족과 친지들이 쥐어주는 그 용돈을 어디에다 어떻게 쓰는지는 대부분 뻔했다. 오래 만나지 못한 애인, 정겨웠던 친구들과 함께 밥을 먹고 술 한 잔 하는 용도가 제일 흔했다. 집안 형편이 아주 가난했던 군인들은 그마저도 가족의 생계에 보태는 경우가 있었을 것이다. 건빵을 모아 동료들에게 나눠주고, 월급을 아꼈다가 몽땅 초코파이를 사서 훈련시간에 부대원들에 나눠주며 그들을 교회로 이끈 전광훈 하사는 휴가 때 서울에 나와서 친지들에게 받은 용돈을 어디에 썼을까.

　서울로 휴가를 나온 전광훈 하사에게 돈을 줬던 사람은 자신을 성령의 체험으로 먼저 이끌었던 이모를 비롯한 가족친지가 대부분이었다. 그들은 아주 좋은 형편은 아니었더라도, 군대에 들어가 고생을 하는 광훈에게 선뜻 격려금을 전달하는 일을 잊지 않았다고 한다. 없이 사는 시절이기는 했어도 사람 마음만큼은 퍽이나 따뜻했던 것이다. 그러나 그렇게 쥐어준 격려금을 지독히도 쓰지 않은 채 광훈은 부대로 고스란히 가져온 뒤 주일에 군대 교회에서 예배시간에 헌금함에 한 푼도 남기지 않고 집어넣었다고 한다.

　당시 군대 교회의 목사, 즉 군목은 군대 생활 10년을 조금 넘긴 소령 계급이었다. 그는 건빵을 끌어 모으고, 월급으로 초코파이를 몽땅 사면서까지 부대 동료들을 교회로 이끄는 전광훈 하사를 처음부터 눈여겨봤다고 한다. 게다가 휴가를 다녀온 뒤에는 가족과 친지들로부터 받았던 휴가비를 몽땅 털어 헌금 통에 집어넣는 것을 보고서는 아예 "광훈아, 너 같은 녀석은 내가 군대 군목 생활하면서 정말 처음 본다, 처음 봐"라며 감탄을 금치 못했다고 한다.

　그런 과정을 거치면서 광훈은 어느덧 군대 교회의 설교까지 맡는다. 군목은 열성적으로 교회에 모든 것을 바치는 광훈을 보면서 점차 깊은 신뢰를 보냈다고 한다. 광훈의 눈에 군목은 그렇게 열심히 설교하는 것으로 비쳐지지 않았던 모양이다. 대부분 설교는 아주 짧게 하고, 내용도 무미건조했다고 한다. 마침 군목은 "수요일 예배 때 설교는 네가 맡아봐라"고 제안을 했다. 망설임 없이 광훈은 그 제안을 받아들였다고 한다.

원고를 읽는 식의 군목 설교와, 원고는 아예 만들지도 않은 채 성령의 체험을 근거로 자유롭게 설교를 하는 전광훈 하사의 그것은 아무래도 하늘과 땅의 그 차이 정도였던 듯하다. 수요일에 진지한 믿음으로 교회를 나오던 군대 동료들은 아예 전광훈 하사에게 "매 주 꼭 네가 설교를 하라"는 요구를 했다고 한다. 어느덧 그는 군목을 대체할 군대의 설교자로 자리를 잡아가고 있었다.

그렇게 군대의 생활이 흘렀다. 이제 제대도 코앞에 닥칠 때였다고 한다. 그 어느 한 날이 1979년 10월 26일이었다. 1961년 이른바 5.16으로 일어나 18년 동안 대한민국을 이끌면서 우리나라를 산업화하고 신흥 경제 강국의 반열에 올려놨던 박정희 대통령이 서거한 날이었다. 그날 전광훈 하사가 소속한 여단의 여단장이 교회를 찾았다고 한다. 교회 장로였던 여단장은 그날 심각한 표정으로 교회에 앉아 있다가 급기야 "나라가 망했다"며 울었다고 한다. 박정희 대통령의 서거와 곧 벌어질지 모를 북한의 침공을 걱정하면서 벌어진 일이었겠다.

전광훈 하사는 그에 아주 공감했던 모양이다. 그는 우선 대통령의 급서로 인해 늦춰진 자신의 제대를 염두에 두지 않았다. 그보다는 울던 여단장의 깊은 나라 걱정에 큰 공명이 있었다고 한다. 그 역시 '이나라가 과연 어떤 길을 갈까'라며 깊은 고뇌에 빠졌다고 한다. 이어 그는 교회에서 '3일 금식 기도'를 벌이기로 했다.

그러나 부대에는 이미 북한의 침공 때 벌어질 정규전에 대비해 발령하는 '전투 대비 태세', 즉 데프콘을 발령한 상태였다. 이 데프콘은 매우 심각한 작전 대비 단계였다. 곧 북한과 대규모의 정규전이 벌어진다는 가정 하에서 발령하는 긴장감이 가장 높은 지시였다. 따라서 우국충정(憂國衷情)의 열혈 같은 마음으로 단식기도에 들어간다고 해도 현실적으로는 받아들여지기 어려웠다.

군대에는 늘 자신을 괴롭히는 상사 하나쯤은 있게 마련이다. 전광훈 하사에게도 그런 상사가 하나 있었다. 김 모라고 하는 중위였다. 직속상관이었던 그로부터 전광훈 하사는 아주 험한 잔소리를 들어왔던 모양이다. 어떨 때는 구타까지 서슴지 않았던 인물이라고 한다. 육사를 나왔던 그 김 모 소대장은 전광훈 하사가 금식기도를 한다는 말을 듣고서는 그를 불렀다.

"전 하사, 너 꾀병 부리지 말아라. 왜 밥을 안 먹어? 너 이렇게 밥 안 먹으면 훈련 빼줄 거라 믿는 게지? 절대 안 빼준다."

"훈련은 절대 안 빠집니다."

"모든 코스에서 PT체조부터 마지막 날 수평이동까지 하나도 빠지지 마!"

"처음부터 끝까지 하나도 안 빠집니다."

데프콘이 발령 난 상태에서 부대 전체가 전투를 대비해 실시키로 한 유격 훈련을 앞에 두고 전 하사와 김 소대장이 나눈 대화 내용이다.

말은 수월하게 했지만 금식으로 3일을 기도하면서 훈련을 소화하기란 정말이지 아주 힘든 일이었다. 그러나 우국충정의 기도를 올려야 마음이 편했던 전광훈 하사였다. 철저하게 금식으로 기도를 드렸고, 모든 훈련은 조금이라도 모면하거나 돌아서 피할 생각 자체를 내지 않았다. 그는 모든 훈련에 성실하게 임하면서 금식기도를 또한 멈추지 않았다.

그러나 마지막 날이 문제였다. 유격구보가 잡혀져 있었다. 10㎞를 단독 군장을 맨 채 뛰어야 하는 일이었다. 그러나 속도를 내서 뛰어야 하는 일이 무척 힘들어 보였다. 적에게 붙잡혔을 때를 가상해서 벌이는 이 훈련은 아예 가장 빠른 속도로 적의 손아귀에서 벗어나야 하는 구간을 설정했던 까닭에 아무래도 금식을 3일 동안이나 벌인 전 하사에게는 매우 버거웠다. 그러나 전광훈 하사가 탈락을 하면 부대 전체가 다시 처음부터 훈련을 해야 하는 상황이었다. 다행히 동료

하나가 "전 하사, 너 이러다가 쓰러진다. 내가 일부 구간에서 총을 메줄 테니 잘 뛰어보자"라고 했다.

그래서 결국 전 하사는 일부 구간에서 총을 대신 메준 동료 덕분에 코스를 모두 뛸 수 있었다. 데프콘 발령 상황에서 유격 훈련이 벌어진다는 일정을 알면서도 3일 동안의 금식기도를 벌인다는 결심을한 것 자체가 매우 놀라운 일이다. 아울러 금식기도를 취소하라는 상관의 압박에도 "끝까지 모든 훈련을 마치겠다"고 자신한 전 하사의반응도 현실적이지는 않다. 그럼에도 그는 결국 우기듯이 제 몸을 훈련에 던졌고, 그 한편으로는 철저하게 금식을 실시하며 우국충정의기도를 올렸다. 마침내 속도를 내서 뛰어야 하는 10㎞ 단독 군장 달리기에도 성공했다.

어디에 단단히 미치거나 빠지지 않으면 할 수 없는 일들이다. 정신력일까, 체력일까를 따지면 사실 둘 모두 다겠지만 여기서는 아무래도 그 정신력을 높이 보지 않을 방법이 없을 듯하다. 어떻게 보면충동적이라고 볼 수도 있으나, 꼭 감성의 한 언저리에서 작용하는 것으로 개괄할 수도 없겠다. 제가 생각할 때 옳은 길이라고 여기는 경우가 있다. 어떤 인지과정을 거치는지는 설명할 방도가 별로 없으나,직관적으로 그를 깨닫는 사람이 있다. 그런 뒤에 자신의 모든 것을그곳에 투입하는 스타일이 있다. 용맹하게 그저 제가 생각한 곧은 방향으로 물불 가리지 않고 나아가는 그런 사람 말이다. 아무래도 전광

　　　　전광훈, 자유 통일의 길

훈 목사의 스타일이 그랬다. 그는 그렇게 군대 생활에서도 자신이 지닌 기질과 성정을 일찌감치 드러내고 있었다.

머릿속의 세밀한 계산도 필요하다. 꼼꼼한 따지기와 세밀한 타산이 함께하는 경우도 많다. 다르게는 담론에 치중하는 사람도 많다. 상황 전체의 얼개를 따지는 데만 몰두하는 스타일이다. 그러나 두 경우 모두 행동에는 주저하기 십상이다. 너무 세밀한 타산을 거듭하다 제 풀에 죽는 사람, 담론에 치중하다 급기야 이도저도 아닌 공리공담(空理空談)에 휩싸여 현실과 이상의 경계를 구분하지 못하는 사람들은 모두 일을 그르친다. 우선 현실인식을 바탕으로 한 직관적인 느낌과 인식으로 행동을 우선 벌이는 사람이 있다.

나중의 전광훈 목사는 그런 스타일을 종종 보인다. 이는 아무래도 성장기 이후 줄곧 내면 깊숙이 숨겨져 있던 어떤 독특한 자신만의 스타일일 수 있다. 아무튼 그는 군대를 마칠 무렵의 한 대목에서도 이런 성격의 일단을 잘 드러낸다. 옳다고 믿는 것에 대한 직관적인 확신이 아주 단단한 토대를 형성하고, 그것을 다시 되돌리려는 자세를 추호도 보이지 않는 편이다. 아울러 그에 대한 행동이 반드시 뒤를 따르는 편이다. 그 점이 제대 뒤의 어엿한 성년 전광훈의 향후 행보를 짐작케도 한다.

그는 자신을 욕하고, 심하게 꾸지람까지 하며, 때로는 구타까지 서슴지 않았던 김 모 중위의 마지막 협박에도 굴하지 않고 모든 유격 훈련을 마친다. 그렇잖아도 못마땅해 하던 김 중위의 입에서 지긋지긋하다는 외침이 터져 나오고 말았다.

"전광훈 이 자식아, 너 진짜 지독하다, 지독해. 너야 말로 진짜 예수쟁이다, 예수쟁이."

# 25

## 장모 이정순 전도사

전북 김제 출생이다. 우선 인물이 매우 출중했다고 한다. 아주 빼어나게 예쁘고 고와서 길을 다니던 사람들이 발길을 멈칫하고서 바라보면서 눈길을 좀체 떼기가 어려웠을 정도라고 한다. 작지만 단아하고, 예쁘며 곱고, 또한 심성 어딘가에서 뿜어져 나오는 기세가 매우 도도하기도 했던 모양이다. 이모의 손에 이끌려 고등학교 재학 중인 때는 방산시장이라는 곳에서, 군대를 다녀온 뒤에는 반포 아파트에서 만났을 때 '천사처럼 생긴 이상한 여성'으로 전 목사의 눈에 비쳤던 장모 이정순 전도사였다.

과장인지는 잘 모르겠으나 전 목사는 그 생김새를 이렇게까지 설명한다.

"결혼 뒤에 장모님을 모시고 설악산을 구경하러 갔는데 등산하는 사람들이 산을 안 올라가요. 지나치면서 마주친 장모님 생김새를 유심히 바라보느라 그러더군요."

그러면서 전 목사는 설교 때 장모님을 언급하는 대목에서는 "예전에 대한민국 최고 미인이었던 김지미도 저리 가라 할 정도였다"고 할 정도다.

그러나 이정순 전도사가 진짜 기독교계에서 유명한 이유는 예언 기도 때문이었다고 한다. 앞으로 벌어질 일을 미리 머릿속 영상으로 떠올릴 수 있는 성령의 힘, 그를 예언처럼 늘어놓을 때 성경의 각 구절을 지금의 매우 성능 높은 컴퓨터처럼 정확하게 인용한다는 점 등 때문이었다. 그런 능력과 힘은 어디서 나오는 것일까. 이정순 전도사가 그런 면모를 갖춰가기까지의 과정도 정말 범상치 않다.

전라북도 김제가 고향인 이정순 전도사는 생래의 그 미모 때문에 일찌감치 고향 일대의 사람들로부터 퍽 많은 관심을 받았다고 한다. 미인은 예로부터 박복(薄福)하다는 말이 있다. 일반적으로 사람들이 누리는 평범한 행복과는 거리가 먼 인생을 살아간다는 얘기다. 길 가던 사람들이 발을 멈추고 바라 볼 정도의 미인이었다는 이정순 전도사에게 여러 곳에서 중매가 들어왔다. 그의 부모는 그 중에서 한 곳을 택하여 이정순 여사를 시집보낸다. 시집간 곳은 다른 곳보다 기독교

전광훈, 자유 통일의 길

전파가 빠른 곳이었고, 마침 이웃에 독실한 기독교 신자가 있었다고 한다. 그 이웃의 영향으로 이정순 전도사는 교회를 나갔던 모양이다.

사람마다 지닌 기질은 다 다르다. 이정순 전도사는 특히 성령의 이끌림에 아주 신속하게 반응하는 기질이었던 듯하다. 시집을 오자 마자 '예수쟁이'가 돼버렸다. 이른바 '성령 체험'을 통해서란다. 신혼 의 여성이 교회를 아주 열심히 나가는, 그로 인해 가정의 여러 가지 일은 자연히 등한시할 수밖에 없는 상황이 만들어졌다고 한다. 아울 러 신랑과의 잠자리도 중요치 않은 일로 변하고 말았다. 이정순 전도 사가 오로지 관심을 기울이는 일은 그저 교회에 나가고, 기도를 올리 고, 그로써 철야로 밤을 지새우는 일이었다.

당시 교회의 전기 사정 또한 좋지 않았다. 설령 전기 공급이 원활 하다고 해도 값은 아주 비쌌다. 그래서 당시 교회에서는 공예배가 아 닌 경우에는 전깃불을 사용하지 않았다. 이정순 전도사는 교회에 나 가 하루 종일 기도하고 성경을 읽으며 밤을 지새우는 경우가 많았다. 이정순 전도사는 교회의 어려운 형편을 알고, 우선 집에서 쌀을 퍼갔 다. 매일 한 되 이상의 쌀을 퍼 담아 가지고 교회에 도착해서는 그곳 성미 통에다가 그 한 되씩의 쌀을 부었다. 손에는 반드시 한 곽의 초 를 들고 갔다. 교회의 목사가 전기를 아낀다며 저녁 이후에는 아예 전기를 끊었기 때문이다. 그녀는 한 곽의 초를 모두 사르며 철야 기 도를 올렸다고 한다. '하나님 성전에 한사코 불을 밝히겠다'는 각오로 말이다. 시집가서 그 교회를 다니기 시작한 이후 3년 동안 그렇게 철야의 기도로 어두운 밤을 밝혔다는 것이다. 깜빡거리는 촛불 아래에는 그녀가 펴둔 성경이 반드시 놓여 있었다.

그런 어느 날이었다. 드디어 사달이 벌어졌다. 갓 시집 온 아내와 남편의 사이에서다. 이정순 전도사가 신혼을 맞을 무렵의 한반도 여느 구석의 사정은 매 한 가지였다. 19세기 말 한반도가 외부에 문호를 열기 시작한 이른바 '개항기' 이후, 그리고 대한제국의 망국과 일제 강점기, 이어진 해방의 상황이 다 그랬다. 새로 물 밀 듯이 들어온 서구의 여러 문물과 제도, 문화 등이 곳곳에서 한반도에 오래 부식했던 전통과 파열음을 내는 풍경이 다반사처럼 벌어지고 있었다. 남편은 아내에게 "오늘은 교회에 가지 말아라. 꼭 제사 준비를 하라"고 지시했단다.

그러나 성령의 부름에 깊이 빠져 있던 며느리는 "제사를 못 지낸다"고 이야기하고, 제사 준비를 하지 않았다. 그리고 성전에 촛불을 밝히며 철야기도를 드리러 갔다. 이어 새벽에 집에 돌아오는 이정순 전도사에게 닥친 것은 매우 험악하기 이를 데 없는 살풍경 그 자체였다. 그녀에게 날아온 것은 남편이 던진 날카로운 칼이었다. 그것은 사람의 생명을 끊으려는 살기(殺氣)가 가득 담긴 흉기였다.

다행히 그 칼은 몸에 꽂히지 않고 발가락과 발가락 사이에 박혔다고 한다. 날아와 꽂힌 뒤 바르르 떠는 칼을 바라보던 이정순 전도사는 그 날로 즉시 짐을 몇 개 싼 뒤 서울로 도망을 쳤다. 처음 올라와 보는 서울 땅에서 그녀를 맞아줄 곳은 따로 없었다. 당시 서울에서는 흔히 '삼각산'이라고 했던 지금의 북한산은 기독교인들에게 기도의 성소로 꼽혔던 모양이다. 갈 곳이 마땅히 없었던 이정순 전도사는 그 삼각산에 올라가서 기도를 드렸다고 한다. 기도의 내용은 "제가 갈 곳을 모르니, 저를 인도하소서"였다.

직접 체험한 것을 이정순 전도사가 딸과 사위에게 말해주고, 또 그를 사위인 전 목사가 신도들에게 설교할 때 전한 그 이후의 내용은 이렇다. 갓 시집을 왔다가 시집으로부터 쫓겨나다시피 해서 서울로 올라온 젊은 나이의 처자가 컴컴한 삼각산의 산중에서 기도를 올리는 일은 결코 간단치 않았다. 생명을 위협할 그 무엇인가가 수시로 닥칠 수 있는 그런 장소이자 상황일 수 있었기 때문이다. 그러나 한참 울며불며 기도에 열중하던 그녀에게 성령의 소리가 들렸다고 한다. "일어나라"는 소리였다는 것이다. 이어 성령의 목소리는 "일어나서 산을 내려가라"고 했다.

그 목소리에 따라 이정순 전도사는 산을 내려가 지금의 홍제동 서울여자상업학교(서울여상) 쪽을 향했다고 한다. 어떤 사람이 물지게를 지고 가는 모습이 보였다. 성령은 "저 남자를 따라가라"고 했다. 성령은 이어 "저 남자를 따라가면 머무를 곳을 줄 것이다"라고 했다. 성령이 일러주는 대로 이정순 전도사는 걸음을 옮겼다. 그러나 물지게를 진 남성의 입장에서는 참 이상한 일이었다. 산에서 내려오던 젊은 처자가 자신의 뒤꽁무니를 졸졸 따라오는 일이 우선 그랬다. 궁금증을 참지 못한 남성은 "왜 날 따라오는 거요?"라고 물었다.

그러자 젊은 처자는 "제가 모시는 하나님이 그렇게 하래요"라고 대답했다. 마침 그 남성의 집에 도착할 즈음이었다. 남성은 "그거 참 이상하네, 나도 교회 집사인데, 그럼 이 문간방에서 당분간 머물라"고 했다. 하루 정도가 지났던 모양이다. 문간방에서 기도를 하던 이정순 전도사에게 성령의 목소리가 "주인집 남자를 방으로 들어오라고 해서 기도를 하게 하라"고 했다. 이어 방으로 들어온 남성이 기도를 올렸다.

성령은 또 그 남성에게 이런 지시를 했다고 한다. "지금 시내로 가서 누구를 만나면 그 사람이 당신의 일을 도울 것"이라는 내용이다. 교회의 집사라고 했던 그 남성은 성령의 지시를 그대로 따랐다고 한다. 다음 내용은 이렇게 이어진다. 성령이 가리키는 대로 남성은 시내로 나가다가 옛 친구를 만났다고 한다. 집을 담보로 빚을 얻어준 친구였다. 그러나 그 빚을 갚지 않고 도망을 쳤던 사람이었다. 그러나 그는 뒤에 큰 사업을 벌여 드디어 성공을 한 무렵이었다. 그 친구는 이정순 전도사에게 방을 내준 남성을 보더니 "그 때 정말 미안했다"며 빚의 몇 배에 달하는 돈을 갚았다고 한다.

전광훈, 자유 통일의 길

남성은 자신으로 하여금 기도를 하게 만들고, 그 기도 속 성령의 지시에 따라 시내에 나갔다가 우연히 만난 옛 친구, 그로써 사업에 성공한 옛 친구가 자신에게 진 빚의 몇 배에 달하는 돈을 갚은 점을 매우 고맙게 생각했다고 한다. 그 남성은 이정순 전도사에게 "내가 큰 도움을 받았다"며 나중에 적잖은 사례금을 줬다고 한다.

그 돈으로 이정순 전도사가 마련한 곳이 전 목사가 고등학생 때 처음 찾아가 만난 방산시장의 건물 한 구석이었다. 사례를 하려던 그 남성이 "무엇이 필요하냐?"고 묻자 이정순 전도사가 "서울시내에 기도할 수 있는 기도처를 만들어 주면 그만"이라고 대답했기 때문이다. 그렇게 마련했던 방산시장 기도처는 당시 기독교인 사이에서는 매우 유명했다고 한다. 예언 기도가 뿜어져 나왔고, 그를 믿고 따르는 사람들이 부쩍 많아졌기 때문이다. 당시에 기독교계의 가장 큰 목회자였던 한경직 목사도 이곳을 찾았을 정도라고 한다.

그 이후로도 세상을 뜰 때까지 전 목사의 장모 이정순 전도사는 기독교계에서 매우 유명한 '예언 기도자'로 활동을 했다. 정통 코스를 밟아 목회 활동을 펼치지는 않았으나 기독교가 펼치는 영적인 세계, 즉 영계에서는 매우 대단한 예언 및 예지의 능력을 지녔던 사람으로 유명하다. 이 전도사는 그런 능력으로 자신의 딸과 전 목사가 미래의 배필로 맺어진다는 점을 알았고, 실제 그런 믿음을 바탕으로 행동했던 사람이다. 아울러 전 목사가 매우 험난하고 고난에 가득 찬 여정을 걸으리라는 점도 예언했던 모양이다.

따라서 이정순 전도사는 전광훈 목사의 인생 여로에서 빼놓을 수 없는 '세 여인' 중 하나다. 세 여성은 전 목사에게 특별한 능력과 기질을 물려준 그의 모친, 아울러 집요할 정도로 다양한 노력을 기울이면서 전 목사를 경상북도 의성군 산간벽지에 가까운 농촌의 깊은 전통에서 교회로 이끌었던 이모, 풍성한 영적 능력으로 세계를 향해 눈을 뜨게 한 장모다. 이정순 전도사는 자신의 딸을 전 목사에게 시집보낸 뒤에도 여러 모로의 지원을 아끼지 않는다. 우선 전 목사가 서미영이라는 사람을 평생의 반려자로 맞아들이기 전, 그의 장모는 두 사람이 혼인에 이르는 길을 반질반질할 정도로 닦고 빗질한다. 그 과정도 참 흥미롭다.

# 26
## 미래 장모와의 거듭 만남

전차 부대에서 김 중위라는 상사가 당시 전 목사에게 '예수쟁이'라고 했던 말은 두 가지 함의를 지녔다. 남이 공감하지 않는데도 오로지 "예수를 믿어라"고 외치며 남의 가슴 속 생각은 아예 거들떠도 보지 않는 사람, 그와는 달리 제가 믿는 종교적 신념을 결코 굽히지 않으며 온갖 역경을 견뎌내고 이기는 사람 그 둘일 테다. 전차 부대에서 건빵과 초코파이로 화제를 일으키고 동료들을 교회로 이끌던 사람, 박정희 대통령이 서거한 날 통곡하는 전차 부대 여단장을 교회에서 조용히 지켜보다 '나만이라도 앞으로 나서서 여단장의 말대로 곧 망할지 모르는 이 나라를 위해 하나님께 간곡한 기도를 올리자'라고 마음을 먹은 뒤 유격훈련이 진행 중인데도 엉뚱하다 싶은 '3일 동안의 금식 기도'를 드렸던 하사관 전광훈은 과연 어떤 예수쟁이라고 할 수 있을까.

포항에는 배 모라는 전 목사의 친구가 살고 있다. 그는 이른바 전 목사와 '군대 입대 동기'이자 자대에서 함께 지내다 또 함께 제대까지 한 동기생이다. 요즘 말로 치면 더할 나위 없는 '절친'이랄 수 있는 사람이다. 배 모라는 그 입대동기이자 제대 동기인 그 '절친'은 현재 장로다. 그 역시 건빵과 초코파이를 동원한 전 목사의 인도에 이끌려 군대에서 교회를 다녔고, 이어 깊은 믿음을 지닌 기독교 신앙인으로 자리를 잡았다. 이름도 높은 포항제일교회의 장로라고 하니 그 믿음의 깊이가 수월찮을 테다.

전 목사가 가끔이라도 포항을 가면 꼭 만나는 친구다. 그는 전 목사를 만날 때마다 이런 말을 잊지 않고 한단다.

"광훈아, 너는 군대에서도 그렇게 예수님을 믿고 따르더니 군대 나가서도 나라를 위해 예수님의 이름으로 앞장을 서는구나. 너는 진정한 예수쟁이야. 나는 군대에서 네가 그렇게 열심히 전도를 하는 광경을 지켜보면서 너한테 정말 감동 먹었다, 진짜 감동 먹었어."

우리는 "극성을 부린다"는 말을 곧잘 쓴다. 그런 맥락에서 보면, 전 목사의 군대 시절 행동과 발언 등은 분명 '극성'이다. 그러나 배 장로의 발언처럼 그런 행위는 뜨거운 정성(精誠)의 '열성'과 지극한 정성의 '지성'을 동반한 극성이다. 그래서 남의 공감(共感)을 불러일으키는 것일 테고, 또한 신앙의 틀을 바탕으로 국가와 사회에 헌신하는 점 때문에 함께 일어나 같은 소리로 우는 공명(共鳴)의 가능성까지 갖추고 있다고 볼 수 있는 대목이다. 아마, 그런 여러 점들이 모여 남들에게 '감동'을 주는 것이라면 매우 순기능적인 '극성'일 것이다.

이런 여러 가지가 전 목사의 기질과 행동의 양태 등을 고루 보여준다. 그는 결코 쉽게 꺾을 수 없는 의지가 있고, 뚜렷한 목표로 다져진 열망이 있는 사람이다. 그 의지와 열망을 현실로 구현하기 위해 보이는 그의 태도는 분명 '극성'이라 할 만하다. 그러나 종교적 순수함이 내재해 있고, 국가와 사회를 향한 우직한 충정을 담고 있다. 그는 그렇게 자신의 목표를 향해, 믿음을 좇아 매우 굳건하게 자신의 길을 가고 있었다.

앞에서 적은 그의 '미래 장모' 이정순 전도사를 그가 다시 만나는 시점은 제대를 막 마친 무렵이었다. 그의 서울 이모가 이번에도 결정적인 역할을 한다. 조금이라도 교회를 나가지 않을 양이면 곧바로 "짐 싸서 시골 내려가"라고 윽박지르면서 오늘의 전 목사를 교회로 이끌었던 사람이 바로 서울의 이모였다. 그 이모는 군대에서 휴가를 나올 때면 바로 용돈을 쥐어주면서 전 목사를 끊임없이 격려했던 사람이다. 아울러 "하나님의 아들 전광훈을 머리털 하나 다치지 않게 해 주소서"라는 기도를 올리며 조카인 전 목사의 안위를 끝까지 걱정했던 다정다감한 이모였다. 이모는 전 목사가 군대 생활을 안전하게 마치게 해달라며 매 주일 교회에서 감사헌금을 한 번도 빼놓지 않았다고 한다.

군대를 마치고 서울로 올라왔을 때 전 목사가 곧장 찾아간 곳도 이모의 집이었다. 낯익은 이모의 집에 발을 들여놓고 제대 인사를 막 올리자 이모가 건넨 말이 참 우연치 않다.

"광훈아, 너 고등학교 때 방산시장에 나랑 같이 가서 만났던 권사님 기억해? 왜, 그 하얀 천사처럼 생긴 이정순 전도사님 말이야?"

"알죠, 알고 말구요. 그 미친 여자 아직도 있어요?"

"미친 여자가 뭐야, 말 곱게 해."

"또 만나러 가게요? 나는 안 갑니다, 안 가요."

"그러면, 너는 가지 말고 내가 그 권사님 만나러 가야 하는데, 반포로 이사를 가셨다는구나. 내가 그 반포 집을 찾지 못하겠으니, 네가 나를 거기에 데려다 다오. 그리고 너는 그냥 돌아오면 돼."

"알았어요, 그 집에만 데려다 줍니다."

이렇게 해서 이모와 조카는 금호동 집을 나서서 당시로서는 막 개발 붐에 올라 타 지어진 반포의 아파트촌으로 향했다. 적혀진 주소대로 반포 아파트를 찾아가는 데 둘은 성공했다. 그곳에는 낯설지 않은 풍경이 펼쳐져 있었다. 넓지 않은 아파트 복도와 방에 50명 정도의 사람들이 빼곡하게 앉아 있었다.

전광훈, 자유 통일의 길

방산시장에서 봤던 그 모습대로 미래의 장모 이정순 전도사는 '따발총'을 쏘아대고 있었다. 쉴 새 없이 내뱉는 그 전도사의 발언을 사람들은 한 마디라도 놓칠까봐 재빠르게 받아 적고 있었다. 사실, 이모가 "집에만 데려다 주고 너는 가라"고 한 말은 거짓이었다. 어떻게 해서든지 이정순 전도사와 전 목사를 한 데 엮으려는 의도였다. 아니, 어쩌면 이정순 전도사와 이모의 사이에는 이미 '밀약'이 맺어져 있었던 듯했다.

그 분위기가 싫었던 전 목사는 이모를 반포의 그 아파트에 들이기만 하고 바로 발걸음을 돌려 나오려고 했다. 그러나 이모는 잽싸게 그의 목덜미를 잡더란다. 이어 "어디를 가, 신학생이?"라면서 전 목사를 주저앉혔다. 이모의 강권은 이어졌다.

"신학생이면 이런 거 공부를 해야 한다. 그래야 나중에 목회할 때 네 성도들이 이단한테 가면 가르쳐 돌아오게 할 수 있지."

그렇게 전 목사는 이모에 이끌려 좌중의 맨 끝에 앉았다고 한다.

이정순 전도사의 모습은 고등학교 때 방산시장에서 봤던 그대로였다. 사람들에게 여전히 '따발총'을 콩 볶듯이 쏘아댔고, 사람들은 그 총구에서 쏟아지는 '콩'들을 줍기에 여념이 없더라는 것이다. 뒤에 앉아있는 키 큰 총각에게는 전혀 관심을 두지 않았다고 한다. 여전히 성경 몇 장 몇 절을 쏘아 붙이듯이 읊었고 사람들은 여전히 적기에 바빴다. 마침내 한 둘씩 빠지던 사람들이 거의 다 사라질 무렵에 이정순 전도사는 전 목사를 바라봤다고 한다. 그러더니 "청년, 이리로 앞에 나와"라고 했다. 거부할 수 없는 분위기였다.

그래서 전 목사는 그 지시대로 앞에 나가 앉았다고 한다. 엉뚱하면서, 조금은 기괴한 행동이 벌어지고 있었다. 이정순 전도사는 고등학교 때 찾아간 방산시장의 한 방에서처럼 노래를 부르더라는 것이다. 그 노래는 전 목사의 기억에 또렷했다. '예수는 나의 힘'이라는 찬송이었다. 앞에 나가 앉은 전 목사는 뭔가 이상했다. 찬송을 부르던 이정순 전도사가 갑자기 자신의 무릎에 드러누웠으니 말이다. 그 때 이정순 전도사가 읊조리다시피 한 말을 지금도 전 목사는 생생하게 기억한다.

"이 고난의 강을 어찌 건널꼬?"

한탄이랄까, 아니면 기원이랄까. 아주 애매한 '예언'이다시피 했다. 당시 이정순 전도사는 예언과 예지의 능력으로 매우 큰 이름을 떨치고 있었다. 사람들은 성경 구절을 내뱉듯이 뿜어내는 그녀의 발언에서 미래를 향한 어떤 투시(透視)의 능력을 바라보고 있었다. 이정순 전도사는 말을 이어갔다.

"하나님 앞에 크게 쓰임은 받는데, 이 고난의 강을 어떻게 건널꼬?"

거듭 이어지는 말이었다. 그러나 분위기는 이정순 전도사의 울음 때문에 더욱 가라앉고 있었다. 그녀는 아예 전 목사의 몸에 자신의 몸을 기대면서 흐느꼈다고 한다. 소리는 감겼다가 다시 불거지기도 했다. 한참을 그렇게 소리 내는 울음, 소리 잦아진 울음이 이어졌다고 한다. 마침내 이정순 전도사가 몸을 일으켰다. 그러고서는 아주 엉뚱한 물음을 던졌다.

"총각, 애인 있어요?"
"애인이요…, 없는데요?"

짤막한 문답 뒤에 이정순 전도사가 보인 행동은 더 엉뚱했다. 느닷없이 전 목사의 손을 잡아 끌어올린 이정순 전도사는 그를 자신의 딸이 낮잠을 자고 있는 방에다가 밀어 넣더라는 것이다. 군대를 막 마치고 온 짧은 머리의 덩치 큰 총각을 시집도 가지 않은 자신의 젊은 딸 방에 밀어 넣는 일은 일반인의 상식으로 볼 때 매우 기괴한 짓이었을 테다.

# 27

# 평생 반려자와의 조우

전 목사의 평생 반려자, 그 이름은 서미영이다. 두 사람이 만나는 대목은 영화 같기도 하고, 소설 같기도 하다. 그러나 우선은 아주 엉뚱하다. 그렇게 미래의 장모 손에 이끌려 느닷없이 처녀의 방에 들어선 전 목사, 그리고 낮잠을 자다가 자신의 방으로 불쑥 들어온 키 큰 젊은이에 기겁을 했을 법한 그 장면이 먼저 그렇다. 난리에 법석이 일었을 법하다. 정말 '기겁'이라고 해도 좋을 그런 심리적 충격을 받았을 듯한 그 처녀는 역시 소리를 지르며 방 밖으로 뛰쳐나갔다고 한다.

마침 또 잠옷 차림이었다. 거실을 채웠던 사람들이 거의 다 흩어진 뒤였지만 처녀가 잠옷 차림으로 남들이 오가는 거실로 뛰쳐나가는 일도 참 드물고 드문 광경이 아닐 수 없다. 미래의 장모 이정순 전도사는 전 목사를 방에 밀어 넣을 때 딱 한 마디만 툭 내뱉듯이 던졌다고 한다. "둘이 잘 해보라"는 말이었다. 그러나 잠옷을 입고 아파트 문 밖으로 나갈 수도 없는 노릇이었다. 좀 있더니 서미영은 다시 거실로 나와 있던 전 목사 앞에 섰다. 아주 쌀쌀한 표정으로 그녀는 이렇게 말을 던졌다. 두 사람이 평생의 반려자로 처음 나눈 대화는 이랬다.

"뭐예요, 내 방에는 왜 왔어요, 왜 왔느냐구요?"
"아니, 내가 들어간 게 아니예요."
"그럼 왜 들어왔냐니까요?"
"그게 아니고, 전도사님이 방에다가 날 밀어 넣었다니까요."
"당장 나가요, 당장 나가. 다시는 우리 집에 오지 마세요."

당시의 난감한 상황에서 전 목사의 머릿속을 오가는 상념은 이랬다. '아, 정말 시끄럽게 떠드네' '내가 들어오고 싶어 들어왔나?' '전도사라는 저 여자는 도대체 뭐고, 딸이라고 하는 이 여자는 또 뭔가?' '오늘 참 나쁜 날이네' 등이었다. 그러나 참 묘하기도 했다. 보통 생면부지의 처녀 방에 총각이 떼밀려 들어갔다 하더라도 방주인이 소리를 치면 객이 먼저 튀어나오는 게 인지상정이다. 그럼에도 머뭇거리다가 방주인이 먼저 뛰어 나가는 일이 벌어졌다. 아무래도 무엇인가 끌고 당기는 구석이 있었던 모양이다. 이를 운명이라고 할까. 어쨌든 두 사람은 이런 해프닝을 통해 평생의 동반자로 맺어진다.

후일담부터 먼저 살펴보자. 전 목사는 아무래도 장모 이정순 전도사의 의도가 궁금했던 모양이다. 결혼 뒤 한참을 지난 다음 그는 드디어 당시의 이야기를 꺼내 이정순 전도사에게 물었다고 한다. "왜 그 때 저를 하나밖에 없는 딸의 방에 불쑥 밀어 넣으셨냐"고 말이다. 그러자 장모 이정순 전도사는 "자네가 아파트에 딱 들어오는 순간에 천사가, 천사가 벌써 자네와 내 딸이 결혼식을 올리는 장면을 보여줬어"라고 하더란다.

그러나 전 목사는 당시 한 번 내뱉은 그 집 딸의 말이 마음에 걸렸다고 한다. "다시는 우리 집에 오지 말라"는 그 발언이었다. 홧김에 한 말이라고 이해는 하면서도 워낙 쌀쌀맞게 내뱉은 말인지라 속으로는 '정말, 다시 오기는 어렵겠다'라고 생각했다는 것이다. 연애라는 경험을 전혀 하지 못한 젊은 신학교 학생의 처지였다. 그리고 경제적인 형편이 넉넉하지 않았기에 연애라는 것을 생각하지도 못했다. 머뭇거리면서 이제는 아파트 밖으로 나가려는 전 목사에게 미래 장모 이정순 전도사는 다시 다가왔다고 한다. 은근하게 이런 말까지 하면서 말이다. "전도사님, 다음에 또 오세요." 그러면서 이정순 전도사는 돈 봉투를 건네더란다. 나중에 봉투 속을 열어 본 전 목사는 깜짝 놀랐다. 그 안에는 자그마치 50만원이 들어있었다. 전 목사의 회고에 따르면, 당시 강남 개포동의 연탄을 때는 소형 아파트의 가격이 480만원 정도였다고 한다. 그 아파트 가격의 10분의 1이 넘는 돈을 용돈으로 받아든 전 목사의 심정은 참 착잡했다.

전광훈, 자유 통일의 길

그러나 전 목사는 그 나름대로의 스타일이 있다. 돈을 가능하면 통쾌하게 쓰는 버릇 말이다. 군대에서도 그런 기질은 아주 유감없이 발휘된 적이 있다. 제 몫으로 나온 건빵을 아껴 뒀다가 교회로 이끌어야 할 동료들에게 나눠준 일, 1만 2천원 남짓의 월급을 통틀어 죄다 초코파이를 사서 훈련장 동료들에게 베푼 일 등이 다 그렇다. 이 점은 나중의 목회자 시절, 현재의 애국 운동의 모든 여정에서도 고루 나타난다.

아무튼 그가 미래의 장모로부터 받은 '거금'을 쓴 대상은 역시 동료였다. 그러나 군대의 동료가 아니라 신학교에 함께 재학 중이었던 동료들이었다. 그는 함께 수학하는 동학들에게 이 돈을 기꺼이, 재미나게 썼다고 한다. 책값이 부족해 책을 못 사는 동학에게는 책값을, 배가 고픈 동기생들에게는 또 맛난 음식을, 생활비가 궁한 친구에게는 또 용돈을 손에 쥐어주는 식이었다고 한다. 그렇게 전 목사는 이정순 전도사가 건네 준 '거금'을 금세 다 써버렸다고 한다. 그 큰 액수가 바닥을 보일 무렵은 용돈으로 봉투를 손에 받아든 지 불과 일주일 남짓이었다는 것이다. 당시 일반인 생활형편에서 따져보자면 매우 큰 '낭비벽'을 지닌 사람으로 보였을 법하다. 달리 한편으로는 '돈 개념'이 전혀 없는 사람으로 비쳤을지도 모른다.

전 목사의 기질도 이 대목에서 크게 엿보인다. 그는 모친으로부터 물려받았을 법한 그런 기질이 있다. 일을 만들어가는 과정에서 재물을 어떻게 다루느냐는 쪽에서다. 무언가 일을 꾸미고 그를 성사시키려면 '방편'이 필요하다. 그 방편은 대개 돈, 또는 흔히 재물이라고 하는 그것과 관련이 있다. 세상만사 모든 일을 다 돈과 재물로 설명할 수는 없으나, 자본이 중심이 돼 돌아가는 사회에서는 도무지 피할 수 없는 '방편'이라는 것이 결국은 돈과 재물로 이어질 수밖에 없다.

'일자무식'이라고 표현은 해도 그의 모친은 이 방면에서 꽤 탁월한 재물 다루기, 즉 이재(理財)의 능력을 지닌 사람이다. 자신의 친정 고향으로 터전을 옮긴 뒤 굶주림만 간신히 면할 정도로 가족들의 식량을 아끼고 아껴 아들 광훈이 중학교에 들어갈 무렵에는 고향 땅 논밭의 절반 이상을 매입했다고 하니 말이다. 결국 전 목사 모친이 피땀 흘려 모은 돈은 아들의 강박에 몰려 고향에 교회 짓기 등으로 펼쳐졌음은 이미 적은 사실이다.

아들은 그런 모친의 기질을 이어받았음이 분명해 보인다. 그러나 그의 '이재' 능력은 차원이 조금 다르다. 더 호기롭게 돈을 쓰면서, 더 크고 우람한 일을 기획하고 이루려는 데 주력하는 스타일이다. 이 점은 전도사로서, 목회자로서 크게 성장하는 나중의 과정에서도 자주 드러난다. 아무튼 미래 장모가 준 용돈을 일주일 남짓에 다 써버린 광훈은 또 금세 이정순 전도사의 용돈이 그리워졌다고 한다. 궁색한 이 친구 저 친구에게 돈 나눠주는 맛이 또한 제법 그럴 듯했던 모양이었다.

그래서 반포 아파트를 또 찾아갔다고 한다. 그러나 이정순 전도사의 용돈이 그리웠는지, 아니면 운명으로 맺어지는 평생의 반려자로부터 어떤 끌림을 받았던 것인지는 분명치 않다. 둘 다였으리라 여겨지기는 하지만, 전 목사는 "용돈 쓰는 일이 어떻게 재미있었던지, 금세 또 반포로 발길을 향했다"고 회고한다. 이정순 전도사의 딸을 아내로 맞이할 수 있겠다는 생각은 그리 들지 않았다고 한다. 전 목사는 "아무래도 '관리비'가 많이 들을 수 있겠다"는 점이 먼저 마음에 걸렸다고 한다. 잘 사는 집에서 자란 사람들에게 따르는 여러 비용을 감안한 말이다. 아무튼 이정순 전도사의 딸은 자신과 여러 모로 비교가 되는 사람이었다. 우선 부유해 보였고, 성격도 매우 도도해 보였기 때문이다. 그런 여성을 아내로 맞이하기 위해서는 신경을 많이 써야 할 텐데, 목회자로서 어떤 험난한 길도 걸어야겠다는 자신의 포부와는 여러 모로 맞지 않는다고 봤기 때문이다.

# 28

## 연애, 그리고 결혼

이정순 전도사는 어쩐 영문인지는 모르겠지만 불쑥 불쑥 찾아오는 전 목사를 아주 반겼다고 한다. "아유, 전도사님 또 오셨네"라고 하면서 말이다. 그리고는 헤어질 때 꼭 50만원의 '거금'을 봉투에 담아 그의 손에 쥐어주었다. 몇 차례인가 그런 일이 반복해서 이어진 뒤라고 한다. 이정순 전도사는 그렇게 반포 아파트에 찾아온 전 목사에게 "잠시 기다리시라"고 한 뒤 방안에 있던 딸을 불러냈다고 한다. 조금은 어색한 장면이었을 듯하다. 이정순 전도사는 딸에게 "전도사님 이렇게 오셨으니, 둘이 밖에 나가서 탁구라도 치고 와"라고 말했다.

그러나 모친의 그런 발언에 단박에 넘어가 "네, 알았어요"라고 할 처녀가 어디 있을까. 두어 차례 그런 모친의 권유를 무시하던 서미영은 마침내 응답했다고 한다. "알았어요 엄마, 전도사님 그럼 따라 오세요"라고 하더란다. 그러나 얼굴은 아직 쌀쌀한 표정이었다. 주춤거리던 전 목사도 마지못해 따라 일어섰다. 두 사람은 그렇게 '첫 데이트'에 어느덧 나서고 있었다. 어쩌면 밀고 당기는 그런 과정의 초입이었다. 아니나 다를까. 처녀 서미영은 밖으로 나와 다방으로 가자더니 앉자마자 이런 공세를 펼쳤다고 한다. 밀고 당기기의 '밀어내기' 전술이었다. 두 사람의 대화는 이렇게 이어졌다.

"왜 와요, 우리 집에 오지 말라고 했잖아요."
"아니요, 저는 그냥 전도사님 용돈 타러 왔어요."
"…."
"…."
"그러면, 지금 뭐 하는 사람이에요?"
"신학교 다니다가 군대 다녀와서 이제 복학했어요."
"앞으로 무슨 일 할 거예요?"

그러자 느닷없이 전도사 전광훈은 다방의 종업원에게 "메모지 좀 가져다 달라"고 부탁을 했다. 그는 이어 세계지도를 그 메모지에 그렸다고 한다. 이어 메모지 위에 태평양으로 정한 한 곳에 조그만 건물을 그려 넣었다. 그러더니 그녀를 향해 호기롭게 한 마디를 던졌다.

"나 말이요, 이거 지으려고 해요. 세계 기독청 말입니다."

그러나 바로 돌아온 대답은 아주 쌀쌀 맞았다. "거짓말 하지 마세요"였다. 다시 이어지는 둘의 대화다.

"지금은 이렇게 보이지만, 나는 꼭 세계 기독청을 지을 겁니다."
"하여간, 신학생들은 입만 열면 저렇게 뻥을 친다니까…."
"정말입니다. 내 속에서 들리는 음성이요."

버스비가 없어서 걸어 다니고, 식비가 없어서 굶는 사람이 이런 큰 비전을 이야기하니 서미영 사모는 한 귀로 듣고 한 귀로 흘렸다고 한다. 서미영 사모는 현실적인 문제 때문에 많은 고민을 했지만, 전 목사의 성실함과 열정을 보면서 뭘 해도 하지 않겠느냐는 생각으로 헤어지지 않고 계속 연애를 했다고 한다. 하지만, 하나님께서 짝지어 주신 배우자임에 대한 확신이 서지 않았다고 한다. 그렇게 약 5개월이 흐른 뒤에 서미영 사모는 전 목사에게 한 가지 제안을 한다.

"우리가 정말 하나님께서 맺어주시는 배우자인지 기도해요."

그렇게 전 목사는 한얼산기도원에서, 서미영 사모는 집에서 2주 정도 기도했다고 한다. 그때 서미영 사모는 꿈을 꾸었다고 한다. 그 꿈의 내용은 이렇다. 전쟁이 나고 폐허가 된 곳에서 어떤 남자가 옷도 거지같이 입고 먼지가 풀풀 나는 상태에서 뚜벅뚜벅 걸어왔는데, 얼굴엔 빛이 나고 있었단다. 얼굴을 보려고 애를 썼지만, 얼굴은 전혀 보이지 않았다고 한다. 그때 귓가에 "저 사람이 준비된 남편이다"라는 음성에 깜짝 놀라며 얼굴을 보니 전 목사의 얼굴이었다고 한다. 서미영 사모는 이 꿈을 꾸고, 전광훈 목사가 '하나님께서 맺어주신 내 남편이구나' 하는 확신을 가지고 적극적으로 행동하고 결혼을 결심한다. 전 목사 또한 기도원에서 하나님의 응답을 받고 내려왔다고 한다.

# 29

## 그 장모에 그 사위

사람은 비슷하게 모일 수 있다. 자신이 어떻게 삶을 살아가겠다는 근본적인 지향이 같고, 그 길을 가기 위한 방법에서도 비슷해지면 어차피 사람은 한 테두리에 묶이는 법이다. 하나님의 사명으로 먼 길을 가려고 나선 사위, 그리고 같은 삶의 지향 속에서 그 점을 일찍 알아보고 자신의 외동딸을 선뜻 시집보낸 장모가 그 사례다. 전광훈 목사와 이정순 전도사의 얘기다.

전 목사는 하사관 학교를 나와 전차 부대의 부사관으로 군대를 마쳤다. 그 과정은 앞에서 적은 그대로다. 두 사람을 사위와 장모로 엮어준 이는 또한 앞서 소개한 대로 전 목사의 이모다. 기이한 만남이었고, 기이한 전개였다. 가세로 볼 때 서울의 신흥 부촌이었던 강남의 반포 아파트에 살며 당대의 유명한 기독교 인사들을 예언 기도로

전광훈, 자유 통일의 길

쉽게 설복하며 무수한 사람들로부터 추앙을 받던 이정순 전도사와 보잘 것이 크게 없는 시골 농촌 출신의 신학대학교 학생 출신 전도사의 만남 과정 말이다.

전 목사는 연애한 지 여덟 달 만에 결혼에 골인했다. 하나님의 응답을 받은 후, 서미영 사모의 적극적인 행동 때문이었다. 이정순 전도사의 권유로 전 목사를 만났지만, 서미영 사모는 하나님께서 꿈에서 준비된 남편이라고 응답하셨기에 확고한 믿음으로 결혼을 추진했다고 한다.

이정순 전도사는 기독교를 믿지 않는 일반인의 시선으로 볼 때 아주 기이한 스타일이다. 자신의 소중한 외동딸을 시집보내는 과정 전반이 그렇고, 지독하다 싶을 정도의 신앙 자세도 그렇다. 전 목사가 드디어 결혼식을 마치고 신혼의 달콤한 여정에 올랐을 때도 그녀의 성정은 그대로 드러난다. 우선 결혼 혼례를 끝내고 전 목사와 서미영 여사가 첫 날 밤을 보내던 날이었다고 한다. 장모 이정순 전도사는 바로 짐을 챙겨 어딘가로 떠났다고 했다.

행선지는 '산'이었다고 한다. 자신이 기도를 드리는 곳으로 곧장 짐을 챙겨 떠났다는 것이다. 초저녁에 집을 나가 산으로 향한 뒤 밤새 기도를 드리고 오더라는 말이다. 보통의 장모라면 어떻게 행동할까. 대개는 시집보낸 딸의 뒤치다꺼리를 도맡거나, 적어도 신혼부부가 신혼여행 길에 올라 어떻게 자신의 딸이 첫 밤을 보내는지 우려 반, 기대 반 등의 심리로 있을 것이다. 집에 머물며 전화통을 붙잡고 딸 부부가 속히 전화를 해주기를 기다리면서 말이다.

전 목사는 그런 장모의 산행 기도를 직접 따라간 적이 여러 번 있다. 특히 신혼 초에 따라 나서 직접 현장을 다녀온 경험이 있다. 결혼 후 얼마 지나지 않은 날이었다고 한다. 결혼 후에도 변함없이 존대를 하던 장모는 문득 집을 찾아와 전 목사에게 "전도사님, 우리 산기도 한 번 하러 갑시다"라고 했다. "그래요, 가시자구요"라면서 이정순 전도사와 전 목사 부부는 길을 나섰다고 한다. 추운 겨울의 저녁이었고, 마침 눈발도 흩날리고 있었단다.

가고자 했던 곳은 삼각산, 즉 지금의 북한산 꼭대기 통일봉이었다. 배낭에다가 필요한 짐은 다 구겨 넣었고, 마침 사위가 함께 나선 길이라 전 목사가 그 무거운 짐을 다 멘 상태였다. 끙끙 거리면서 산 꼭대기에 도착한 뒤에 장모는 조금의 망설임도 없이 눈밭에다가 담요를 깔았다고 한다. 그러고서는 바로 기도와 함께 방언을 시작했다. 전 목사 또한 그렇게 담요를 땅에 깐 뒤 기도를 따라하려고 했단다. 그러나 30분도 채우지 못했다는 것이다. 눈발이 흩날리는 매서운 추위의 겨울에 땅바닥에 몸을 붙이고 기도를 한다는 일은 얼마나 어려운가. 전 목사는 당시를 이렇게 회상한다.

전광훈, 자유 통일의 길

"나는 30분도 버티지 못하고 일어났다 앉았다, 저쪽 이쪽 오가면서 몸을 풀거나 어쩔 줄 몰라 하다가 결국 잠깐 기도를 다시 했습니다만, 장모님은 아예 한 자리에 풀썩 앉아 기도를 하는데 밤새 한 번도 쉬지를 않습디다. 표현이 적당할지는 몰라도, 아주 지독하다는 생각 밖에는 다른 생각이 들지 않더군요. 그리고 방언을 하시면서 하나님과 대화를 하는 듯 보이는데, 마치 하나님과 파이프로 연결을 해놓고 말씀을 나누는 듯한 모습이었습니다."

'지독하다'해도 좋을 정도의 믿음, 열성이라는 단어만으로는 설명하기 힘든 헌신적 기도, 전 목사의 표현대로라면, 이정순 전도사는 '영이 아주 맑은 사람'으로 기독교 사회에서 '영계의 대가'라는 별칭으로도 불리곤 했단다. 특히 예언 기도가 아주 빼어나서 우리나라 기독교계의 큰 인물들이 자주 찾아왔다. 그 대표적인 인물이 앞서 소개했듯 전 영락교회 당회장이었던 한경직 목사다. 아울러 강달희 목사와 오관석 목사 등 유명한 교계의 원로들이 이정순 전도사를 매우 존중했다고 한다.

그런 '걸출한' 장모 밑에서 성장한 딸과 결혼을 했으니 전 목사는 어느 정도 기에 눌렸을 법도 하다. 교계에서 얻은 명성, 그에 따른 재력의 증강, 사회적 명망 등에서 아무래도 전 목사와 그 친가는 견줄 수준이 아니었다. 그의 성장기, 특히 유년과 소년 시절의 배경만 봐도 그렇다. 그는 낙동강 줄기가 한 번 더 굽이를 치는 경상북도 의성군 출신이다. 누차 언급했듯 그곳은 당시에 산간벽지에 불과했다. 이런 저런 곡절을 거쳐 서울에 올라와 신학교를 다니고, 전도사 길에 들어섰다고는 하지만 여러 모로 전 목사와 서미영 여사의 혼인은 '기울기'가 뚜렷한 그림의 맺어짐이었다.

그럼에도 신혼에 이어 전도사 전광훈은 점차 튼실한 종교인으로 실력과 명성을 쌓아가는 과정에서 그런 처가의 위세에 눌린 흔적은 별로 없다. 오히려 그와는 거꾸로 펼쳐지는 상황이 더 많다. 특히 그 교계에서 이미 그 명망을 대단하게 떨치고 있던 장모 이정순 전도사의 뜻은 전도사 전광훈의 의지에 번번이 꺾여 기를 펴지 못하는 일이 잦았다. 아울러 장모의 딸이자 자신의 아내인 서미영 여사와도 제법 큰 고비를 넘기기도 한다. 서로 다른 환경에서 자란 두 사람이 맺어지는 과정은 늘 순탄치만은 않은 법이다.

전광훈, 자유 통일의 길

# 30
## 피로 얼룩졌던 찬송가

우직해서 갈 길을 끝까지 가고 마는 성격이 전 목사에게는 있다. 타고난 성정(性情)이라고 해도 좋을 대목이다. 옳다고 믿는 방향으로 그는 직진을 하는 스타일이다. 좌고우면이라는 것은 전혀 없다. 한 번 몰입하면 끝장을 보고서야 비로소 숨을 돌리고 좌우를 바라본다. 그 전까지는 거센 바람의 질풍(疾風), 사나운 물결의 노도(怒濤)와 같다. 그런 타고난 성정은 자살 충동이 실제 투신으로까지 이어질 뻔 했다가 겨우 아내 서미영에 의해 되돌려진 뒤 다시 시작한 사역의 과정에서 또한 유감없이 드러나기 시작한다.

그는 아내의 설득이 있고 난 뒤 겨우 기력을 회복했다. 이어 평소에 "내 교회에 와서 전도사를 맡아달라"고 했던 강사랑 목사를 찾아가서 도움을 요청했다고 한다.

"목사님, 사역을 6개월 정도 쉬었는데, 이제는 오갈 데가 없습니다."

"그래서 내가 오라고 그랬잖아. 이 바보 같은 사람아…."

"사역을 중단하니 참 힘이 들었어요."

"아예 7년을 계약하자."

"7년이나요? 목사님, 저는 7년 아니라 70년 동안이라도 목사님만 쫓아내지 않으시면, 제가 여기서 붙박이로 부목사를 하면서 목사님 모시겠습니다. 저는 당회장도 싫습니다."

"아니, 그래도 성장하려면 단독 목회를 해야지."


그래서 그는 강 목사의 교회에서 본격적인 전도사의 길을 갈 수 있었다. 그러나 한 달이 지났는데도 강 목사는 이렇다 할 직분에 대해 언급이 없었다. 예를 들면, 주일학교나 중고등부 등 맡아야 할 구역을 아예 정해줄 분위기가 아니었다고 한다. '돌직구' 스타일의 전 목사는 바로 당회장 사무실을 노크도 없이 열고 들어갔단다.


"목사님, 목사님. 여기에 저더러 오라고 하시고서는 주일학교나 초등부, 소년부나 이렇게 뭘 맡겨주셔야 하는 거 아닙니까?"

"뭐? 맡겨달라고? 무슨 직분을 내가 임명해? 네가 스스로 찾아서 해야지."


강 목사의 꾸지람은 전 목사의 뇌리에 번개처럼 꽂혔다고 한다.

"스스로 해야지"라는 말이다. 전 목사는 아주 사소하다고 할 수 있는 그 대목에서 크게 깨달았다고 한다. 사역의 길에 나섰으면 수동적이어서는 안 된다는 깨우침이었다. 그는 스스로의 소극적인 면모를 이로써 일거에 불식했다고 한다.

그는 우선 자신이 그 교회에서 가장 능력을 잘 발휘할 수 있는 일을 우선 생각했다. '준비 찬송'이었다. 지금도 전 목사의 주먹 한 구석에는 흉터가 남아 있다. 당시 교회의 경제적 형편에서 찬송을 위한 드럼은 잘 갖출 수가 없었다. 대신 주먹으로 두드리는 일이 일반적이었다. 그는 그런 준비 찬송을 위해 사정없이 자신의 주먹을 연단에 두드리고 또 두드렸다고 한다.

하루는 교회 부흥회를 하는데 임영재라는 목사가 왔다. 그는 주기철, 손양원, 길선주, 이성봉, 조용기, 신영균으로 내려오는 기독교의 유명 부흥 목사 반열에 이름을 올릴 수 있을 만큼 대단한 성결교회 출신의 목사였다고 한다. 그 임영재 목사가 부흥회를 이끄는 날이었다. 숙소를 서울역 인근 힐튼호텔에 잡았었는데, 교회를 오면서 마침 찬송가집을 호텔에 두고 왔다고 한다. 그러더니 그는 전 목사를 불렀다.

"어이, 키 큰 전도사. 찬송가 가지고 이리 오게. 내가 깜빡 호텔에다 두고 왔는가봐."

찬송가를 가져다 달라는 주문이었다. 이어 그는 전 목사가 가져다 준 찬송가를 이리저리 뒤적이더니 느닷없이 "여기 제법 쓸 만한 사람 하나 있네. 자네 일어서"라고 하더란다. 전 목사의 찬송가집에 얼룩진 핏자국을 본 것이었다. 준비 찬송을 하면서 부서져라 손을 두드리다 흘린 피가 이리저리 얼룩으로 묻어 있는 책이었다.

그러나 본래 준비 찬송을 맡은 사람이 영 자리를 비켜 줄 낌새가 아니었다. 전 목사는 기다리고 또 기다렸다. "언젠가는 제게 꼭 준비 찬송을 맡겨주소서"라는 기도가 늘 따랐다. 어느 날인가 하루는 교회에서 원래 준비 찬송을 맡았던 사람이 예배 시작 5분 전에도 나타나지 않았다고 한다. 드디어 그에게 기회가 왔다. 그는 아주 열심히 연단을 두드리며 핏빛 준비 찬송을 했다고 한다. 확 달라진 예배 분위기를 보고 교회 목사는 이렇게 말했다고 한다.

"오늘 준비 찬송하신 전광훈 전도사님이 너무 은혜롭게 하시는 모습을 보니 다음 주부터 준비 찬송은 전광훈 전도사가 하도록 하겠습니다."

그로써 교회의 준비 찬송은 전 목사의 차지였다. 그러나 한 고비를 넘으면 주저앉아 쉬어가는 일이 대개의 사람들이 보이는 습성인데, 전 목사는 그렇지 않았다. 한 고비 너머 다른 고비를 바라보는 '일욕심'이 아주 대단한 사람이다. 그 일이라는 것 자체가 자신의 믿음

전광훈, 자유 통일의 길

을 모두 쏟아 넣은 신앙의 영역이었고, 그는 다른 무엇보다 그 사역을 완수하는 데 목숨마저 걸고 덤빌 만큼의 성격을 지닌 거세고 당찬 사람이었다.

그는 다음 대상으로 '새벽 기도'를 바라봤다고 한다. 그런 마음 자세의 바탕은 "천국은 침노하는 자가 빼앗는다"라는 성경의 '말씀'이었다. 호랑이가 토끼를 잡을 때도, 매가 참새를 잡을 때도 모든 힘을 기울여 전력투구를 하듯이 조금의 방심 없이 최선에 최선을 다 해야 한다는 그 믿음 때문이었다. 그러나 새벽 기도 역시 준비 찬송처럼 "내가 맡겠다"고 해서 바로 맡겨지는 일이 아니었다. 아주 추운 겨울이었고, 새벽 기도를 위해 이동하는 거리도 당시의 교통 편 때문에 조금도 수월한 구석이 없었다. 교회는 서울역 인근 청파동, 전 목사의 살림집은 동대문구 장안동이었다.

새벽에 일어나 두 곳 사이를 다닐 교통 방편이 거의 없어 전 목사와 그 아내는 동대문에서 슬리핑백이라는 것을 두 개 구매해서 아예 교회의 복도에 있는 긴 의자를 잠자리로 삼아 그 위에서 잤다고 한다. 그러나 교회의 새벽 기도 담당자 또한 별도로 있는 상황이었다. 그 담당자가 자리를 비켜주지 않는 한 그 몫을 차지하기는 어려웠다. 그러나 그런 겨울의 추위에서 두 사람은 교회의 긴 의자에 누워 슬리핑백으로 몸을 감싼 채 매일을 기다렸다고 한다.

하루는 영하 10도 이하로 기온이 곤두박질을 쳤다. 이빨이 덜덜 떨리고 말이 잘 나오지도 않는 추위였다. 그 추위에 잠이 깬 전 목사는 아예 슬리핑백에서 나와 동네를 한 바퀴 뛰었다고 한다. 그러면 이빨이 덜덜 떨리는 현상은 멈췄다. 한 두 마디에 이어 말을 뱉어보니 그 또한 정상으로 돌아온 상태였다. 마침 새벽 기도는 그 교회의 부목사가 담당이었다. 그러나 추위 때문인지 부목사 담당으로 벌어져야 할 새벽 기도가 아직 열리지 않고 있었다. 그 때 교회의 수석 장로가 전 목사에게 다가왔다고 한다.

"새로 오신 전도사님."
"왜요."
"오늘 날씨 탓인지 교역자가 전멸이에요, 전멸."
"…"
"그러니까, 새 전도사님이 새벽 기도 인도하세요."

'아, 정말 이런 날이 오는구나!' 속으로 쾌재를 불렀을 듯하다. 그는 정말 사역에 몰입하고 있었다. 무슨 일이든 사역이라고 하는 영역에서 모든 것을 불살라 덤벼들 마음가짐이었다. 새벽 기도를 맡을 수 있도록 해달라는 간절한 기도가 또 이렇게 이뤄지고 있었다. 오랜 단련은 그에게 기본이었다. 간절한 기도와 끝없는 성경 말씀 공부, 그에 오로지 모든 힘을 기울이는 정성은 드디어 빛을 발할 차례였다. 그는 15명 정도의 교인들이 기다리는 새벽 기도의 강단에 올라섰다.

새벽 기도의 패턴이라는 것이 꼭 정해지지는 않았으나, 대개는 성경을 읽으면서 그를 차분히 설명하는 방식이 기조를 이룬다. 그가 시도한 방식은 조금 파격적이었다. 우선 그는 마태복음 1장을 아예 외웠다고 한다. 사람들의 반응이 아주 뜨악했다고 전 목사는 기억한다. 암송을 마친 전 목사는 5분 남짓 설교를 이어갔다. 이어 그는 신자들에게 통성기도를 하도록 이끌었다고 한다. 전 목사는 당시를 이렇게 회고한다.

"그 때 새벽 기도 현장에 또 야단이 벌어졌어요. 안수집사 부인이 입신에 들어가 버렸지요. 그래서 교회 전체가 아주 발칵 뒤집어졌지요."

그를 지켜봤던 교인들은 부흥회를 끝내고 돌아온 목사에게 이렇게 간곡히 말을 전했단다.

"이제 앞으로 부흥회 가시거든 새벽 기도는 새로 온 전광훈 전도사에게 맡기세요. 목사님 없을 때 하도 추워서 교역자가 나오질 않아 새벽 기도를 전광훈 전도사에게 맡겼는데 그냥 성령이 마구 떨어지던데요."

새로 등장한 강력한 성령의 전도사는 이렇게 차츰 대한민국 기독교계의 일각에서 자리를 잡아가고 있었다.

# 31

# 전도에서의 '전광훈 스타일'

사람의 기질이 왕성하면 일을 좀체 멈추지 않는 법이다. 기골이 장대한 편인 데다가 자신의 믿음이 확고하면 '돌직구' 스타일로 질주하면서 앞뒤와 좌우를 잘 가리지 않는 사람이 전광훈 목사다. 준비 찬송에 이어 새벽 기도의 영역까지 '천국은 침노하는 자가 빼앗는다'라는 성경 말씀에 의지해 좌고우면 없이 직행만을 거듭하던 전광훈 전도사는 아예 그 교회의 '화장실 청소' 영역까지 넘본다. 웬만한 사람들은 그의 질주를 멈출 수가 없을 정도다.

그는 교회의 화장실을 하루 다섯 번에 걸쳐 빡빡 밀고, 싹싹 쓸고, 번쩍 번쩍 빛을 낼 정도로 '하이타이'를 탄 물로 씻어내기 시작했다. 요즘 설교에서도 자주 언급하듯이 "나는 놀아도 교회에 가서 논다"는 마음가짐 때문이었다. 화장실 청소는 누구나 기꺼이 하는 일은 아니다. 그런 까닭에 화장실 청소는 다른 어떤 교인들의 특별한 '방해' 없이 자연스레 전 목사의 몫으로 넘어왔다고 한다. 단지 교회의 목사께서 이런 당부는 잊지 않았다고 한다.

"전도사 당신이 화장실 청소를 너무 열심히 해서 좋기는 한데, 수돗물 값이 너무 많이 나와. 좀 적당히 해줬으면 좋겠어."

'천국을 침노하는 사람' 전광훈은 드디어 교회의 어른 교구를 또 바라보고 있었다. 온힘을 기울여 거듭 자신의 믿음이 가리키는 길을 향해 나아가고, 또 나아가는 사람이 교회의 '새 전도사' 전광훈이라는 사람이었다. 그는 멈출 줄 모르는 기관차, 일단 분출을 하면 그 누구도 막을 수 없는 활화산과 같은 사람이었다. 새로 온 전도사라기보다는 '천국을 침노하는 사람'처럼 전심전력으로 공격할 방향으로 거침없이 질주하는 승부사에 가까웠다.

'놀아도 교회에서 논다'는 그의 신념대로 교회에서 시간을 보내고 있던 무렵이었다. 여자 구역장 한 사람이 느닷없이 전 목사를 찾아왔다.

"아휴, 전광훈 전도사님, 저 좀 봐요."
"왜요?"
"혹시 시간 좀 있으세요? 우리 교구 여 전도사님이 구역 예배 드리기로 약속을 했는데, 뭔 일 때문인지 갑자기 못 온다고 그럽니다. 나는 구역 공과 준비도 안 하고 설교도 못해요. 전도사님이 혹시 시간이 있으시면…."

　기다리던 일이었다. 그러나 기회가 온다고 일이 곧바로 이뤄지지는 않는다. 우연히 닥친 기회라고 하지만 그것을 자신의 행운으로 잡아채는 사람과 그렇지 못하는 사람으로 나뉜다. 철저한 단련으로 아주 막강한 축적을 쌓은 사람에게 '기회는 곧 찬스'다. 그러나 준비를 해두지 못한 사람에게 그런 기회는 그저 물거품일 수밖에 없다. 전 목사는 자신의 믿음 속으로 일찍이 침잠(沈潛)했던 사람이다. 믿음 속으로 자신을 오로지 파묻었고, 그로써 깊은 내공을 축적했던 이력이 있다. 그런 사람에게 닥치는 기회라는 것은 제 내면이 밖으로 분출하는 통로였다.

　그는 곧 '명사'로 취급받았다고 한다. 구역장의 소개로 예배를 이끌면서 기도를 드렸는데, 교인들 사이에서 "전도사님이 매우 신령하다"는 소문이 돌았다고 한다. 기도를 거듭 올리는 과정에서 듣게 된 가정사 비밀 등이 있었는데, 사람들은 어쩐 영문인지 "전도사가 기도를 통해 다 본다고 한다"는 내용으로 전해졌기 때문이라는 것이다. 우연에 우연이 겹친 현상이다. 그럼에도 전광훈 전도사는 금세 소문을 타면서 유명해졌다고 한다. 여기저기서 "우리 구역에 와주세요"라는 주문이 쏟아졌다는 것이다. 교회 목사는 그런 전광훈을 우대할 수밖에 없었다. 연말에는 급기야 이런 선언을 했다.

"앞으로 내가 없을 때는 전광훈 전도사가 대신 할 겁니다. 아직은 신학교를 다니는 신분이기는 하지만, 내 다음의 사람으로 이제 내세우니 모든 교역자들과 장로님들은 전광훈 전도사에게 순종하시오."

새로 교회의 한 '실력자'가 등장한 셈이다. 이럴 경우에는 권세라는 것이 있어서 판이 다시 짜이는 경우가 흔하다. 그러나 새로 등장한 '실력자'는 어떤 사람이었을까. 호락호락해서 잘 넘어가는 사람이었을까, 아니면 불을 입에 머금은 뜨겁고 거친 사람이었을까. 일을 이뤄가는 솜씨는 전광훈 목사가 외탁으로 받은 게 있다. 매섭고 집요한 그 어머니의 일솜씨 말이다.

게다가 남성으로서의 뚝심이 보태졌다. 또 정해진 목표를 향해 맹렬하게 돌진하는 기질이 있다. 아울러 믿음으로 무장해 조금도 남의 눈치를 보지 않는 굳건함이 있다. 이런 사람은 교회의 일에 어떻게 나설지 궁금하다. 전 목사는 스스로 "교회 목사님으로부터 다음 사람으로서 내세운다는 언약을 받고서는 내 책임감을 다하기 위해 여 전도사들을 아주 세게 몰아쳤다"고 술회한다.

그는 우선 교회 정문 입구에 각 교구 별로 도표를 그렸다. '이번 주 어떤 교구에서는 새 신자가 몇 명이 왔고, 십일조 하는 사람은 몇

명이다'를 명시했다. 하나하나씩 체크를 하면서 모든 사람들이 또한 그를 보게 만들었다. '믿음에 충실하지 않은 사람'이라는 불명예는 교인, 특히 전도사들에게는 매우 치명적이다. 그러나 목표를 정한 뒤에는 쉽게 타협에 들지 않는 전 목사의 성격은 이때에도 조금의 유감도 없이 발휘됐던 모양이다.

교회 소속의 여 전도사는 모두 일곱 명이었다고 한다. 성적 때문에 울고 웃는 사람들이 생겨났다고 한다. 통계는 어김없이 낸 뒤에 바로 교회 정문에 내걸리곤 했다. 꼴등하는 사람은 아예 사표를 내라고 독촉도 했다. "전도사 이름이나 걸었지, 사명을 받은 사람이 교구 부흥도 못시킬 거면 차라리 그만 두라"면서 말이다.

그러나 전 목사는 '초코파이'를 잘 챙겼다고 한다. 군대에서 동료들을 교회로 이끌기 위해 하사관 월급 1만 2천원을 몽땅 털어 사서 훈련장에서 나눠 줬던 그 '초코파이' 말이다. 그러나 여성 전도사들이었다. 그들에게 가장 인기를 끌었던 물건 중의 하나는 스타킹이었다고 한다. 그는 품질 좋은 스타킹을 많이 구매해 자신이 독촉하면서 모질게 몰아 붙였던 여 전도사들의 책상에 몇 개씩 놔뒀다고 한다. 그로써 독촉 속에 숨어 있는 전 목사 내면의 따뜻한 감정을 전달했다는 것이다.

초등학교 학생들을 교회로 인도하기 위해 '가리방'을 긁어 상품권을 만들었고, 군대의 동료들을 십자가 앞으로 오도록 건빵과 초코파이를 베풀었다. 쉽게 지치거나 감성의 세밀함 때문에 마음 갈피를 잘 잡지 못하는 여성 전도사들을 위해서는 독촉과 함께 스타킹을 사서 나눠주는 방식을 택했다. 단순한 물량 공세라고 볼 수도 있지만, 그는 자신이 옳다고 여기는 믿음의 한가운데를 향해 만사 제치고 달려드는 스타일이다. 목표를 향한 '길'의 설정 능력이 매우 강력하고, 그 방향에 매진하기 위해서는 현실적으로 운용 가능한 방법을 최대한 동원하는 전 목사 특유의 스타일이 점차 모습을 드러내는 대목이다. 이런 스타일은 이후 좀 더 많은 경험을 통해 볼륨을 점차 키워간다.

# 32

## 돈을 대하는 방식

교회는 부쩍 활기를 띠고 있었다. 강력한 전도의 '중심'이 생겨났기 때문이다. 여성 전도사들은 신자들을 인도하기 위해 안간힘을 쓰기 시작했다. 그 뒤에 냉혹하고 철저하지만, 인정을 결코 외면하지 않는 전광훈 전도사가 버티고 있었기 때문이다. 교회의 목사는 연일 싱글벙글이었다고 한다. 밖의 부흥회를 열심히 다녀도 교회는 일사불란하게 잘 움직이고, 신자의 증가세는 너무 뚜렷했기 때문이다. 작고 하찮은 일, 잘 보이지 않는 미세한 구석 등을 모두 챙기면서 모든 힘을 기울여 '올인'하는 새 전도사의 힘은 매우 강력했다.

그러던 어느 날이었다고 한다. 교회를 새로 짓는다는 계획이 나왔다. 교회를 새로 짓기 위해서는 건축 헌금이 필요했다. 매우 활발한 전도 능력으로 교회를 제대로 발전시키는 좋은 흐름으로 올려놓

전광훈, 자유 통일의 길

는 데 기여한 전광훈 전도사였다. 따라서 헌금에는 적극적이지 않을 수 있었다. 신혼 초의 살림이고, 급여가 넉넉하지도 않았다. 전체 살림살이가 이렇다 할 형편도 아니었다. 건축 헌금이라는 이야기가 나올 때는 자연스레 움츠러들 수밖에 없는 처지였다. 그러나 전광훈 전도사는 거리낌이 없었다. 아내에게 이런 억지를 부렸다.

"여보, 교회 새로 짓는다고 건축 헌금을 받는대. 당신 힘들겠지만, 피아노 레슨해서 번 돈 헌금으로 내자구."

"…"

이런 남편을 둔 아내는 이 경우에 어떤 말을 해야 옳을까. 사실 충분한 비축과 긍정적인 경제 전망이 있는 경우라면 크게 신경 쓸 사안은 아니다. 가진 것만큼 자신이 교회에 기여하는 일은 마땅하며 또한 긍정적일 수 있다. 그러나 살림이 어려운 형편에 번 돈 다 내놓으라는 남편의 요구를 받으면 아내 입장에서는 황당하지 않다면 거짓말일 것이다. 전 목사가 후일 설교에서 털어 놓은 이야기다.

"아내가 힘들게 벌었다고는 하지만, 헌금을 하려면 제대로 해야 한다는 생각에서 피아노 레슨해서 번 돈 몽땅 털어서 교회에 건축 헌금으로 냈습니다. 아내는 당연히 섭섭할 수밖에 없었지요. 모든 성도들이 다 나서서 헌금하는데, 잠깐 하는 척만 하다가 그만 둘 수가 없었기 때문입니다."

그러나 그 정도로 그쳤으면 다행이다. 이번에는 전광훈 전도사의 눈길이 아내가 치던 피아노에 모아졌다. 아내는 기겁했다고 한다. 자신이 어렸을 적부터 치던 피아노였다. 나중에 돈을 벌어 피아노를 다시 산다고 해결될 일이 아니었다. 오래 치던 피아노는 자신에게 길이 충분히 들여져 이 세상 어디에서도 다시 살 수 없는 나의 살, 나의 신체와도 같은 것이기 때문이다. 그런데도 막무가내의 남편 전광훈은 전화기부터 돌렸다고 한다.

"세운상가지요? 쓰던 피아노지만 값 잘 쳐주시고, 여기 와 가져가세요."

"내 피아노를 판다구요?"

"여보, 이왕 내친 김에 제대로 헌금하자구."

"…."

아내는 또 할 말을 잃었다고 한다. 급기야 울음까지 터뜨리고 말았다고 한다. 따뜻한 위로의 한 마디도 없이 남편은 자신의 분신과도 같은 영창 피아노를 팔아버렸다. 얼마 뒤에 세운상가의 악기 상인이 피아노를 가지러 왔고, 값을 지불한 후 차에 실어 가져갔다. 순식간이라고 할 수는 없었지만 신속하게 이뤄진 그 과정을 서미영 여사는 할 말도 제대로 할 수 없어 눈물과 한숨으로 지켜만 봤다고 한다.

피아노를 팔아 받은 돈은 전액 모두 교회에 헌금으로 드렸다. 열성과 지성으로 교회 일을 맡아 판을 크게 키우고 있는 전도사가 작지 않은 액수의 헌금까지 하는 것을 탐탁지 않게 바라보는 사람도 있었다. 당시 교회의 재정 부장이자 수석 장로였다. 그는 전광훈 전도사를 호출했다고 한다. 장로의 방에 들어가자 그는 전광훈 전도사에게 손가락을 까딱거리며 부르면서 오라는 시늉을 했다.

"전광훈 전도사!"

"예, 부르셔서 왔습니다."

"이렇게 건축 헌금을 장로보다 많이 하면 우리 입장은 뭐가 됩니까? 헌금을 한다고 해도 분수껏 해야지, 뭐 하자는 얘깁니까?"

"교회가 어려운데 이렇게라도 나서야 하는 거 아닙니까?"

"이 돈 다 어디서 나왔어?"

"집 사람 오래 치던 피아노 팔았습니다."

"이렇게 헌금한다고 해서 앞으로 전도사님 이 교회 그만둘 때 퇴직금을 모아서 많이 줄 것 같지만, 절대 안 줍니다."

"장로님, 내가 퇴직금 타려고 이렇게 헌금하는 줄 아십니까. 교회가 어렵다고 하니까 저도 나서서 모든 생명 바칠 각오까지 하면서 이러는 겁니다."

땅에 사는 뱀이 하늘을 나는 용을 이기는 경우가 많다. 그 조그만 땅에 붙어서 행세를 하는 사람이 높은 차원의 일을 벌이는 사람의 발목을 쉽게 잡아챈다는 얘기다. 아무리 유능하고 뜻이 커도 땅에 사는 뱀을 조심해야 하는 법이다. 땅에 얽힌 정보와 네트워크, 그곳에서 벌이는 크고 작은 모든 일에서 하늘을 나는 용은 땅 뱀의 장난질을 이겨낼 수 없기 때문이다. 이런 경우가 꼭 그렇다. 아내의 오랜 피아노까지 팔아 헌금을 했던 젊은 전도사의 순수한 뜻은 교회에 오래 머물며 치밀한 네트워크 속에 온갖 계교를 꾸밀 수 있었던 노회한 장로의 술수를 이길 수 없었다. 곧 사달이 벌어졌다고 한다. 어느 날, 부흥회를 다니느라 분주했던 교회 목사가 교회로 돌아왔을 때 그 장로는 이렇게 고자질을 했던 모양이다.

"목사님, 큰일 났습니다."
"뭐가 큰일이야?"
"새로 온 전광훈 전도사 말입니다. 그 친구가 성도 200명을 데리고 나가서 우리 교회 바로 앞 2층을 얻어 개척 교회를 한다고 그러네요."

교육 전도사의 말보다는 장로의 말을 더 믿는 일이 정상이라면 정상이다. 그러나 헤아림이 부족한 사람의 경우다. 사람 말의 달콤함에 숨겨진 음모와 술수를 간파할 지혜는 아무에게나 있지는 않다. 목사는 대단히 화를 냈다고 한다. 그는 바로 전광훈 전도사를 사무실로 불렀다고 한다. 문을 열고 들어서는 전 전도사에게 호통이 떨어졌다.

"내가 7년 동안은 아무 소리 말고 있으라고 그랬지?"
"예, 그러셨습니다. 저는 그렇게 생각하고 잘 있습니다."

전광훈, 자유 통일의 길

"지금 누가 와서 그러는데, 개척 교회를 여기서 한다며?"

"저는 절대 그런 짓 안 합니다."

"당장 교회 그만 둬."

젊은 전도사의 눈에 눈물이 맺혔던 듯하다. 전 목사는 나중의 회고에서 당시 상황을 설명하면서 "사실, 피눈물이 나는 듯했다"고 한다. 아내의 피아노 레슨비를 모두 털어 헌금하고, 그것도 모자라다 생각해 심지어는 아내의 그 정든 피아노까지 팔아 치우며 헌금했던 젊은 전도사였다. '피눈물'은 결코 과장이랄 수 없었다. 울분이라는 것은 노여움이 아주 두텁게 쌓이고 쌓인 상태를 말한다. 그런 울분에 "당장 교회 그만 둬"라는 목사의 발언은 불을 들이댄 형국이었다. 그러나 현실적으로 교회를 상대로 저항을 하기란 쉽지 않았다. 그는 결국 오산리순복음금식기도원을 찾아갔다고 한다.

젊음은 혈기를 동반한다. 아직 20대의 나이였던 전 목사는 그곳 기도원에서 3일 금식에 들어갔다. 젊음의 혈기로 올린 기도가 또한 이목을 끈다. 그는 이렇게 기도를 올렸다고 말한다.

"주님, 어찌 하여 저를 신학교에 보내신 뒤 일할 자리를 주지 않으십니까? 일을 시키지 않으시려면 왜 저를 신학교에 보내셨단 말씀입니까? 하나님이 정말 하나님 맞습니까? 이러실 거면 하나님이 사표를 내세요, 사표를 내세요."

하나님에게 사표를 내라는 기도는 참 생뚱맞다. 하나님의 직장이 따로 있을 수는 없는 법인데 말이다. 사람 사회에 신의 질서를 견준다는 일도 엉뚱하다. 그러나 오죽 울분에 싸였으면 그리 할까. 더구나 젊은 혈기가 아주 방장할 그 나이에서는 말이다. 그는 기도원 뜰에 있는 밤나무 밑에서 기도를 하며, 눈물로 통곡을 했다. 마구 울음이 솟았다고 했다. 그런 어느 순간이었다고 한다. 하늘에서 성령이 자신을 덮쳤다고 그는 기억한다.

"내가 너를 신학교에 보낼 때 내가 너에게 일할 자리를 예비하였느니라."

곧잘 그에게 덮치는 성령이 한 말씀이었다. 그는 당장 "기뻐 뛰며 주를 보겠네, 천당에서 주 예수를…"이라는 찬송을 하며 몸을 추슬렀다고 한다. 이어 그는 기도원에서 죽을 한 그릇 떠다 먹고 기운을 차려 집에 왔다.

# 33

## 교회를 개척하다

그는 믿음이 아주 강하다. 그렇지 않고서야 수많은 곡절을 넘고 넘어 오늘의 이 자리에 설 수는 없었을 것이다. 그 길에는 늘 풍파가 닥쳤고, 크고 작은 장애도 생겼다. 그러나 아주 굳센 믿음으로 끝까지 길을 걸어 지금의 자리에 섰다. 따라서 그는 스스로 체험한 성령의 계시를 늘 견고하고 확실하게 믿는 사람이다. 금식 기도원에서 받은 성령의 말씀에 대해서는 그는 추호의 의심을 품지 않았다고 한다. 죽을 한 그릇 먹고 집에 당도한 그는 문을 열자마자 아내에게 큰 소리로 물었다고 한다.

"어느 교회에서 나를 오라고 했지?

"아이고, 오기는 뭐가 와. 배가 고프니까 헛소릴 들었어, 헛소리…. 다시 기도원에 올라가."

아내로부터 지청구를 먹는 전도사 광훈의 어깨는 그대로 힘이 빠졌다. '다시 기도원에를 올라가라니?' '이번에 가면 3일이 아니라, 7일 정도는 금식을 해야 하는데…' '또 기도를 해도 일자리를 못 구하면 어쩌나' 등의 오만 가지 잡상이 떠올랐다고 한다. 이러지도, 저러지도 못하고 망설이는 그 때였다. 갑자기 '띵동'하는 벨 소리가 들렸다. 우체부였다. 그 "신문이요"라고 외치는 소리가 들렸다고 한다.

〈복음신보〉라는 신문이었다. 성령이 기도원에서 전했던 말씀이 사실이라면 무엇인가 눈에 띄어야 했다. 전도사 전광훈은 신문을 샅샅이 읽었다고 한다. 기사는 아무리 훑어봐도 별다른 것이 없었다. 그는 내친 김에 광고에까지 눈길을 돌렸다. 이윽고 조그만 광고 칸 한 구석에 이런 '알림'이 하나 올려 있었다고 했다.

'나는 개척 교회를 한 지 6개월이 지났는데, 몸이 아파서 목회를 할 수가 없는 상태입니다. 누구든지 돈이 없어도 좋으니, 사명만 분명하다면 이 교회를 물려주고자 합니다.'

그는 그 '알림'을 읽고 또 읽었다. 그러면서 기도원에서 자신에게 임했던 성령의 말씀을 떠올렸다. '아. 바로 이것이로구나'라는 느낌이 퍼뜩 들었다고 한다. 하늘의 계시가 있었고, 신문의 '알림'은 바로 그 응답이라고 생각했다. 뭔가 믿음이 생겨나면 바로 움직이는 '행동파'가 전 목사다. 그는 조금의 지체 없이 문을 나섰다고 한다. 신문의 '알림'이 적시한 교회의 주소지는 동대문구 답십리였다. 막상 가서 보니 교회는 아주 보잘 것이 없었다. 13평 정도의 조그만 공간에 허름하기 짝이 없는 모양새였다.

그러나 젊은 전도사의 열정은 그 같은 외관에 구애를 받을 수 없었다. 그 교회의 목사이자 〈복음신보〉라는 신문에 '알림' 형태로 광고를 올린 노인 한 분이 전 목사를 맞아줬다.

"당신, 누구신데 이렇게 찾아왔소?"
"신문 광고를 보고 찾아온 사람입니다."
"그럼 현재 목사요?"
"아니요, 저는 지금 신학교 다닙니다."
"그럼 곤란해요. 너무 빨라요, 빨라. 신학교 다 졸업하고 목사 안수를 받은 뒤에 와야지. 전도사가 어떻게 개척 교회를 하겠어?"
"그래도 할 수 있습니다."

조금을 망설이는 시간이 지났다. 전 목사가 그 교회를 찾아간 날은 마침 수요일이었다. 미적거리던 목사는 마침내 입을 열어 색다른 제안을 했다.

"이왕 이렇게 일이 벌어졌으니, 그냥 돌아가지 말고 오늘 수요 예배에서 설교나 한 번 해봅시다. 예배에 오는 신도들은 많지 않습니다만…."

"아, 그렇게 해주신다면 감사하겠습니다."

그렇게 전 목사는 처음 찾아간 교회에서 강단에 올라섰다. 예배를 드리러 온 교인은 7명 남짓이었다고 기억한다. 아무런 예정에도 없던 설교였다. 뭔가 얘기할 거리를 생각할 시간도 없이 올라온 자리였다. 딱히 어떤 메시지를 떠올릴 만한 시간 또한 없었다. 그는 딱 두 마디만 외쳤다고 한다. "믿습니까?"와 "성령의 불을 받아라!"였다. 예배를 보러 온 신자들은 어리둥절할 수밖에 없었을 것이다. 그러나 목사의 반응은 아주 의외였다.

"내용은 없는데, 용기가 아주 좋다."
"목사님, 감사합니다."
"이 교회 맡아서 한 번 목회를 해보시겠소?"
"물려만 주신다면 제가 한 번 해보겠습니다."

전광훈이라는 사람이 현대의 한국 기독교계에서 크게 우뚝 서는 장면은 여럿이다. 그 첫 단추는 아무래도 언제 담임 목회자가 되었느냐는 점에서 찾아야 할 것이다. 전 목사가 평범한 기독교계의 한 교인에서 나름대로 자취를 남기고, 또한 큰 이름을 남기는 그 '단초'는 아무래도 답십리 한 구석 초라한 13평 규모의 이 교회에서 찾아야 한다.

그는 우선 교회 이름을 바꿨다. 고린도전서 13장 "제일은 사랑이니라"에서 이름을 땄다. '사랑제일교회'라고 했다. 간판도 따라서 바꿨다. 나름대로 힘찬 출발이었다. 교회 곳곳의 허물어지고, 떨어지고, 색이 빠진 곳을 다시 매만졌다. 그러나 돈이 없어 기물 등을 새로 바꾸지는 못했다. 작은 공간이었지만 그나마 눈과 비를 피할 수 있는 아늑한 예배당을 지녔다는 점이 가장 뿌듯했다. 사랑제일교회의 개척은 이렇게 시작된 것이다.

첫 술에 배를 불릴 수는 없는 법이다. 교회를 확보는 했지만 앞으로 닥칠 시련은 결코 적지 않았다. 우선은 신도수가 30명 정도에 불

과했다. 그리고 동대문구 답십리는 당시 서울에서도 무당집이 가장 많기로 소문이 난 곳이었다. 기독교 교회가 뿌리를 순탄하게 내리기에는 매우 열악한 환경 요소를 지닌 곳이었다. 그리고 주민들은 그렇게 부유하지도 못했다. 영업을 하는 곳인 가게에서나 쓰는 말이 '신장개업'이다. 새로 단장해서 다시 업무를 본다는 뜻인데, 전 목사의 그 첫 출발은 쓰라림의 연속이었다.

# 34
## 어떤 경우든지 '정면 돌파'

30명 남짓이었다. 그 답십리의 조그맣고 볼 품 적은 교회 말이다. 전 목사가 신문의 광고란에서 찾아 읽은 뒤 직접 그곳을 찾아가 간곡하게 부탁해 얻어 들었던 그 교회의 신도 숫자가 고작 그 정도였다. 누구를 탓할 일은 결코 아니었다. 신도가 아주 많고, 교세가 크게 뻗어 있으면 그런 교회는 가난한 전도사 전광훈에게 올 수 없었다. 언감생심이라고 해야 할 경우다. 그런 마음을 내기조차 민망한 사례다. 아무튼 초라한 교회의 초라한 신도 숫자였다.

그러나 신학교 다니는 젊고 무명의 전도사가 새로 교회를 맡았다고 하니, 사정은 더 나빠질 수밖에 없는 노릇이었다. 30명 남짓의 신도들은 바로 종적을 감춰버리고 말았다. 큰 바다에 돌멩이 하나 던져 그 돌멩이가 깊은 물속으로 가라앉듯 아무런 소리, 소문, 자취 없이 그들은 사라지고 말았다. 그나마 위안이라고 하면 교회 주인이 바뀐 줄을 모르고 신도 가운데 나 모 권사 한 사람만이 교회를 찾아왔다고 한다. 그 나 모 권사는 이후 지금까지 줄곧 전 목사의 오랜 신도로 남아 있다.

이런 상황이 꽤 이어졌던 모양이다. 그렇다면 교회의 목회자는 풀이 꺾이게 마련이다. 풀이 꺾이는 정도가 아니라, 아예 모든 것을 포기해 손에서 풀어 던져 버릴 수도 있다. 그러나 삶의 긴 여정 속에서 풍파와 풍설을 만나면 늘 그 파도와 눈보라 속을 정면으로 견디며 헤치고 나오는 스타일의 전 목사였다. 이번에는 그는 길의 한가운데 섰다. 그리고 그 길에 덮쳐 오는 풍파와 풍설을 깊은 믿음과 신념으로 헤쳐 나갈 생각이었다.

그는 아예 교회의 강대상 위에 자리를 잡았다. 간절하게 기도를 올리는 자리였다. 그는 그 강대상에 자리를 깐 뒤 40일 기도에 들어갔다. 기도의 내용은 이랬다.

"주님, 능력을 주시옵소서. 성령의 불을 제게 내려주십시오. 제가 이제 드디어 교육 전도사를 마치고 담임 전도사가 되었습니다. 이 교회 전체를 다 끌어가야 하는데 성도는 한 명도 없는 실정이옵니다. 주님, 반드시 역사하여 주시옵소서."

밤을 꼬박 새면서 올리는 이른바 철야 기도였다. 아주 초인적인 체력을 지녔다고 해도 이 정도의 철야 기도는 쉽지 않은 일이었다. 그럼에도 전 목사는 깊은 기도에 들어갔다고 한다. 그러나 체력과 정신력은 금세 고갈 상태에 들어섰던 듯하다. 스스로의 표현을 빌리자면 "악에 바쳤다"고 했다. 특히 초저녁에 저녁을 먹은 뒤 이어지는 기도는 순탄했다. 밤 8시부터 자정까지의 시간대가 특히 그랬다. 주께 바라는 기도 내용은 별 탈 없이 이어졌다.

그러나 새카맣고 아주 깊숙한 이른 새벽에 진입하면 사정이 달라졌다. 호소를 해도 영 답이 없는 하나님에 대한 원망이 커졌다. 그러다가 급기야는 "악이 바치는" 상황에까지 이르고 만다. 아예 하나님에 대한 원망을 넘어 정말 악다구니를 할 때도 있었다. 이런 식이었단다.

"하나님, 거기에 계시나요? 아니면 안 계시나요? 있다면 있다고 말씀해주시고, 없다면 없다고 말씀해주세요. 이렇게 젊은 목회자가 지금 막 죽을 지경이에요. 없으면 없다고 제발 말 좀 해주세요."

실성이라고 해도 좋을 상황이겠다. 지금까지 주의 종으로 자처하며 믿고 섬겼던 하나님께 존재의 유무를 묻고 있었다. 그러다가 급기야 전 목사는 "이렇게 아무런 말씀을 해주시지 않으실 거면, 절 죽여주세요"라고 외치기도 했다. 마치 엘리야가 광야의 한 로뎀나무 아래 앉아서 죽기를 구하는 것처럼 말이다. 그러나 격정이 가라앉은 뒤에는 다시 "하나님, 입장 바꿔서 생각해주세요"라며 간절히 매달리는 쪽으로 바뀌기도 했다는 것이다.

기도라기보다는 차라리 싸움이나 격투라고 해야 옳았다. 그의 회고에 따르면 "차라리 심각한 격투에 가까운 기도였다. 그러나 기도를 오래 한 입장에서 보면 내 '자아'가 아직 죽지 않았다는 얘기"다. 어쨌든 기도만 하면 울고불고, 실성한 사람처럼 경건한 기도를 올리다가 갑자기 악다구니도 하는 그런 상태를 더 이어갈 사람은 아니었다. 전 목사는 예의 그 정공법(正攻法)을 구사하기 시작했다. 칼날을 곧장 목표를 향해 겨누고 앞으로 그저 나아가는 그런 특유의 스타일 말이다.

40일 기도를 마친 뒤 그는 플래카드 하나를 크게 내걸었다. 그 위에는 '심령 대부흥회'라고 대문짝만한 글씨를 썼다. 강사 타이틀을 '전도사'라고 하면 사람들이 꼬일 것 같지 않아 '강사: 전광훈'이라고만 표기했다. 그 외에는 딱히 어려운 상황을 돌파할 방도라는 게 없었다. 그러나 손만 놓고, 허공만 바라보며 있을 전광훈이 아니었다. 약속했던 부흥회 날이 닥쳤다.

그는 우선 아내와 둘이 마주앉았다고 한다. 전 목사는 강대 위에, 아내는 강대 아래 의자에 앉았다. 스피커 볼륨을 최대로 올린 뒤 전 목사는 아내를 향해 "믿습니까? 성령의 불을 받아라"고 반복해서 외치기만 했다. 목회자가 바뀐 교회에서 아주 높은 스피커 볼륨으로 터져 나오는 이 소리는 급기야 길을 가던, 이 교회에 몸을 담은 적이 있던 사람들의 호기심을 끌었던 듯하다. 특히 교회의 이전 집사들 몇 명이 문을 열고 교회 안을 들여다봤다고 한다.

우리는 흔히 '가관(可觀)'이라는 말을 쓴다. 직접 풀자면 '볼 만하다'는 뜻이지만, 어처구니가 없을 정도로 보기 힘든 엉뚱하며 생뚱맞은 장면을 가리키기도 한다. 아마, 뒤의 경우일 듯하다. 신도들이 문을 살짝 열고 들여다본 광경은 정말 '가관'이라고 해도 좋았을 듯하다. 젊은 전도사는 소리를 목이 터져라 외치고, 그 젊은 아내는 혼자 앉아 듣고 있으니 말이다.

그 점이 호기심과 함께 은근한 동정심도 유발했던 듯하다. 그 교회의 이전 집사들이 "우리 시장에 가는 일 조금 늦추고 한 시간만이라도 들어주자"고 했다는 것이다. 그들은 그렇게 교회 의자에 앉았고, 급기야 전 목사의 강력한 전도에 감염당하기 시작했다. 불처럼 토해내는 전 목사의 설교는 예나 지금이나 힘이 매우 강력하다. 전파력도 아주 세다. 그가 온갖 곡절을 거치면서 웬만한 유명 부흥회를 쫓아다니며 마루에서 자고, 한데에서 먹으며 배우고 익혔던 설교와 부흥 능력이 이 길목에서 빛을 발하기 시작했던 것이다. 그는 이렇게 말한다.

"내가 지금 이름을 떨친다고 해서 사람들은 흔히 고생이 없다고 생각하는데, 나는 처음부터 바닥에서 다지고 또 다지는 과정을 거쳤습니다. 누가 큰 교회를 처음에 물려줘서 오늘의 상황에 이른 게 결코 아닙니다. 밑바닥에서 밑바닥을 다지고, 다시 밑바닥을 철저히 헤매면서 높은 믿음의 수준에 이르고자 쉼없이 노력을 했습니다. 이런 스스로의 철저한 노력이 있어야만 하나님이 후원해주시는 겁니다. 조건은 따질 필요가 없어요. '나는 돈이 없어 안 돼' '나는 봐주는 사람이 없어 안 돼' 등은 다 거짓입니다. '하나님이 계시고, 내가 있으면 다 된다'라고 믿고 또 믿으셔야 합니다."

부흥회를 한 주일 정도 한 뒤에도 그는 가만히 있질 않았다. 전도지를 찍어 직접 집을 다니며 전도하는 축호(逐戶) 방식의 전도를 펼쳤다. 동네 골목골목을 다니며 집에 있는 사람들에게 전도를 하는 일은 쉽지 않았다. 사람들은 문밖에서 소리를 외치는 낯선 사람에게 선뜻 문을 열어주지 않았기 때문이다. 그 문을 들어서는 일이 사실 전도의 절반 이상을 차지했다. 그렇다면 이 문을 들어서기 위해서는 어떤 노력이 필요할까.

맨 앞에서 벌이는 싸움에 탁월한 기질을 보였던 전 목사는 여전히 주저함이 없었다. 그는 골목을 다니다 이집 저집을 오가는 방문 화장품 판매원을 봤다고 한다. 당시에는 화장품을 큰 가방에 넣어 어깨에 걸친 뒤 집을 가가호호로 방문하면서 판매하는 방식이 유행이었다. 두 사람은 골목골목에서 늘 마주치면서 어느새 안면을 익히고 있었다.


"안녕하세요, 오늘도 마주치네요."

"어머나, 전도사님도 매일 다니시네요? 저도 교회 집사인데, 전도사님 대단하세요."

"열심히 다녀야지요."

"전도사님, 남의 집에서는 벨 누른다고 바로 문 열어주지 않아요. 예수쟁이라고 욕부터 해요."

"그럼 어떻게 하면 좋을까요?"


'지성이면 감천'이라는 말이 있다. 정성이 지극해 지성으로 계속 나아가다 보면 하늘이 감동을 한다는 얘기다. 물론 동양사회에서 나온 말이기는 하지만, 맥락으로 보면 "하늘은 스스로 돕는 자를 돕는다(Heaven helps those who help themselves)"는 서양의 속언과 같은 말이 아닐 수 없다. 제 스스로 온갖 궁리를 다 해야 세상의 많은 장애를 헤쳐 나아가는 능력이 생기는 법이다. 하늘의 운 때인 천운(天運), 시절의 조건이 만들어주는 시운(時運)이 닥친다 해도 스스로 노력을 기울여 성공의 조건을 갖추지 못하는 사람에게는 다 무용지물이다. 그런 성공의 조건을 갖추는 일에서 매우 노력하는 사람이 성공할 확률 또한 높아지는 것이다.

전 목사의 사례는 그 점을 말하고 있다. 그 스스로 기울이지 않는 노력은 거의 없다. 그는 자신이 믿는 방향, 나아가야 하는 길에서는 스스로 갖춰야 할 최대한의 조건을 모두 갖추려고 노력에 노력을 기울이는 타입이다. 특히 어렵고 힘든 현장이 있더라도 그는 결코 나아감을 멈추지 않는 스타일이다. 그로써 현장에는 퍽 우연스런 도움의 손길들이 나타난다. 그는 이 같은 '우연스런 도움의 손길'을 성령의 강림으로 굳게 믿고 있다.

답십리 골목골목에서 자주 마주쳤던 화장품 외판원 집사는 그에게 "벨을 울린다고 문을 열어주지 않는다"는 일깨움에 이어 귀중한 정보를 전 목사에게 제공했다. 5년 동안 그 답십리 일대 가정집이 몰려 있던 골목과 골목, 집과 집을 끊임없이 오가며 화장품을 팔았던 베테랑답게 그 집사는 동네의 가가호호가 지닌 수많은 사정을 속속들이 꿰고 있었다. 그 점은 전도가 필요한 당시의 전 목사에게는 아주 귀하디귀한 '정보'가 아닐 수 없었다. 이 또한 성령의 도우심이 아닐까.

전 목사의 회고에 따르면, 화장품 외판원인 그 집사는 '몇 번지 몇 호 집 주인 여자는 시골에서 주일학교 교사를 하다가 서울로 시집와서부터 교회를 다니지 않고 있는 사람' '어느 골목 어느 집의 주부는 장로의 딸인데 최근에는 교회를 다니지 않고 있다' 등의 내용을 건네받았다는 것이다.

'목표를 향해 돌진하는 스타일'인 전 목사의 손에 들어온 이 보석과도 같았던 정보는 아주 거칠게 쓰인다. 묵혔다가 천천히 쓰는 재료가 아니라 전쟁터에서 목표를 향해 그냥 쏘아대는 기관총이었다. 젊고 억센 전도사의 손에 쥐어진 기관총에서 총탄은 바로 전도를 해야 할 상대로 곧장 날아갔다.

"조은숙, 왜 장로 딸이 교회를 안 다녀?"

아예 발로 대문까지 걷어차면서 지르는 젊은 전도사의 고함에 집안에 있던 '조은숙'은 화들짝 놀라지 않을 재간이 없었을 것이다. 대문 밖에서 아주 커다란 소리로 자신의 이름을 부르는 바람에 뛰쳐나오다시피 한 '조은숙'은 결국 이렇게 말려들고 만다.

"어, 내 이름이 조은숙인지 어떻게 알아요? 누구세요?"
"전도사."
"근데, 어떻게 알았냐구요?"
"주님이 계시했지."
"내가 장로 딸인지는 어떻게 알았구요?"
"주님이 다 보여줘."
"아이고, 잘못했어요, 잘못했어요. 내가 서울로 시집와서요, 다음 주에는 꼭 나갈게요. 2년 동안 간다고, 간다고 하면서 못 나갔어요."
"다음 주엔 꼭 나오세요, 장로님 딸이잖아요."

이런 식이었다. 그렇게 강력한 전도사의 기세에 말린 '조은숙'은 결국 지금까지 사랑제일교회의 가장 충실한 집사의 한 사람으로 활약하고 있다. 그렇게 화장품을 판매하러 집집을 다니면서 동네 사정을 훤히 꿰고 있던 집사로부터 알토란같은 정보를 얻어 축호 전도에 나선 젊은 전도사 전광훈의 '수확'은 아주 풍성했다. 그 자신의 소개에 따르면, 적절한 때에 얻어 챙긴 정보의 힘 덕분에 당시 전도는 100명 이상의 성도들을 이끄는 결과로 이어졌다고 한다. 이런 내용의 설교를 할 때 전 목사가 항상 부르는 찬송이 있다. 매번 어려움을 맞을 때, 그래서 고비라고 여겨질 때 그는 이 찬송을 자주 불렀다고 한다. '할 수 있다 하신 이는'이다.

할 수 있다 하신 이는 나의 능력 주 하나님
의심 말라 하시고 물결 위 걸으라 하시네
할 수 있다 하신 주, 할 수 있다 하신 주
믿음만이 믿음만이 능력이라 하시네
믿음만이 믿음만이 능력이라 하시네

# 35

## 아낌없이 던지다

요즘도 설교를 하다가 전 목사가 아내 서미영 여사를 홍보하는 때가 있다. 이러쿵저러쿵 늘어놓는 그런 홍보기는 사실과는 퍽 다르다. 그저 설교의 방편 정도로 들으면 좋다. 신혼 초의 형편을 이야기할 때는 우선 "처갓집에 돈이 많았어, 더럽게 많았어"고, 아내의 살림 능력을 말할 때는 "밥도 못 지었다니까 그래?"다. 둘 다 사실일지는 몰라도 크게 흠을 잡을 정도는 아니다. 처갓집에 돈이 많아 시집올 때 아파트 하나 마련했다는 점, 부유하게 자라서 요리 솜씨가 별로였다는 점이 흠까지 볼 일은 아니기 때문이다.

'피아노 치는 일 말고는 다른 일은 잘 모르는' 아내 서미영은 험한 세파에 시달려본 적이 별로 없는 사람이었다. 적어도 전광훈이라는 젊고 강력하지만, 그리 부유하지도 않으며 학력이나 이력조차 별로였

241

던 남편에게 시집오기 전까지는 말이다. 그래서 결혼이 막상 닥치자, 아내 서미영은 남편 전광훈에게 이런 고민을 털어놓더라는 것이다.

"전도사님, 저 좀 봐요."
"왜 그래요?"
"솔직히요, 결혼은 하는데 밥을 할 줄 모르거든요?"
"라면은 끓일 줄 알지요?"
"…."

그러다가 사달이 벌어질 참이 닥쳤다. 결혼식을 올린 뒤 다음날 이었다고 한다. 전 목사의 부모는 아침 일찍 신혼집에 닥쳤다. "우리 집 장남인 광훈이네서 아침밥을 얻어먹어야 하겠다"는 다짐에서다. 그 부모를 누가 탓할 수 없다. 집안의 장남이 결혼 뒤 바로 올리는 밥 상은 당시로서는 아예 '규격'이자 '법도'라고 여겨졌기 때문이다. 가장 놀란 사람은 아내 서미영이었다. 새벽에 닥친 부모님은 벌써 아파트 방에 자리를 잡고 입맛을 다시고 있는 중이었다.

아내에게는 '비상 상황'이나 다름없었다. 못하는 밥에 어른들에게 는 꼭 드려야 하는 국, 그리고 여러 반찬을 다 할 줄 몰랐다. 전 목사 는 우선 부모님을 방에서 못 나오도록 했다. 그리고는 곧 밥과 반찬 을 만들기 시작했다. 자취 생활을 오래 했던 전 목사였다. 쌀을 안칠 때 손가락을 넣어 물이 그 두 마디까지 올라오도록 하는 방법, 찌개를 끓이는 방법, 반찬 하는 방법 일일이 가르쳐 줄 시간이 없었다. 아무튼 그 '비상 상황'은 그렇게 때웠다고 한다.

나중에 이 사정을 감안해 장모는 밥 해주는 처녀를 하나 구해 보내줬다고 한다. 이로써 전 목사의 신혼은 제법 그럴 듯했다. 장모가 마련해준 아담한 아파트에 밥을 해주는 처녀까지 거느렸으니 말이다. 그 밥 해주는 처녀는 전 목사 부부의 영향을 받아 신학교에 진학한 뒤 목사까지 됐다는 후문이다. 그 편한 생활은 그러나 오래 가지 못했다. 뭔가 불행한 일이 닥쳐서가 아니라 전 목사가 그런 생활 자체를 '청산'했기 때문이었다.

약 석 달 정도가 흘렀던 모양이다. 함께 다니는 신학교의 전도사들이 집들이를 왔다고 한다. 결혼을 했으니 자신들을 초청하라고 윽박지르다시피 했단다. 그 전도사들의 충고가 아주 가슴에 와 닿았다고 한다. "전광훈, 너 아무래도 지옥 가겠다"라는 말이었다. 당시 아파트라는 것은 아예 희한하다고 해도 좋을 정도의 가옥 형태였다. 화장실이 실내에 있고, 냉난방이 저절로 이뤄지는 집은 가난한 시골집에서 화장실을 가기 위해 방 밖으로 한참 걸음을 해야 했던 당시 형편으로 볼 때, 귀하고 드물며 아주 편리했던 가옥이었다. 친구 전도사들은 그 점을 지적하며 "이렇게 화려하게 살면 천당 못 간다"고 우스개삼아 말을 던졌던 것이다.

전 목사는 그 점을 바로 뉘우쳤다고 한다. 그는 집과 살림살이를 모두 정리하는 작업에 바로 착수했다. 기도를 할수록 양심에 가책으로 다가왔기 때문이라고 한다. '목회자의 길을, 순교자의 길을 간다는 놈이 이 호사스런 아파트에서는 살 수 없지'라는 각오였다는 것이다. 그는 아파트와 신혼 생활을 위해 갖췄던 텔레비전, 냉장고, 전축 등 가재도구를 모두 처분해 교인들에게 죄다 나눠줬다고 한다.

그리고 옮긴 거처가 장안동이다. 가진 것을 나눠주고 교회를 섬기며 생활하다 보니 살림살이가 빠듯해서 서미영 사모가 피아노학원을 하고, 학원 옆에서 생활했다. 피아노학원은 나름 잘 됐던 모양이다. 그래서 목회보다는 일상에 매달리는 시간들이 조금씩 늘어났다. 주객이 전도된 격이다. 그리고 딸이 태어나고, 다음 해에 아들이 태어났다. 모든 것이 잘 흘러가는 것 같았다.

그러던 중, 전 목사 부부에게 큰 시련이 찾아온다. 아침에 밥을 먹으려고 하는데, 아들이 울었다고 한다. 전 목사는 심방 때문에 함께 병원에 가지 못하고, 우는 아들을 위해 기도했다.

"주님, 우리 아들이 왜 우나요? 몸이 아프면 고쳐주세요."

기도를 마친 전 목사는 교회를 가고, 서미영 사모는 계속 우는 아들을 데리고 병원으로 향했다고 한다. 가는 도중에 아들의 울음소리가 그쳤지만, 어디가 아픈지 정확하게 알기 위해서 의사의 진료를 받았다고 한다.

"선생님, 우리 애가 계속 울어서 왔어요. 어디가 아픈지 계속 울더라고요."
"아이를 내려놓으세요."

서미영 사모가 아이를 내려놓자, 의사가 충격적인 말을 했다.

"아니, 죽은 애를 왜 데리고 왔습니까?"

손 쓸 사이도 없이 갑자기 하나님께서 아들을 데리고 가셨다고 한다. 전 목사 부부에게 돌도 안 된 소중한 아들이 그렇게 하나님 곁으로 떠나버렸다. 너무나 큰 충격 때문에 전 목사 부부는 밤마다 이불을 뒤집어쓰고 울었다. 긴 시간 그렇게 보냈다고 한다. 그러던 중에 하나님의 사역을 하면서 먹고사는 문제를 하나님께 온전히 맡기지 못했던 자신의 모습을 발견하게 됐다. 성경에 "먼저 그의 나라와 그의 의를 구하라. 그리하면 이 모든 것을 너희에게 더하시리라"는 말씀이 떠올리며 전 목사는 하나님께서 자신에게 온전히 하나님의 사역에 집중하기 원하신다는 것을 깨달았다.

이런 깊은 깨달음이 있은 후에 그가 찾아든 곳은 답십리 사랑제일

교회의 강대상 옆에 마련한 조그만 거처였다. 사실 거처라고 할 만한 정도도 아니었다고 한다. 강대상 옆에 베니어합판으로 가린 보잘 것 없는 공간이었다. 그곳의 크기는 전 목사 부부와 딸 하나가 함께 눕기에도 조금 부족했던 듯하다. 특히 키가 1미터 80센티인 전 목사는 다리를 약간은 구부리고 잠을 자야 했던 공간이었다고 한다. 번듯하고 편리한 아파트를 처분한 돈은 사람들에게 나눠주고 살림살이까지 죄다 처분해 역시 교인들의 손에 쥐어준 뒤 그가 택한 스스로의 잠자리였다. 그에게 남아 있는 살림살이는 등산할 때 흔히 쓰는 임시 가스버너, 냄비 한 세트, 비키니 옷장이 전부였다고 한다.

전광훈, 자유 통일의 길

이때를 회상하면서 전 목사가 자주 쓰는 표현은 '고난의 행군'이다. 그는 그 무렵이 외려 기뻤다고 한다. 소유하지 않은 사람, 즉 무소유의 삶을 살아가는 구도자의 마음 토대를 이미 이뤘기 때문이라고 볼 수 있다. 그는 아울러 당시를 '초자연적인 삶'이라고 부른다. 세상 사람들은 알 수 없는 기쁨이 내 안에서 버티고 있다는 생각에서라고 한다. 그는 "성령에 취해서 살아가는 삶이 왜 어떻게 기쁜지 당시 체험을 통해 잘 알 수 있었다"고도 회고한다.

베니어합판으로 약간 가린 강대 옆의 조그만 휴식처에서 전 목사 부부와 첫딸 한나는 살았다. 발을 제대로 구부리기도 어려운 형편의 공간이었지만, 개척 교회를 이끌면서 스스로 만든 그 고난의 과정이 참 좋았다고 말하는 전 목사였다. 그러나 그와는 달리 이 광경을 아주 못마땅한 눈으로 바라보고 한탄을 금치 못하는 사람이 있었으니, 바로 장모 이정순 전도사였다. 자신의 고귀한 딸이 시집을 가서라도 어떻게든 고생을 면케 해보려는 친정 엄마의 마음이었다. 그 때문에 아파트와 살림살이, 밥 해주는 식모까지 다 마련했음에도 사위라는 사람은 그것을 모두 '처분'해 버리지 않았나. 사실 기가 막힐 노릇이었다. 그 때문에 장모와 사위는 서로 만나지 않는 사이로 변하고 만다.

# 36

## 나눠서 행복한 삶

장모 이정순 전도사는 앞에서 여러 번 언급한 인물이다. 당시 기독교 계에서는 아주 큰 이름을 떨치던 유명 전도사였다. 수많은 사람, 이름만 대면 모두 아는 유명 목사들도 찾아와 예언 기도를 받는 사람이기도 했다. 그러나 여러 차례의 '충돌'에서 이정순 전도사는 사위 전광훈을 결코 꺾지 못하고 만다. 나중에는 아예 '읍소'까지 해보지만, 뜻을 관철하지 못한다. 야구로 따지면, 사위의 강력한 '돌직구'에는 힘없는 헛방망이질만을 거듭하는 장모일 뿐이었다. 전광훈과 서미영 부부의 신혼 초에도 그 풍경은 여전했다.

딸을 위해 마련해 준 아파트와 살림살이 모두를 처분해 사람들에게 나눠준 사위의 기세는 아주 강했고, 도도했으며, 때로는 교만하기까지 했다. 그런 사위를 "하나님이 크게 쓸 사람"이라며 한껏 치켜세우기도 한 이정순 전도사였으나, 딸을 고생시킬 수 있다는 점에서 우선 그가 아주 밉고 얄미웠다. 그로써 장모와 사위는 아주 살풍경한 '냉전'의 상태까지 치달았다. 아파트와 살림살이를 처분하고 개척 교회 베이어합판 공간에 머무는 사위를 장모 이정순 전도사는 더 이상 만나고 싶지 않았다.

장모는 사위더러 "누가 남들에게 나눠주지 말라고 했더냐. 적어도 내게는 상의 한 마디라도 했어야지"라는 입장이었다고 한다. 전 목사는 "그 말이 그 말, 남에게 나눠주지 말라는 뜻"이었다고 받아들였단다. 두 사람의 '냉전'은 3년 가까이 이어졌다고 한다. 전 목사는 찾아오지 않는 장모를 한 번도 찾아갈 생각이 없었다고 했다. 아울러 "장모님이 시험에 들었다"는 주장까지 했다는 것이다. 그는 '성경 말씀대로 남에게 나눠주며 살아가는 전도사의 삶이 왜, 어디가 잘못이냐'는 생각을 조금도 굽히지 않았다고 한다.

그렇게 시간이 흘렀다고 한다. 어느덧 장모 이정순 전도사의 회갑이었다. 지금은 회갑에 잔치하는 집안이 별로 없다. 아니 거의 없다고 해야 좋을 듯하다. 그러나 당시의 회갑은 대단했다. 아들과 딸, 손자와 손녀, 일가친지 모두가 모여 한 사람의 60평생을 축하하고, 더 장수하도록 기원하는 잔치를 벌였다. 그러나 이정순 전도사의 맏사위는 끝내 장모의 회갑연에 모습을 나타내지 않았다. 종교적 신념이 워낙 확고한 '돌직구' 맏사위다운 행동이었을지 모른다. 그러나 지금의 전 목사는 당시 자신의 행위를 "회개한다"고 털어 놓는다. 어른한 테 못할 짓을 했다는 죄책감 때문이다.

"하나 밖에 없는 사위를 봤는데, 이게 도대체 어떻게 된 일이냐. 정말 해도 너무하지, 세상에 오늘도 오지 않는다는 말이야…."

회갑을 맞아 온 가족이 다 모인 자리, 이정순 전도사는 이렇게 넋 두리를 하며 울었다고 한다. 이정순 전도사의 회갑연은 '하나 밖에 없는 사위' 전광훈의 불참으로 그야말로 초상집 분위기였다고 한다. 신념에 맞지 않는 일은 목에 칼이 들어와도 굽히지 않는 성격의 전 목사였다. 그러나 호락호락하지 않기는 장모 또한 마찬가지다. 그럼 에도 장모의 칼날은 종종 화강암으로 쌓은 듯한 사위의 억센 담장을 뚫기에는 아주 미약했다. 그런 사위의 기질을 두고 장모 이정순 전도 사는 성경 말씀을 인용해 이렇게 불렀다고 한다. "세상이 감당 못할 자"라고 말이다.

자식 이기는 부모는 별로 없다. 사위도 자식이니까 장모가 못 이 기는 체 했을 수도 있다. 그러나 마련해준 아파트와 살림살이 다 팔 아 남에게 나눠주는 사위의 기세에 장모가 아예 눌렸다고 봐야 할 대 목이 여럿이다. 상의 한 마디 없이, 눈 한 번 깜빡 하지 않고 저지른 일들이 보통 사람으로서는 흉내 내기조차 어려운 일이었기 때문이 다. 그렇게 3년 정도가 흘렀다고 한다. 자신의 회갑잔치에도 참석하지 않은 사위를 만나기 위해 마침내 장모가 먼저 움직였던 모양이다.

심방이 있었다고 했다. 그 심방을 명분으로 내세워 먼저 찾아온 장모가 "세상이 감당 못할 전도사님, 안녕하셨어요?"라고 말문을 트더란다. 그러더니 장모는 다짜고짜 "기도합시다"며 기도에 들어갔다. 그러더니 마냥 훌쩍거리면서 울었다. 한참을 훌쩍이던 장모는 이렇게 기도를 올렸다고 한다.

"주님, 이 젊은 종이 자기의 의에 빠져서 분수에 맞지 않는 행동을 계속하고 있습니다. 절제의 영을 내려 주시길 예수님 이름으로 기도합니다."

다른 이들의 입에서는 "아멘" 소리가 나왔다. 그러나 사위의 입은 아무런 소리 없이 굳게 닫혀 있기만 했다. 그런 사위의 모습을 한참 지켜보던 장모는 이내 자리에서 일어나 나갔다. 집에 당도한 장모는 전화를 걸어와 사위를 바꿔달라고 했다. 아무런 인사도 없이 장모는 곧장 할 말을 했다고 한다. 사위에게는 꼭 존대를 하던 장모였다.

"전도사님, 제발 그러지 마시고, 성도들을 위해서라도 방을 다시 얻어요. 내가 돈 3,000만원 수표를 장판 밑에 넣어두고 왔으니 그 돈을 가지고 빨리 방을 얻어서 교회 밖으로 나가세요. 도대체 거기 있으면 사모가 살림을 할 수 있다고 보나요? 한나가 다섯 살인데, 애가 제대로 클 수 있겠어요? 더 중요한 것도 있어요. 저녁마다 일반 성도랑 청년 성도들이 교회에 와서 방언을 받아서 개구리 우는 것처럼 방언을 하는데, 목회자가 거기 강대 옆에 있는 방에 있으면 기도문이 막힙니다.”

장모도 참 집요한 사람이다. 3년 동안 사위와 의가 상해 서로 만나지도 않다가 오랜만에 찾아와 다시 방을 옮기라고 성화를 부렸던 것이다. 그런 장모의 공세에 사위는 어떻게 반응할까. 강하게 나오면 더욱 강하게 나가는 전 목사의 기질이 또 유감없이 발휘된다. 그는 장모가 장판 아래 두고 온 수표를 그 자리에서 꺼냈다고 한다. '이 돈으로 전세를 얻어 이사나 가볼까…'라는 생각은 추호도 들지 않았던 모양이다. 전 목사는 이 돈을 그대로 다음 주의 교회 헌금통에 집어넣었다고 한다. 지금도 내세우는 당시의 이유는 이렇다. “왜 내 고난의 길을 막아서느냐”는 것이다. 나는 나대로 고난의 십자가 길을 가려고 하는데 왜 장모가 방해를 놓느냐는 다짐이자 주장이었다. 그러자 어머니와 남편의 그런 실랑이를 지켜보던 아내가 어느 날 이런 제안을 했다.

“전도사님, 내 소원이 하나 있어요. 주일학교 다닐 적부터 키워준 목사님이 있는데, 그 목사님을 모시고 첫 부흥회를 해줘요.”
“그거야 가능하지. 당신이 전화해서 오시라고 해.”

그렇게 아내가 모시자고 한 목사가 교회를 온 날이었다. 그런데 전 목사의 눈에 그 사람이 좀 이상했다. 첫 부흥회로 모신 목사였는데, 강대상에 서서는 자꾸 전광훈 일가의 '거처'를 째려보더라는 것이다. 강대상 양쪽으로 들어갈 수 있는 전광훈 일가의 아주 허름한 휴식처를 말이다. 그래서 전 목사는 느낌이 이상해 딸 한나를 불러 이렇게 타일렀다고 한다.

"한나야, 강사님이 어디 사느냐고 물어보면 여기서 산다고 말하면 안 된다. '저 바깥에 좋은 집에 살아요'라고 말해야 한다."

부흥회 목사는 그러나 엉뚱한 탐정 노릇을 벌였다고 한다. 낮 예배 마치고 숙소로 돌아간 목사는 금세 교회로 돌아왔단다. 아무도 거느리지 않고 혼자 찾아온 목사는 한나를 붙들고는 "너 사는 곳이 어디냐"고 물었다. 어린 한나는 아빠의 당부에도 불구하고 "여기 살아요"라고 했다. 목사는 강대상 옆의 방을 열려고 힘을 썼던 모양이다. 그러나 이 상황을 예상한 전 목사는 일찌감치 방의 문을 잠가둔 상태였다. 그러자 목사는 교회 사무실에 가서 양 모 전도사를 협박해 키를 가져왔다고 한다.

아주 조그만 방, 살림살이라고는 냄비와 임시 가스버너 밖에 없는 초라한 전광훈-서미영 부부의 거처를 직접 확인한 목사는 아무 말 없이 방을 빠져 나왔다고 한다. 이어 저녁 예배시간이 왔다. 그는 설교를 아예 접었다고 한다. 마구 욕설부터 꺼내놓기 시작했다.

"야, 이 X같은 년들아, 니들이 천당 갈 거 같아? 목자를 이런 데 살게 해놓고, 니들은 잘 살고, 또 천당을 가겠다고? 너네들이 천당을 가면 내 손에 장을 지진다, 이 나쁜 년들아."

이러면서 목사는 1시간 이상을 길길이 날뛰다시피 했다는 것이다. 당시 전 목사는 예배에 참석한 상태였다. 하지만 부흥회 강사의 발언에 대꾸할 마음은 나지 않았다고 했다. 그저 민망한 마음에 고개를 푹 숙이고 있었다는 것이다. 그러나 속으로는 '사는 곳이 어떻다고, 저렇게 욕만 하실까. 언젠가는 끝나겠지'라는 생각만 했다고 한다.

자신들이 다니는 교회의 목회자가 사는 곳이 누추하다는 점 때문에 욕까지 먹어야 했던 성도들의 분위기도 참 어색했다. 부흥 강사의 말이 결코 틀린 말은 아니었다. 그렇다고 완강하게 지금의 거처를 고집하는 전 목사의 태도를 바꾸기도 아주 어려웠던 상황이었다. 그러나 전 목사 부부와 딸 하나의 거처는 아무래도 논의가 불가피해 보였다. 김이숙 전도사가 앞장을 섰다고 한다.

"아니, 바깥에서 온 손님들이 늘 저러잖아? 우리만 맨날 죽일 년이 될 수는 없어, 우리 목사님은 그러면서 늘 성자로 취급 받는데, 이제 제대로 의논해 보자구. 언제까지 바깥사람들이 우리 목사님 사는 방을 두고 이러쿵저러쿵하게 만들 수는 없어."

그래서 나온 결의사항이란 게 '매일 시장에 반찬 사러 갈 때 쓰는 돈 10분의 1씩 모아서 목사님 사택을 만들어 주자'는 내용이었다. 이른바 성도들 사이에서 시작한 '사택 계'였다.

신도들은 정말 열심히 그 방침에 따라 돈을 모았다고 한다. 굶기에 쪼들리다 못해 참담한 지경으로까지 비친 전 목사 일가의 형편을 조금이라도 펴줘야 하겠다는 자발적인 의무감이 크게 작용한 덕분이었다. 그렇게 악착같이 모은 돈이 1,800만 원 정도 모였을 때였다.

목사 일가의 거처를 옮겨주기 위해 성도들이 돈을 모은다는 소문이 전 목사의 귀에 들어왔다. 상태를 이리저리 파악한 전 목사는 김이숙 전도사를 호출해 사무실로 들어선 그녀에게 불호령을 내렸다.

"돈, 내놔, 다 내놔, 모은 돈."
"무슨 돈 말예요? 없어요."
"머리를 다 잡아 뜯어 버려, 빨리 돈 다 내놔!"

결국 김 전도사는 울먹거리다가 돈을 전 목사에게 모두 빼앗기고 말았다. 전 목사는 그 돈을 곧장 다른 교인들에게 다 나눠주고 말았다. 그런 일이 한 두 번 더 있었다고 한다. 전 목사는 "하지 말래도 전 도사 몇몇이 나서서 돈을 모으다 또 걸렸다. 나는 빼앗은 돈을 가난한 우리 성도들에게 죄다 나눠줬다"고 회고한다. 대단한 전 목사의 기세였으나, 또 역시 대단하다고 할 수밖에 없는 신도들이었다. 마침내 신도들은 전 목사의 방해에도 불구하고 뜻을 관철했다.

하루는 전 목사가 외출을 했다가 교회로 돌아오는 길이었다고 한다. 이번에도 김이숙 전도사였다. 그녀는 생글거리면서 전 목사를 반겼다. 웃는 모습이 아무래도 미심쩍었다.

"오늘은 여기서 주무시지 마세요. 목사님 집은 더 이상 이곳이 아니에요."
"그럼, 어디야?"
"따라와 보시면 알아요."

교회 밖으로 나가 어느 한 골목의 안쪽이었다. 나중에 사연을 들어보니 전 목사의 강력한 반대에도 불구하고 신도들은 결국 돈 2,000만원을 모았다는 것이다. 호통을 들을까봐 몰래 진행한 모금이었고, 끝내 성도들은 그 돈을 들여 전세방 하나를 얻어놓고 벽지도 발라둔 상태였다. 전 목사는 당시의 방 모습이 "아예 신혼 방 새로 차려 놓은 것 같았다"고 회고한다.

몇 년 전 신혼 아파트를 처분했던 광경이 떠올랐다고 한다. 당시 전 목사는 교인들에게 "여러분, 우리 집 이사 갈 일이 있어서 지금 다 나눠줄 테니까 내일 아침 10시까지 와서 좋은 거 있으면 다 가져가라"고 했다. 이튿날 교인들이 몰려와 침대와 장롱, 텔레비전과 냉장고 등 모든 살림살이를 모두 쓸어가다시피 했다. 그런데 새로 장만한 방에 모든 가구와 살림살이를 다 갖춰져 있었다고 한다. 교인들을 위해 베풀었던 것들을 전 목사가 믿고 섬겼던 하나님께서 다시금 채워주셨다고 믿었다.

전 목사는 신도들이 자신의 아파트를 찾아와 모든 살림살이를 가져가는 모습을 보면서 행복했다고 한다. 제 살림을 죄다 가져가는 신도들의 모습도 "그렇게 예쁠 수가 없었다"고 한다. 스스로 자처한 고난이자, 또 영광이라고 했다. 그럼 후회는 없었을까. 단지 지금까지도 마음에 걸리는 대목이 크게 있다. 바로 자식들의 마음이었다. 그는 지금도 이런 회고를 한다.

"딸 한나와 아들 에녹이를 세밀하게 살펴보면, 어렸을 때의 신앙심이 주님 사랑하는 쪽으로 잘 기울지 않는다는 점이 느껴졌습니다. 아무래도 제가 자처한 고난을 바라보며 아이들이 '우리 아빠를 예수가 뺏어갔다'는 생각이 깊어졌기 때문이라고 봅니다. 내가 사는 삶 때문에 아이들이 고난의 상처를 입었다고 봐야지요. 딸 한나는 미국 유학을 마치고 와서도 '아빠, 나는 아빠를 아는 사람들이 다 싫어'라고 말하더군요. 그럼에도 아이들을 성령의 힘으로 꾸준히 이끌어 이제는 '첫 사랑'을 회복했습니다. 나로서는 영광스러웠지만, 아이들에게는 자칫 상처로 남을 수도 있었던 과정이기는 했습니다."

# 37

## 신혼 초의 안수기도

결혼을 한 뒤 얼마 지나지 않았을 때다. 아내 서미영은 연애 시절에
도 자주 이런 질문을 한 적이 있었다.

"진짜로 하나님께 응답을 받았어요?"
"아, 그럼요. 하나님 응답 받았지요."
"아뇨, 저한테 장가가도 좋다는 응답 말예요?"
"그렇다니까요…."

앞에서도 소개했듯이 하나님의 응답으로 두 사람이 맺어졌지만,
전 목사의 장모 이정순 전도사와 서울 이모의 공이 컸다. 장모와 이모
의 조력이 없었더라면 두 사람이 부부로 맺어지는 결과는 그리 쉽게
닥치지 못했을지 모른다.

신혼의 아내 서미영은 '하나님의 응답'을 매우 중시했다. 이번에는 남편 전광훈 목사가 진정한 목회자로서 멀고 험한 길에 나서는 일에 대한 하나님의 응답을 궁금해 했다는 것이다. 아내는 전 목사에게 이렇게 말했다고 한다.

"한얼산기도원에 가서 두 주일 금식하면서 하나님께 목회자의 길로 가는 길을 정식으로 응답받고 와요."

예쁜 아내의 요구를 더 이상 거절하기 힘들었던 전광훈은 그 길로 짐을 싸서 한얼산기도원을 찾아갔다고 한다. 그러나 일주일을 금식으로 기도하는데 인내심이 더 이상 이어지지 않더라는 것이다. 배고픔을 견딜 수 없었던 광훈은 짐을 싸서 다시 내려왔다고 한다. 아내로부터는 '무자비'라고 해도 좋을 만큼의 공격을 받았다고 한다. "두 주일의 배고픔도 못 참는 사람이 무슨 놈의 목사를 하려고 하느냐"면서 말이다.

결혼한 첫 해를 보낸 뒤 이듬해 1월 무렵이었다고 한다. 전 목사는 아내와 함께 한얼산기도원을 다시 찾아갔다고 한다. 그곳에는 상이군인 출신이었던 이천석 목사가 있었다. 그의 능력을 부부가 함께 이어 받으려고 다시 찾아간 기도원이었다. 이천석 목사는 6.25전쟁 중에 참전해 다리를 잃었던 국군 상이용사였다.

전광훈, 자유 통일의 길

그가 잃었던 다리에는 고무로 만든 의족이 채워져 있었다. 전 목사의 기억으로는 "다리를 절룩이면서도 떡 두꺼비 같은 큰 손을 지녔고, 거칠지만 아주 강력하게 설교를 하시는 모습이 인상적인 분이셨다"는 목사였다. 언사가 특히 거침이 없는 목사로, 당시에도 퍽 유명한 분이었다고 한다.

신체적으로 매우 취약했음에도 불구하고 당시 기도원에서 이 목사는 두세 시간을 쉬지 않고 강하면서도 인상 깊은 설교를 하는 것으로 유명했다. 전광훈 목사 부부가 찾아간 당시의 기도원에서도 그랬다고 한다. 몇 시간을 강대상에 올라가 열정적으로 설교한 뒤 내려와 신자들에게 안수를 하는 이천석 목사의 고무로 만든 의족을 벗기면 그곳에는 피가 홍건히 고여 있을 정도였다고 한다.

전 목사는 당시 이천석 목사의 그런 모습에서 "사명자가 가야 하는 길이 어떻다는 것을 몸소 보여주시는 듯했다"고 기억한다. 하나님의 사명에 부응해 길을 가야 하는 사람들에게는 고난을 겪으면서도 그를 즐거이 참아내는 감내의 과정이 꼭 필요함을 깨우쳤다는 얘기다. 그렇게 전광훈 부부는 이천석 목사의 설교에 깊이 빠져들었던 모양이다. 설교가 길게 이어졌다고 한다. 설교를 마친 이천석 목사는 이렇게 말했다.

"오늘은 일반 안수를 하지 않습니다. 특별 안수를 할 테니, 사명자 안수 받을 사람들 가운데 신학교 다니는 사람부터 나와 봐요. 다시 말하지만 오늘은 특별 안수요, 아무나 다 안수하지 않아요. 특별 안수 받을 사람만 앞으로 나와요.”

제일 먼저 나선 사람은 전광훈 부부였다고 한다. 다른 사람들보다 일찍 나선 두 사람에게 먼저 떨어진 목사의 호령은 이상했다.

“집으로 돌아갈 때 필요한 차비만 빼놓고 주머니에 있는 돈 모두 꺼내 놓으라.”

그래서 두 사람은 시키는 대로 집에 돌아갈 차비만 빼놓고 지갑에 있는 돈을 전부 털어 내놨다고 했다.

이천석 목사의 ‘떡 두꺼비’ 같은 손을 느낀 것은 그 때였다고 한다. 앞으로 나와 아내와 함께 주머니를 뒤져 차비를 뺀 나머지 돈을 헌금으로 내놓는 전광훈을 바라보며 이천석 목사는 “자네, 이리로 가까이 와보게”라고 하더라는 것이다. 이런 광경은 한두 번에 그치는 것은 아니다. 전광훈은 교계의 크고 우람한 인물들을 만날 때마다 그들의 눈에 자주 띄었다고 한다. 그것은 전광훈이 그들의 눈에 띄게 한 행동 때문인지, 아니면 지독하다 싶을 정도로 본인이 갈고 닦은 영성의 토대 때문인지는 아무도 모른다. 아무튼 그는 기독교의 ‘거물’들과 처음 조우할 때 그들의 눈에 유독 띄었던 전력들이 있다. 아울러 다른 한 편으로는 그들 '거물'의 특징을 재빠르게 포착해 그 장점들을 반복적으로 학습하며 따라 배우다가 어느덧 자신의 장기로 만들어버리는 별난 재주가 있었다.

한얼산기도원에서 이천석이라는 당대 기독교계의 '거물' 목사와 만나 안수를 받는 장면도 마찬가지였다. 이천석 목사는 젊은 광훈을 가까이 오게 하더니 안수를 한 뒤 이렇게 기도를 하더라는 것이다.

"주여, 이 젊은 종이 한없이, 원 없이 쓰임 받게 하여 주시옵소서. 또한 대한민국을 이 젊은 종에게 맡겨주시옵소서."

기도에 앞서 "오늘은 특별 안수를 한다"고 했는데, 이런 기도가 과연 특별한 것일까. 전 목사는 당시의 이천석 목사 기도를 또렷이 기억한다고 했다. "한없이, 원 없이 쓰임 받게 해달라"는 말과 대한민국의 미래를 걱정해 그 책무를 자신에게 맡기도록 해달라는 기도 내용 말이다. 아무래도 광훈에게는 그 기도 내용이 범상치 않게 들렸다고 한다.

그래서 그는 자리를 떠나지 않고 이천석 목사가 다른 이들에게 해주는 기도의 내용을 이어 들어봤다고 한다. 그러나 다른 이들을 앞에 둔 이천석 목사의 기도는 전혀 달랐다. 아니, 아예 기도를 하지도 않았다고 해야 옳을 정도였다. 그 특유의 독설과 욕설이 난무하는 어투로, 심지어는 앞으로 나와 기도를 받는 사람의 머리까지 툭툭 때리기도 했다는 것이다. "너는 이 자식아, 그냥 들어가 임마"라는 식으로 말이다.

전광훈 부부는 무언가를 확인한 기분이었다고 한다. 거칠고 강한 이천석 목사의 기도대로 '한없이, 원 없이 주님의 일을 하는' 그런 길을 갈 수 있도록 하늘이 응답을 내려준 느낌을 받았다고 한다. 그래서 지금도 전 목사는 이천석 목사의 당시 기도를 하나의 '예언'으로도 받아들인다. 그 때 그 기도처럼 그는 지금도 한없이, 원 없이 주님이 가리킨 길을 향해 나아가고 있음을 굳세게 믿고 있다.

# 38

# '성령의 불'과 강남 치맛바람

하늘에서 불이 내리고, 그 불에 '젖은' 사람들이 정상적인 사람들과는 전혀 다른 행동을 하는 경우…. 사실 이런 현상과 그로부터 벌어지는 이상한 풍경들을 직접 보지 않은 사람들에게는 다 믿기지 않는 일들이다. 그러나 그 체험의 영역에 늘 가까이 있던 전광훈 목사에게는 전혀 그렇지 않다. 그는 자꾸 이런 광경을 맞닥뜨리거나, 아니면 자신이 그 체험의 한복판에 서는 경우가 많았다. 낙동강의 유년과 소년 시절을 막 지났을 무렵부터 찾아온 그런 체험적 영역은 그가 성년, 이어 목회자의 길을 걸으면서 '부지기수(不知其數)'라고 해도 좋을 정도로 늘 찾아든다.

답십리 개척 교회가 거세고, 투박하며, 아울러 꼿꼿하고 날랜 젊은 전도사 전광훈에 의해 잘 다듬어지면서 서서히 탄탄한 기반 위에 올라설 무렵이었다고 한다. 그는 고등학교 진학 무렵 얹혀살았던 이모네 집 근처 금호동을 찾은 적이 있다. 금호동은 또한 김충기 목사로부터 성령의 불을 받았던 곳이기도 하다. 장소는 금호제일감리교회였다. 그 교회가 있던 금호동은 전 목사가 자주 성령의 불을 목격한 곳이기도 하다.

자신이 성령을 불을 받았던 때로부터 다시 한 달 정도가 지난 무렵이었단다. 교회를 이끄는 장강영 목사가 기도하면 임했던 '성령의 불'은 김충기 목사보다 더 하면 더 했지, 못하지는 않았다고 한다. 당시 장강영 목사의 은사를 받고자 참석했던 광훈은 한 처녀가 금세 성령의 불에 휩싸이는 장면을 목격했다고 한다. 예쁘장한 여대생이었다고 하는데 장강영 목사는 느닷없이 그녀를 가리키며 이렇게 말을 했다.

"야, 너 일어서, 너는 설교 듣기 전에 불부터 받아야 돼!"

그러면서 장 목사는 손을 앞으로 탁 내밀면서 방언을 풀어 놓았다. 그러자 여대생은 한 여름철의 머리 돌려진 풍뎅이가 뱅뱅뱅뱅 제자리를 돌듯이 마구 맴을 돌더라는 것이다. 입으로는 "앗 뜨거워, 앗 뜨거워"하면서 말이다. 그러면서 여대생은 교회 바깥으로 뛰쳐나갔다고 했다. 몸에 붙은 불이 정말 아주 뜨거운 진짜 불이라도 되듯이 말이다. 광훈은 그 이후가 궁금해 함께 따라 나갔다고 한다.

마침 사택에 사는 목사의 사모가 설거지를 마치고 그냥 둔 물이 대야에 담겨 있었다고 했다. 여대생은 곧장 거기에다가 손을 집어넣는데, 물에서는 푹~하면서 연기가 나더라고 했다. 이 모두는 뒤를 따라 나간 젊은 광훈의 목격담 그대로다. "진짜 체험을 하지 못한 사람들은 이해할 수 없는 현상"이라고 전 목사는 말한다.

장강영 목사의 그런 뜨거운 '불'의 동원 능력은 곧장 이 교회의 흥성으로 이어졌다고 한다. 본래 100명에 불과했던 교회의 성도들은 얼마 지나지 않아 5,000명의 신도를 거느린 대형 교회로 성장한 상태였다. 그런 큰 교회에서 조그만 답십리 개척 교회를 열어가고 있던 전광훈 목사를 초청했다고 한다. 그는 자신의 성령 체험이 처음 일었던 금호동을 찾는 감회가 남달랐다고 한다. 그는 교회에 도착하자 곧 장강영 목사를 찾아가 이런 인사를 했다.

"목사님, 목사님이 젊으셨을 때 여대생에게 성령의 불을 체험케 하실 때 제가 바로 그 옆에 앉아 있었습니다. 금호동은 성령 체험 때문에 친숙한 곳인데, 이렇게 불러주셔서 감사합니다."

장강영 목사는 그런 전 목사를 아주 반갑게 맞았다. 이어 벌어진 부흥회에서 전 목사는 뜨겁게 또 '성령의 불'을 이끌었던 모양이다. 금호제일감리교회의 그날 부흥회에서는 아주 뜨거운 성령의 불들이 쏟아졌다고 한다. 장강영 목사는 그런 모습을 보고 난 뒤 전광훈 목사에게 다가와 이렇게 인사를 건넸다고 한다.

"내가 젊었을 때 부흥회를 아주 뜨겁게 이끌었는데, 오늘 전 목사님 하시는 걸 보니 그 시절이 생각납니다."

여기까지는 인사치례다. 사람이 사람과 어울려 살아가는 데 필요한 절차와 형식이라는 게 있다. 보통은 의례(儀禮)라는 말로도 적을 수 있다. 속에 있는 마음을 꺼내놓기에는 아무래도 형식에 치우치는 영역이다. 장강영 목사는 김충기 목사 못지않은 성령계의 큰 인물이었다. 위에서 소개한 젊은 여대생의 성령 체험을 이끈 에피소드를 보면 그렇다. 그런 큰 목사 앞에서 젊고 이름 없는 전광훈이 뛰어들어 부흥회를 큰 '불의 마당'으로 이끌었으니 퍽 흥미로운 일이 벌어질 법도 하다. 아니나 다를까. 둘은 이런 문답을 주고받는다.

"목사님, 감히 제가 목사님 앞에서 설교를 했습니다."
"아니야, 수고 많으셨어."
"제가 고등학교 때 목사님 부흥회에서 은혜를 받기도 했습니다. 두렵고 떨리는 마음으로 목사님 앞에서 부흥회를 이끌었는데, 제가 고칠 점이라도 있으면 알려주십시오."
"있어요, 있지. 이런저런 점 고치면 더 훨씬 나아. 그러나 나는 말안 해."
"그래도 더 발전하려면 목사님 지적이 필요합니다. 제가 욕하는 거는 어떻습니까?"

"욕? 나 말 안 해요."

"왜 그런 건가요?"

"내가 전 목사가 집회하는데 '이건 좀 아쉬워' '이건 이렇게 고치고' '저건 저렇게 고치고' 하면서 지적을 하면 전 목사는 더 큰 걸 잃어버려. 그러니까 앞으로 다른 교회 부흥회 하러 가서는 절대 '뭘 고칠까요?'라고 물어보지 마."

"…"

"전 목사는 주님의 성령이 밀어내는 거야. 다른 사람에게 묻지도 마."


이 대목은 매우 중요해 보인다. 성령의 체험 뒤 전 목사는 목회자의 길로 들어서며 수많은 부흥회, 집회를 이끌면서 그 성령의 힘을 바탕으로 사역에 나섰다. 그는 또한 기독교계의 굵직굵직한 인물들을 가까이에서 모시면서 그들을 배우고 익히는 데 여념이 없었다. 그는 다른 기독교계의 큰 어른들 못지않은 '성령의 불'을 이끄는 수준에도 이르렀다. 이런 성장의 길목에서 그는 또한 장강영이라는 걸출한 목사의 능력을 배우고자 했던 것이다. 둘의 대화는 마치 아주 수준 높은 선승들의 문답처럼 들리기도 한다. 전 목사는 한국 기독교계의 또 다른 거목인 조용기 목사와도 같은 흐름의 문답을 진행한 적이 있다. 그의 회고다.

"어떻게 하면 목사님처럼 잘 할 수 있습니까"

"하나님이 다 나처럼 만들면, 그래서 전광훈 목사도 나처럼 만들면 하나님의 일이 되겠어? 하나님이 전광훈한테 은사를 내리신 거야. 그대로 밀고 나가, 전광훈 방식 그대로!"

전광훈 목사는 욕을 잘 한다. 입에 올리기 꺼림칙한 비어(卑語)도 그의 설교에는 곧잘 등장한다. 특히 정치적 견해가 다른 쪽에서는 그가 입 여는 것을 꺼린다. 아프다고 여길 만한 구석을 정면으로 찌르는 데다가, 그에 덧붙이는 욕설과 비어가 아주 날카롭다. 그냥 방망이로 맞으면 아플 구석을 정면으로 때려버리는 식이다. 조금의 주저함 없이 말이다. 설교 또한 아무런 거침이 없어서 말하고 싶은 내용을 그대로 뱉어 내버리는 식이다. 지적을 들어야 하는 사람에게는 묵직하게 날아드는 몽둥이와 같다.

그래서 그의 화법을 싫어하는 사람이 적지 않다. 특히 강대상에 올라서 대한민국을 위협하는 정치세력을 공격할 때 그의 언어는 시퍼렇게 날이 살아 있는 창검(槍劍)이자 커다란 칼 대도(大刀)다. 설교 또한 아주 높은 곳에서 쏟아져 내리는 폭포수, 한 번 쏟아져 내려 대지를 일거에 적시는 폭풍우의 기세와 같다. 그런 대단한 기세의 연설에 불만을 지닌 사람도 많다. 특히 그의 공격에 맞서야 하는 정치세력이 그렇고, 교회에서는 그 설교에 섞인 욕설과 비어의 난무에 불만을 드러내는 사람이 있다.

그러나 이런 지적과 불만에 전 목사는 눈 깜짝도 하지 않는다. 그의 신념 때문이다. 언어는 불안정성이 높다. 겉을 가리는 가식과 장식이 풍부하며, 마음의 향배에 따라 거짓과 위선이 섞여들 여지가 크다. 그런 우회와 타산을 정면으로 돌파하는 방식이 전 목사 특유의 화법이다. 그는 그 토대를 "성령이 차지하고 있다"라고 자신 있게 말한다. 아울러 그는 "베드로는 베드로의 스타일, 요한은 요한의 스타일. 바울은 바울 스타일이 있는 거야. 다 같을 수는 없다"고 말한다. 욕설까지 섞어 곧장 내뱉은 자신의 화법은 기도와 성령의 힘에 변형을 가하지 않은 순수한 형태임을 강조하고 있는 것이다.

그런 젊은 목사가 이끈 금호감리제일교회의 부흥회는 대 성황을 이뤘던 모양이다. 금호동에서 동호대교를 건너면 압구정동이다. 지금도 대한민국에서 집값이 가장 비싼 곳을 꼽으라면 이 압구정동이 첫 순위에 든다. 그 당시에는 한창 개발 붐에 올라타 천정부지로 솟구치는 집값으로 유명했던 서울 최고의 부촌 압구정동이었다. 이 압구정동 부잣집 마나님들이 강 건너의 금호동에서 벌어졌던 뜨겁고 뜨거웠던 부흥회를 놓칠 리가 없었다. 그들은 부흥회가 막바지로 치달을 무렵 강을 넘어와 '침공'을 시작했다고 한다. 뜨거운 불을 마구 쏟아냈던 젊은 목사를 구경하고 시험해보기 위한 걸음들이었다.

부흥회가 끝나는 마지막 날, 강남에서 강을 넘어 금호동 교회를 찾아온 강남 여성들은 약 200명 남짓이었다고 한다. 전 목사가 이끄는 부흥회를 지켜봤던 같은 강남 지역 여성 신도들이 소문을 냈다고 한다. 몰려든 여성들은 전 목사로부터 은혜를 받기 위해 열성이었다고 한다. 전 목사는 그 마지막 날 부흥회를 역시 매우 뜨거운 성령의 불로 잘 마무리했다고 한다. 그러자 강을 넘어온 여성들이 몰려들었다. 그에게 매우 솔깃한 제안까지 했다. 이런 식이었다.

"목사님, 목사님 같은 분을 우리는 못 찾겠어요. 우리가 한 사람당 1억씩 내서 200억 모을 수 있어요. 그 돈으로 강남에 땅을 사서 교회를 지을 테니, 목사님 목회를 이제 강남으로 옮기자구요."

이런 제안에 전광훈 목사의 귀는 정말 솔깃했던 모양이다. 당시 200억은 정말 큰 액수였다. 더구나 신흥 부자들이 모여 사는 곳으로 유명한 곳에서의 목회는 매우 매력적인 제안일 수 있었다. '아, 이제 고생 끝이로구나'라는 생각도 들었던 모양이다. 그러나 아내의 생각은 달랐다. 집에 돌아온 전광훈은 아내에게 이 말들을 전하면서 상의했다고 한다.

"여보, 우리 고생 끝났어. 당신이 그동안 고생 많았어."
"갑자기 무슨 소리야?"
"강남 권사들이 돈 모아 교회 지을 테니 목회 그곳에서 하자고 그래. 강남 가자."
"당신 강남 가면 나 이혼할 거야."

"뭐라고?"

"당신 사명은 답십리야, 답십리. 당신 믿고 지금까지 온 신도 50명은 어떻게 할 건데? 그 사람들 팽개치고 강남 가는 당신이 목사야?"

"…."

묵묵부답이라는 말은 이럴 때 쓰는 성어일 듯하다. 성령의 힘으로 부흥회를 이끌었던 목사도 이렇듯 틈을 보인다. 인간인 이상 어쩔 수 없고, 완전히 피해가기 어려운 구석이다. 물욕의 풍성한 기대에 젖어 강남을 먼저 바라보며, 고난을 함께했던 성도들을 까맣게 잊으려 했던 전 목사의 머리 위에 부어진 차가운 물의 세례였다. 그 주인공은 아내 서미영이었다. 돌연한 깨우침이었다. 그로써 전 목사는 강남으로의 이주 계획을 아주 포기한다. 오히려 제 답십리 성도들에 대한 사랑이 더 커졌을 듯하다. 그로써 전 목사는 답십리에 자신이 움을 튼 이유와 사명을 더 철저하게 생각했다고 한다. 그 인근으로 그는 곧 교회를 넓혀 이사를 간다.

# 39

# 꿈속에 나타난 교회

돈을 쫓아가 잡으려면 돈은 외려 멀리 도망가는 습성이 있는 존재다. 쫓아가 잡는다고 해서 다 잡힌다면 이 세상에 부자 아닌 사람이 있을까. 돈은 그 '거꾸로'의 습성이 있는 듯하다. 돈에 관심이 없거나, 일부러 외면하는 사람에게 거꾸로 돈이 닥치는 경우가 종종 있기 때문에 그렇게 보인다. 열심히 전전긍긍해서 버는 돈도 있지만, 담담하게 그를 대하는 사람에게 오히려 붙는 돈도 있다. 붙는지, 아니면 더 멀어지는지는 모르지만 전광훈 목사가 돈을 대하는 자세는 후자에 가깝다. 그에게는 돈과 재물이 많이 따르지만 그가 꼭 그를 간절하게 쫓아다니며 잡으려 해서가 아니다.

그는 돈과 관련한 에피소드를 말할 때 종종 이 사례를 든다. 그가 신혼 초, 전도사로서 활동할 무렵이라고 한다. 아내가 교외로 놀러가자는 제안을 한다. 전 목사는 설교할 때 뿜어내는 기세가 활화산 같다고는 하지만, 사실은 유년과 소년기를 오랜 침묵과 함께 성장한 인물이다. 따라서 평소에는 말이 별로 없거나, 남들과 만나도 오히려 '부끄러워하는' 쪽의 사람이다. 광운전자공업고등학교를 다닐 때에도 마찬가지였다고 한다. 그는 소풍을 간 날 동구릉이나 서오릉 등 예정지에 도착하면 혼자 가장 높은 곳에 올랐다고 한다. 그 곳에서 아래쪽으로 펼쳐진 능역의 곳곳에서 춤을 추거나, 노래를 부르는 동급생들을 바라보며 혼자 운 적도 있다고 한다. '하나님, 저들이 정말 즐거운 일에 들게 하소서'라며 기도까지 하면서 말이다.

그런 스타일의 사람이 결혼을 하고 가정을 일군 직후였다. 성령의 힘으로 폭발적인 설교를 하는 그였지만, 어디를 놀러 다니면서 즐기는 데는 전혀 관심조차 없었다. 그래서 "놀러가자"는 아내의 말에 첫 반응은 "교육전도사가 어디를 놀러가?"였다고 한다. 그럼에도 신혼초의 달콤한 분위기였다. 아내의 청을 마냥 거절할 분위기가 전혀 아니었다. 그래서 둘은 문을 나서 강원도 춘천 인근에 있는 남이섬을 향했다는 것이다.

신혼 초의 부부가 집을 나서 제법 먼 곳에 가서 하루를 즐기는, 유쾌하다면 퍽 유쾌하고, 운치가 난다면 퍽 운치가 나는 소풍이자 원족의 길이었다. 그러나 전 목사는 버스를 타고, 도착해서 배에 옮겨 타 물 건너편에 도착해 이리저리 경치를 감상하며 좋은 공기까지 마시는 그 오붓한 신혼부부의 여행이 결코 즐겁지 않았던 모양이다. 그의 표현대로라면 "곧 슬픔 마귀가 찾아왔다"는 것이다. 여기저기를 바라보며 마음이 즐거웠던 아내와 달리 그는 그 모든 과정이 시큰둥했다고 한다. 속으로는 '오늘 삼각산에 가서 기도해야 하는데, 여기서 무슨 짓을 하고 있는 거야?'라는 생각만 들었다고 한다.

그 때는 살림이 퍽 궁한 시절이었던 모양이다. 한편으로는 남이섬 놀러가는 계획 때문에 사용한 생활비 걱정도 들었다. 당장 남이섬을 다녀 온 뒤의 생활비가 걱정이었다고 한다. 꽤 쪼들리는 살림을 살았던 시절의 풍경이다. '내일부터 당장 돈이 없네…'라는 상념으로 집에 돌아오는 시외버스 정류장에 서서 멍하니 앞을 바라보던 전 목사의 눈에 줄 앞의 어느 한 사람이 밟은 돈 뭉치가 들어오더라는 것이다. '아, 저 돈, 아무의 눈에도 띄지 말아야 하는데…'라는 생각부터 들었다고 한다.

이어 그런 생각은 마음속 기도로까지 이어진 듯하다. 이어 줄이 움직이면서 돈을 밟고 섰던 사람이 앞으로 이동하는데, 돈을 밟았는지를 잘 모르더라고 했다. 그 돈을 전 목사는 얼른 밟았다. 이어 누구나 그런 상황에 놓이면 그렇게 행동하는 것처럼, 다리를 긁는 척 하며 전 목사는 그 돈을 집어 주머니에 넣었다. 남이섬을 돌아보는 동안 '엇박자' 분위기였던 부부 둘은 이 대목에서 의견의 완벽한 일치를 이뤘던 모양이다. "빨리 도망가자"고 말이다.

없이 지내던 시절을 견디며 버텨낸 세대가 돈을 주웠을 때 한결같이 보이던 모습이다. 지금의 경우에서 보면 아련한 추억이며, 애틋한 회고다. 두 사람은 현장을 빠져 나와 돈을 세어본 모양이다. 자그마치 한 달 치의 생활비에 해당하는 액수였다. 조금 있다가 다시 시외버스를 타러 돈을 주웠던 '현장'에 도착했다. 혹시 잃어버린 돈을 찾는 사람이 있는가부터 확인했다. 돈을 찾으러 온 사람은 어쩐지 그 현장에는 없었다. 그로써 젊은 부부는 한 달을 잘 버텼다고 한다.

그는 돈을 자주 줍는다고 했다. 서울역 인근 청파동에 있는 대한신학교를 다니던 시절에도 그랬다. 저녁에 수업 마치고 버스를 타고자 서울역 앞을 지나가던 신학생 광훈의 눈에 공중전화 박스 안의 핸드백이 보였다. 사람이 없는 공중전화 박스의 핸드백이라. 그는 누가 두고 간 것이라 직감했다. 박스 안에 들어가 핸드백을 열어보니 2,000만 원이 들어 있었다. 당시 그 돈은 아주 큰 액수였다. 그는 그 자리를 고스란히 지키기로 했다. 누군가 찾아오리라 예감하면서. 한 30분이 흘렀던 모양이다. 드디어 한 아줌마가 나타났다.

"학생, 여기 내 가방 못 봤어요?"
"못 봤는데요."
"이제 나 어떻게 살아….."
"아줌마 일어나 봐요. 내가 가방 찾아줄 테니 예수 믿을래요?"

그에게 우연히 눈에 띈 돈이었다. 이번에는 남이섬 여행 때와는 달리 잃어버린 돈을 찾아주는 결말이었다. 어쨌든 그로써 전 목사는 생면부지의 한 여인을 기독교로 인도했던 모양이다. 그렇게 그는 굳이 관심을 기울이지는 않으나 돈이 오히려 그를 찾아드는 틀을 지니고 이 세상에 태어난 듯하다. '돈아, 제발 그냥 그 자리에 있어줘'라며 절규하면서 돈을 좇아 세상 모든 구석을 헤매는 사람과는 전혀 다른 스타일이다. 그럼에도, 매우 큰 액수의 돈을 주운 뒤 주인이 나타날 때까지 오래 기다렸다가, 마침내 나타난 돈 주인에게 돈을 돌려주면서 "예수를 믿어야 한다"며 조건을 달고 그를 성사시킨 전 목사의 기질은 다시 관심을 기울여 읽어볼 대목이 아닐 수 없다.

지금의 사랑제일교회도 그의 눈에 돈이 자연스레 눈에 띄듯 그렇게 우연히 왔다. 답십리 교회는 베니어합판을 가리고 강대 옆에서 생활했던 젊은 전도사 부부의 피나는 노력으로 한창 꽃을 발화하고 있었다. 성도 0명이었던 교회가 급기야 850명까지 불어난 상태였다. 13평의 작은 교회, 목회자 부부가 베니어합판으로 거처를 가렸던 그곳은 불어난 성도들을 수용할 수 없었다. 인근의 빌딩 2층으로 옮겼다. 그 빌딩으로 옮긴 이유는 간단했다. 우선 본래의 13평 교회가 너무 좁았던 이유가 하나고, 다른 한 이유는 "빌딩 교회에서도 부흥이 가능하다"는 신념을 현실로 펼치고자 한 전 목사의 고집이었다.

그러나 빌딩 교회도 이제 포화 일보직전이었다. 우선 월세가 문제였다고 한다. 전국에서 남의 빌딩을 빌려 하는 교회 중에서 전 목사의 교회가 월세 액수로 1위를 차지할 정도였다고 한다. 월세로 나가는 성도들의 헌금이 이제는 참 아까워 모종의 결단을 해야 할 시점에 이르렀던 듯하다. 그러나 옮길 마땅한 자리가 좀체 나타나지 않았다. 마침내 새 교회를 지을 차례가 온 것이다.

전 목사는 새벽마다 기도를 드렸다고 한다. "주여, 교회를 짓게 하여 주시옵소서"라면서 말이다. 그런 와중이었다. 답십리 인근의 한 극장이 부도를 냈다는 소식이 전해졌다. 극장 형태는 아무래도 대중이 모여 함께 예배를 하면서 기도와 찬송이 수월한 곳이었다. 의자의 배열도 극장이니까 계단 식일 수밖에 없었다. 직접 현장을 가보니 소음도 완전한 차단 상태였다고 한다. 그는 얼른 장로에게 연락을 했다. "어서, 이 극장으로 계약하자"고 말이다.

계약은 곧장 이뤄졌다고 한다. 일사천리 식의 진행이어서 기분도 참 좋았다고 한다. 그러나 잠을 자는 전 목사의 꿈에 계시가 있었다고 한다. "이 곳은 너의 교회가 아니다"라는 하나님의 계시였다고 한다. 전 목사는 곧 느꼈다고 한다. '오락을 벌이는 극장이라는 장소를 하나님이 반기시지 않는구나'라고 말이다.

그러나 계약금은 떼일 수밖에 없는 노릇이었다. 결코 작은 금액이 아니었다. 그럼에도 꿈에 나타난 하나님의 계시를 무시할 수도 없었다. 아무래도 착잡한 상황이었다. 계시를 잘못 들은 것은 아닐까라는 생각도 들 수 있었다. 그럼에도 결국은 계약을 포기할 참이었다. 그런데 누군가 찾아왔다. 극장의 주인이었다. 계약을 취소하기 위해서는 전 목사가 먼저 찾아가 만나야 할 극장의 주인이 거꾸로 찾아온 것이다. 그는 대뜸 "미안하지만, 계약을 취소합시다"라고 말했다.

불감청고소원(不敢請固所願)이라는 말은 여기에 쓰는 성어다. 내가 먼저 청하기는 어려운데, 정말 속으로 바라고 또 바라는 일 말이다. 먼저 계약을 취소하려면 그 계약금을 떼여야 하는 상황에서 오히려 상대방이 계약을 먼저 취소해도 좋으냐고 물어온 이 사례가 바로 꼭 그렇다. 그렇게 해서 빌딩 2층을 극장이 있던 자리로 옮기려던 계획은 물거품이 됐다. 그렇다면 어디로 교회를 옮겨야 좋을까. 고민이 또 깊어가고 있었다.

그러자 전 목사에게 또 꿈을 통한 계시가 있었다고 한다. 지금 장위동에 들어선 사랑제일교회 자리였다. 계시는 그렇게 명시적이지는 않았던 모양이다. '서울의 숲과 이문동 사이 어느 한 곳'이라는 계시였다. 전 목사는 그 계시를 바탕으로 교회의 장로에게 "서울 숲, 드림랜드, 이문동 사이에서 교회 지을 곳을 찾아보시라"고 주문했다는 것이다. 황 모 장로가 그 일을 맡았다고 한다. 그는 얼마 안 있다가 전 목사를 찾아와 이렇게 말했다.

"목사님, 기가 막힌 교회가 있는데….''

"그게 어디랍니까?"

"장X교회라고 하는데, 한경직 목사님이 지은 교회라네요."

"그 교회는 왜 옮긴답니까?"

"부흥을 잘 해서 큰 곳으로 옮긴대요. 그런데 문제가 조금 복잡해요. 교회에다가 그냥 팔면 신도들이 그냥 남아 있을까봐, 현대건설에다가 팔았답니다. 너무 좋은 자리인데 우리가 한 발 늦고 말았습니다."

"아, 아녜요…한 발 늦었다고 하는데, 결코 안 늦었습니다. 하나님이 '이곳에 너희 교회가 있다'고 분명히 말씀하셨어요."

이로부터 또한 전광훈 목사라는 사람의 기질과 수완(手腕)이 본격 드러난다. 그는 앞에서도 몇 차례 적은대로 돌아가거나 회피하지 않는 스타일이다. 우회(迂回)보다는 직진(直進)이 특기인데, 그 직진을 함에도 매우 격렬한 편이다. 특히 제 마음속의 믿음이 굳건한 사안이라면 그는 길옆에 자라난 풀 한 포기조차 곁눈질하지 않은 채 천리를 달리는 준마에 가깝다. 뒤늦은 거래에 나서 교회 터가 현대건설이라는 대기업에 팔리기로 한 것을 안 순간이었다. 웬만한 사람들이라면 '에이, 정말 한 발 늦었군'이라며 손을 떼는 게 정상이다.

그러나 천성이 '돌직구'인데다가, 믿음에 따른 '돌직구' 성격이 그 위에 덧붙여진 전 목사였다. 그는 곧장 그곳의 부동산 업자를 소환했다. 전 목사는 그에게 5,000만원을 주면서 "거래를 돌려라"고 부탁했다. 해결을 전제로 돈을 지급하겠다는 것이 아니라, 먼저 돈을 주면서 앞의 거래를 철회하라고 부탁한 것이다. 이 정도면 '돌직구'를 넘어 '강심장'에 해당한다. 그리고 매우 직설적인 화법이다. '가서, 싸워서, 죽거나, 살아라!'고 하는 전쟁터의 지휘관과 전혀 다름이 없다.

그 배짱이 곧 힘을 발휘하기 시작했던 모양이다. 부동산 업자는 먼저 있던 교회의 장로들을 하나씩 찾아갔다고 한다. 그 장로들이 드디어 흔들리기 시작했다. 한 사람씩 찾아가 권유와 설득 절반, 협박과 회유 절반의 '말발'이 통했던 듯하다. 그 내용이 지금 봐도 참 공교롭기 짝이 없다.

"원래 교회 있던 자리에 빌라나 아파트를 지으면 저주를 받는대요. 그 저주가 자자손손으로 이어진다고 하네요."

부동산 업자는 특히 새벽기도가 끝날 무렵에 그 교회를 찾아갔던 모양이다. 여러 가지로 봐서 부동산 업자는 설득 '아이템'을 아주 적절하게 골랐던 셈이다. 찾아가 설득하는 시점도 적당하기 짝이 없고 말이다. 이어 잔뜩 겁을 준 부동산 업자는 이런 말까지 늘어놓으며 '후속타'를 날렸던 모양이다.

"새 교회 들어선다고 하면 지금 신자들이 여기 남을까봐 걱정들

하시는 모양입니다만, 새로 오는 교회는 기껏해야 개척 교회라고 합니다. 그 교회 목사는 아예 이름도 없는 무명이고, 평판도 별로라고 해요. 새 교회 들어선다고 해도 누가 이런 목사 보고서 남아 있으려고 하겠어요? 걱정들 마시고 새 교회에게 넘기세요."

그럼에도 장로들은 "새 교회 목사 이름 뭐래요?"라고 묻기도 했다는 것이다. 그럴 때마다 부동산 업자는 "아무도 잘 몰라요"라면서 대수롭지 않게 넘겼다고 한다. 그런 곡절 끝에 결국 전 목사의 교회는 그곳에 자리를 잡는다. 부동산 업자는 전 목사를 찾아와 "새 교회 목

사가 누군지 알고들 싶어 하니, 교회 계약 체결하기 전에는 밤중에라도 얼굴 보이지 말고 꼭꼭 숨어 있으라"고 당부까지 했다. 그럼에도 전 목사는 새 교회를 꼭 보고 싶었다. 그는 마침내 한 밤중을 택해 움직였다. 몰래 찾아간 교회의 문을 열고 안을 들여다봤다. 전 목사는 당시를 회고한다.

"기도를 하면서, 꿈에 나타난 계시 속에서 하나님이 늘 말씀하시고 보여주셨던 그 교회의 모습이었습니다. 처음 보는 순간 가슴이 아주 벅찼습니다."

# 40

## 돈보다는 마음이 문제

그런 곡절에 곡절을 거쳐 결국 교회는 장위동 현재의 위치로 옮길 수 있었다. 그러나 곡절 끝에 닥친 것은 또한 돈 문제였다. 당시 교회를 사들인 가격은 34억이었다. 30여 년 전의 그 가격이니, 요즘으로 치면 그 10배 정도의 가격이라고 칠 수 있겠다. 결코 작지 않은 금액이었다. 그러나 당시 교회에서 가지고 있는 돈은 5억에 불과했다고 한다. 그 5억은 계약금으로 충당할 만한 액수에 지나지 않았다.

그럼에도 결국 계약을 진행한 것은 전 목사의 배짱이었다. 그는 웬만한 사람이면 턱도 없는 액수에 짓눌려 포기할 수밖에 없는 상황을 이렇게 돌파하고 있었다. 우선 답십리 교회에서 설교를 마친 뒤 그는 칠판 한 복판에 교회 통장 계좌번호를 크게 썼다. 아울러 설명 조항을 이렇게 썼다.

'내일 자정까지 헌금할 사람은 이 계좌로 헌금을 하시고, 헌금을 못할 사람은 이웃에서 돈을 빌려 이 통장에 넣어주십시오. 내일 12시까지 입금치 않으면 교회 계약은 파기됩니다. 나중에 교회가 부흥하면 이자는 지급 못합니다만, 어려운 사람부터 하나씩 원금을 내가 반드시 갚겠습니다.'

기적은 마침내 이뤄졌다고 한다. 이튿날 정오까지 교회 통장 입금 액수는 약 40억 원, 목표치인 34억을 훌쩍 넘어선 액수였다. 전 목사는 이를 "사랑제일교회의 저력이자 위력"이라고 자랑한다. 실제 돈을 모아준 신도들에게는 곧 원금을 모두 갚았다고 한다. 신도들은 대개 기독교를 믿지 않는 사람들로부터 돈을 빌렸던 모양이다.

전광훈, 자유 통일의 길

그렇게 돈을 빌려준 사람 중에는 아주 비싼 이자를 받는 것으로 유명했던 할머니 한 분이 있었다고 한다. 재정 등을 담당했던 황 모 장로는 어느 날 전 목사를 찾아와 "이자가 비싸기 때문에 이번에는 이 할머니 돈을 먼저 갚자"고 했단다. 그래서 황 장로는 교회 재정부가 모은 돈을 들고 그 할머니를 찾아갔다는 것이다. 그러나 할머니는 이렇게 나왔다고 한다.

"이 돈 다 갚았는데, 왜 또 갚으러 왔어요?"

"아니에요, 우리는 교회 다니기 때문에 거짓말 안 합니다. 안 갚았습니다."

"이미 갚았다니까요. 내가 예수는 안 믿어도 돈을 두 번은 못 받아요."

"교회에서는 재정 담당하는 사람이 여럿이 있구요, 그 사람들이 반복해서 체크해요. 우리는 아직 돈을 안 갚았어요."

"그래도 나는 양심상 돈은 두 번 못 받습니다."

지금도 이 미스터리는 풀리지 않았다고 한다. 할머니는 결국 돈을 이미 받았다는 입장을 굽히지 않았고, 그에 따라 교회도 돈을 주지 않았다고 한다. 그렇다면 누가 '오른손이 한 일을 왼손이 모르게 하라'는 말씀을 따른 것일까. 그 가능성이 현재로서는 가장 크다고 한다. 그럼에도 이미 30년이 지난 일이다. 그 오랜 세월이 지났으면 누군가 나타나 "사실은 그 때 내가 빌린 돈을 갚았다"는 고백이라도 나와야 옳은데, 교회 주변에서는 아직까지 그 사례가 없다는 것이다.

그 할머니로부터 빌린 돈은 몇 억 원대였다고 한다. 지금 액수로 보면 매우 큰돈인 셈이다. 그럼에도 갚았다고 고백하는 사람이 없으니 참 신기한 일이다. 설교 때 전 목사는 이 대목을 언급하면서 가끔 이런 풀이도 하는 모양이다.

"참 희한한 일입니다만, 혹시 천사들이 한국조폐공사에 가서 돈을 가지고 나와 성경에 나온 것처럼 천사들이 사람으로 변신해 돈을 갚은 것 아닌가 싶어요. 신약이나 구약에도 그런 사례가 종종 등장하지 않습니까? 아무튼 나는 인생 전체를 걸고 예수님을 믿었기 때문에 내가 그 믿음으로 가는 길에는 물질이 마르지 않습니다. 그럴 때마다 '나의 앞에 반석에서 샘물 나게 하시네'라는 찬송의 대목을 떠올리고는 합니다."

전 목사는 돈을 끌어 모으는 재주보다는 모여 있는 돈을 쓰는 데 아주 능한 스타일이다. 그는 줄곧 일반 교회 부흥회의 스타 부흥사였다. 그래서 온갖 부흥회에서 그를 모시려고 야단법석일 때가 많았다. 그런 부흥회에 갈 때마다 그는 적지 않은 사례금을 받는다. 액수가 결코 적지 않다. 그 돈들을 착실하게 모았다면 지금은 아주 대단한 액수였을 것이다. 그럼에도 그는 그런 사례금을 형편이 좋지 못한 교회의 사모들에게 곧장 줬다고 한다. 살림에 보태 쓰라면서 말이다.

그러나 그는 뒤늦게 그렇게 호의에서 나눠준 돈이 의외로 낭비되는 경우를 들었다고 한다. 특히 "살림에 보태 쓰시라"고 건넨 돈들이 교회 사모들의 해외 성지순례 등으로 '전용'이 잦다는 얘기를 많이 들었다고 한다. 그래서 그는 한참 세월이 지난 뒤에 이렇게 깨달았다고 한다.

'사례비를 안 받거나 돌려주는 일이 꼭 좋지만은 않구나. 아예 모아뒀다가 더 좋은 일에, 크게 쓰는 것이 현명하겠구나.'

아무튼 교회를 새로 옮기는 과정에서 성도들은 헌신적으로 돈을 보내왔다. 그러나 이자는 스스로 갚는다고 해도 원금을 빨리 갚아야 부담을 줄일 수 있었다. 신도들의 앓는 소리가 전해졌다고 한다. 어느 신도는 "아유, 목사님, 돈 빌려준 사람 독촉이 장난 아니에요. 어떻게 하면 좋아"라는 하소연 등이었다. 전 목사의 앞에 있는 반석에서는 또 물이 솟아오를까. 그랬던 듯하다. 전 목사는 그 무렵에 영등포에 있는 영신교회의 부흥회에 갔다고 한다. 그는 이미 유명한 부흥회 강사였다. 그날도 전 목사는 깊은 성령의 힘으로 부흥회를 이끌었다고 한다. 그 교회 담임목사가 인사를 건넸다.

"목회하신다고 고생이 많으시네요?"
"네."
"뭐가 제일 어려우신가요?"

"지금 제가 5억원 가지고서 34억 원짜리 교회를 샀는데, 죄다 신도들의 헌금이랍니다. 지금 신도들이 돈 갚아달라고 난리입니다."

"아, 그래요? 더 신경 쓰지 말고, 내일 한 번 다시 와보세요."

다음날 찾아간 전 목사에게 영신교회 담임목사가 한 사람을 소개했다. 월남에 파병을 갔던 이른바 '월남 파병 용사' 출신이었다. 김포 출신으로 지금의 베트남에 파병을 가서 받은 월급이나 수입으로 자신의 고향인 김포 일대에 땅을 사뒀다가 땅값이 오르면서 '벼락부자'가 된 사람이라고 했다. 그는 전 목사의 사정을 듣더니 "농협은행에 함께 가자"고 제안했다. 전 목사를 데리고 농협에 간 그 부자는 "내가 보증을 설 테니 필요한 돈 싹 다 가져가라"고 했다. 전 목사는 그 부자의 보증으로 필요한 돈을 다 끌고 와서 성도들의 돈을 모두 갚았다고 했다. 돈과 헌금에 관한 전 목사의 견해는 이렇다.

"나는 헌금하는 사람들을 보면서 미안하거나 애처롭다는 생각을 하지 않습니다. 왜 그러냐구요? 헌금은 사실 보증수표라고 봅니다. 성경 말씀 그대롭니다. '심는 대로 거두리라'는 말씀이죠. 그래서 저는 믿음을 지니고 나아가는 길에 물질이 마르지 않는다고 생각합니다. 전국의 부흥회를 다녀보면 보이는 게 있습니다. 목사님들이 재정 때문에 교회에 부도가 나곤 합니다. 교회를 팔고 난리가 이어집니다. 그런 교회는 특징이 하나 있습니다. 목사님들이 헌금을 안 하는 경우입니다. 아무리 신령하고 열다섯 가지 방언을 해도 목사님들이 하나님께 헌금을 안 하면 소용없습니다. 안수하면 방언도 다 터지고 하지만, 그런 목사에게는 하나님이 물질의 권세를 결코 주지 않습니다. 심지도 않았는데 뭐가 나겠습니까?"

# 41
## '이승만'을 가르쳐 준 아저씨

먼 옛적 낙동강은 넘치고 넘쳤지.

넘친 물은 눈에도 마을에도 넘쳐서

비만 오면

논밭은 강물.

마을은 울음의 바다.

칠백리 강변에 논 서너 마지기.


이것은 가슴 아픈 얘기였다.

이것은 슬픈 전설이었다.


세월은 강물처럼 무심히 흘렀고

안동, 예천,

저 바다까지 흐르고 흘러

강을 건너는 사람,

강을 떠나는 사람,

낙동강 오리알도 머물지 못하고

강물에 자주자주 휩쓸려 가고


저 황폐한 강,

분노의 강

그건 이제 옛날 옛날 소시 때의 이야기.

이제 댐이 쌓여서 빗물이 고이고

강이 천천히 흐르자,

푸른 평야는 넓어지고

마을에는 웃음이 가득 찼다.

(중략)


낙동강 오리알은 지금도 살아있다.

이제는 비가 와도 휩쓸려가지 않고

마을을 떠나는 사람도 없다.

아침에서 저녁까지

저 도도히 흐르는 물소리

그것은 지금도 내 가슴의 동맥으로

살아서 고동치고 있다.

낙동강

낙동강 칠백리….

- **낙동 타령**(전성천) -

1976년 〈낙동강 소금 배〉라는 책이 나왔다. 지은이는 전성천(全聖天)이라는 사람이다. 위에 소개한 시의 제목은 '낙동 타령'으로 나와 있다. 책의 저자가 직접 읊은 시의 대상은 낙동강, 그 유장한 칠백리 물길에 담긴 정한이 우선 가슴에 와 닿는다. 대한민국 건국 뒤로 이어졌던 댐 건설로 낙동강의 환경이 변하고 있음을 이 시가 말해주고 있다. 물길의 변덕으로, 아울러 계절풍 기후의 심술로 늘 칠백리 낙동강 유역에서 빚어졌던 홍수와 가뭄이 사라지고 있음을 느낄 수 있다. 그로써 "강을 건너는 사람, 강을 떠나는 사람"들의 모습이 점차 사라지고, 물만 오면 떠내려갔던 "낙동강 오리알"도 이제는 더 이상 물에 휩쓸려 내려가지 않는다는 점을 적고 있다.

이 정서는 앞에서 적을 만큼 적었다. 유년과 소년기를 낙동강에서 보냈던 전광훈 목사의 정서 바탕과 매우 흡사하다. 지은이 전성천은 1913년 경북 예천에서 태어나 2007년 타계한 사람이다. 범상치 않은 경력을 지닌 인물이기도 하다. 우선 일제 때 출생해 일본 아오야마(青山)대학 신학부를 마친 뒤 미국으로 가서 대한민국 건국 대통령인 이승만 박사의 모교 프린스턴 대학에서 신학 석사를 받았다. 이어 그는 더 나아가 미국 최고 명문이랄 수 있는 예일 대학에서 박사 학위를 받았다. 학력으로 보자면, 그 당시에는 매우 드물어서 희귀하다고까지 할 수 있는 고학력자다.

그의 생애는 참 복잡하며 다단했다. 비단 그 뿐만이 아닐 것이다. 일제의 한반도 강점으로 나라를 잃은 시기 전후에 태어난 사람들이 다 그랬다. 마음으로는 잃은 나라에 대한 울분이 반드시 있었을 테고, 물질이나 제도 차원의 극심한 변화 속에 문명적인 시각에서 바라보는 착잡함의 정서도 매우 컸을 것이다. 그는 '낙동강 타령'이라는 제목의 위 시에서 그 착잡함을 잘 묘사하고 있다. 낙동강을 건너고, 가난과 굶주림으로 마침내 그곳을 떠나야 했던 사람들의 심정도 잘 그려내고 있다.

일제가 물러가고 막 세운 우리의 나라 대한민국, 그리고 곧 터졌던 김일성 북한군의 남침, 다시 그 뒤를 이어 어려운 환경 속에서도 발전과 번영으로 향하는 대한민국의 상황을 낙동강 풍경에 빗대 적어가고 있다. 그 자신 또한 이런 '착잡한 풍경' 속에 적응자의 삶을 살고 있었다. 그는 유학을 마치고 조국에 돌아와 서울대학교 등에서 신학을 가르치다가, 서울신문사 회장 등으로 언론에 몸을 들였고, 급기야 이승만 대통령의 부름을 받아 공보실장(현재 문화관광체육부 장관 급)을 역임한다.

그는 이승만 대통령 정부에서 장관급 공보실장을 역임하면서 경향신문 폐간 등과 관련이 있다는 이유로 1960년 4.19 직후 2년 동안 수감생활도 했다. 그러나 그는 신앙인이었다. 누구도 가기 어려웠던 시절 일본, 미국의 최고 학부에서 신학을 전공했으며, 교수에 이어 목사로서 사회운동을 벌이기도 했다. 게다가 언론인이면서 장관 급 고위 공무직을 수행한 이력도 있다. 그러나 다른 무엇보다 이 글에서 전성천 박사를 언급하는 이유는 그와 전광훈 목사와의 개인적인 인연 때문이다.

결론부터 말하자면, 전성천 박사는 전광훈 목사의 7촌 아저씨다. 따라서 전 목사의 부친이 전성천 박사의 6촌 아우다. 전성천 박사의 출생지는 전광훈 목사가 태어난 경상북도 의성군 쌍호리 낙동강 굽이의 건너편인 경상북도 예천군 지보면 지보리 상락 마을이다. 앞에서도 언급을 했지만, 두 지역은 낙동강 굽이를 가운데 두고 서로 마주보는 곳이다. 또한 전 목사는 출생지만 의성일 뿐, 그 집안이 본래 터전으로 삼아 살던 곳은 예천의 지보리 상락 마을이다.

예전의 시골에서 태어나 자란 사람들은 잘 안다. 한 고향 마을에서 6촌은 멀지 않은 관계다. 증조부 대에서 갈라졌다고는 하지만 실제 같은 집안에서 함께 생활하는 사이, 또는 적어도 한 마을에서 집안 경조(慶弔)에 관한 대소사(大小事)를 늘 함께 의논하고 견디며 이겨내는 과정 속에 있던 한 핏줄의 집안사람이다. 실제 전 목사의 부친은 전성천 박사와 함께 외지 생활도 함께 한 이력이 있다고 한다. 전 목사의 회고다.

"해방 전에는 전성천 박사님을 따라 아버님이 평양에도 함께 옮겨
가 생활을 한 적이 있다고 들었습니다. 큰아버지인 전 박사님이 당시
평양에서 일자리를 잡았는데, 그때 집안 동생인 아버지를 불러 일자
리를 줘 함께 생활한 적이 있다는 겁니다. 그 뒤 다시 이승만 대통령
의 자유당 시절, 큰아버지인 전 박사님이 공보실장을 맡으셨을 때 아
버지를 서울로 올라오게 한 뒤 당시 공보실 수위 일을 시킨 적도 있
습니다."

이 전성천 박사라는 인물은 전광훈 목사의 성장과 발전에 아주 깊
은 영향력을 미치는 사람이다. 우선 그는 경상북도 예천과 의성에 걸
쳐 있는 전씨(全氏) 집안의 자랑스러운 인물이다. 당시에는 어느 누구
도 기대할 수 없었던 해외 유학에 올랐고, 그로써 매우 높은 학식을
쌓은 사람이며, 아울러 대한민국의 국무위원 급 공직에 올랐던 인물
이기 때문이다. 또한 그는 공직 뒤에도 지금의 성남교회를 세워 1971
년에 벌어진 대규모 사회운동을 이끌기도 했다.

그러나 전광훈 목사에게는 '이승만'이라는 요소가 더 중요했다.
대한민국의 건국 대통령 이승만 박사는 마침 전성천 박사의 학교 대
선배였다. 아울러 그를 직접 호출해 공보실장을 맡긴 '어른'이기도 했
다. 전성천 박사는 이승만 대통령을 매우 존경하며 자랑스러워했다

고 한다. 특히 자신의 곁으로 불러들인 7촌 조카 광훈에게 틈만 나면 이승만 대통령의 업적과 한국 역사 속에서 이승만 대통령이 차지하는 의미를 설명했다는 것이다. 그로써 당시 전도사 생활을 하며 수련에 수련을 거듭하고 있던 광훈에게 이승만 대통령의 위상은 아주 깊이 각인됐다고 한다.

그렇다고 광훈이 고향에서 처음 '잘 나가는 큰아버지'를 만났던 것은 아니다. 첫 대면은 조금 우스꽝스럽다. 공부와는 아예 담을 쌓다시피 하고 살았던 광훈이었다. 그러나 어린 광훈에게도 "일찌감치 미국 유학을 다녀온 집안 어른 전성천 큰아버지"는 생소한 인물이 아니었다. 그의 모친은 공부에는 관심조차 기울이지 않는 고등학생 광훈을 이끌고 서울에 있는 '시아주버니' 전성천 박사를 찾아간 적이 있다고 한다. 광훈이 기차를 타고 고향에 내려갈 때마다 찻간을 오가며 "예수를 믿으라"고 외치고 다녔던, 이른바 '노방 전도'에 한참 골몰했던 시절이라고 한다. 아들의 앞길을 걱정했던 모친은 어느 날 서울에 올라와 아들 광훈을 데리고 사회적으로 명망이 높았던 시아주버니 전성천 박사를 찾아가 이렇게 고민을 털어놓았다고 한다.

"우리 아들이 공부를 너무 안 합니다, 아주버님."
"제수씨가 예수님을 믿지 않으니까 이런 녀석이 나오는 거야, 제수씨도 이제는 마음 고쳐먹고 교회를 다녀요."
"시아주버님이 그래도 제 아들 녀석 좀 잘 가르쳐 주세요."

그렇게 광훈은 집안 큰아버지 전성천과 처음 대면한다. "제수씨도 이제 예수를 믿어야 한다"며 단호하게 다그치는 전성천 박사의 모습을 당시 광훈은 인상 깊게 바라봤던 모양이다. 이어 그 자리에서 전성천 박사는 광훈에게 두 가지 가르침을 내렸다는 것이다. 이런 내용이다.

"앞으로는 미국이 더 세계를 주도하는 날이 온다. 너는 다른 공부를 하지 않아도 좋지만, 이제부터는 반드시 영어를 공부해야 한다. 영어 공부를 해야만 새로 다가오는 세계의 질서에 호응할 수 있다. 큰아버지 말을 다 안 들어도 좋지만 영어 공부는 꼭 해야 하고, 다음은 이승만 대통령을 반드시 알아야 한다. 대한민국 사람으로서 건국 대통령인 이승만 박사를 모른다면, 그건 수치다. 우리 민족의 고난을 굳센 의지로 이겨낸 분이니 꼭 그분을 잘 알아야 한다. 내 말 꼭 명심해라."

앞에서 소개한 '낙동 타령'의 저자가 전성천 박사다. 그와 낙동강을 주제로 공감대를 이룰 수 있는 한 사람이 또한 전광훈 목사다. 낙동강의 소금 배는 사실 전성천 박사에게 해외 유학의 길을 터 준 계기이기도 했다. 전 목사의 기억에 따르면, 집안 4대 조모가 사실 이 소금 배를 타고 올라온 선교사의 선교에 감화를 입어 믿음에 들었고, 그 선교사와의 인연으로 결국 전성천 박사가 나중에 미국의 유학길에 오를 수 있었다는 것이다. 그 집안에서 전해져 오는 이야기라고 한다.

그 전성천 박사는 나중에 이승만 정부의 장관 급 고위공직자를 지내기도 했으나 그의 본래 줄기는 신앙인이다. 서울 공릉동과 경기도 지평의 교회를 맡아 이끌다가 결국은 1970년 경기도 광주 대단지 제일교회를 개척한다. 나중에 이 교회의 이름은 성남교회로 바뀐다. 전목사는 이 무렵 전성천 박사와 자주 대면했다고 회고한다. 특히 광주 대단지는 당시 서울의 이주민들이 거처를 잃고 몰려든 곳이었고, 1971년에는 대규모 시위까지 벌어지는 아주 유명한 곳이었다.

　전성천 박사는 성남교회를 이끌면서 당국과 철거민 사이의 협상을 중재하는 대표 자리에 올라 본격적인 사회운동에 뛰어들기도 한다. 전 목사는 전성천 박사의 집을 자주 오갔고, 나중에는 그 성남교회에서 전성천 박사를 1년 여 보좌하면서 많은 가르침을 들었다고 했다. 그의 회고는 이렇다.

　"집이나, 교회에서 시간만 나면 전 박사님은 '이리 와서 앉아 얘기 좀 하자'며 불렀습니다. 인생을 살아가는 이야기도 있기는 했지만 대부분은 이승만 대통령에 관한 이야기였습니다. 이승만 박사의 개인적인 성장사와 행적, 그리고 혼인에 관한 일화, 그의 신념과 인물 됨됨이 등 아주 다양한 내용이었습니다. 저는 친척 아저씨이자 목회자인 전성천 박사님을 통해 이승만 대통령이라는 사람을 진지하게 연구하기 시작했습니다. 지금도 이승만 대통령 이야기를 미주알고주알 아는 것은 그 때 집안 아저씨에게 듣고 배운 과정 때문입니다."

전성천 박사가 일깨운 '이승만의 의미'는 나중에 전광훈 목사에게 어떤 화학적인 작용을 일으킬까. 전 목사의 각종 공개적인 발언에서 나오는 중요한 요소들을 배열해보면 이렇다. 우선은 믿음의 대상인 하나님, 예수님, 성령님이다. 그러나 그와 병렬할 수 있는 요소는 국가와 민족, 우리 사회다.

성령의 차원에 못지않게 그가 늘 강조하는 것은 이 현실적인 영역이다. 국가와 민족은 그 중에서 늘 꼭대기를 차지하는 최상위 항목들이다. 이런 각성은 아무래도 그 연원이 따로 있다고 보인다. 그 각성의 시작은 어디쯤일까. 그에게 '이승만의 의미'를 일깨운 전성천 박사의 저서 등을 살펴보면 고향을 향한 끝없는 회고, 가족 등 혈연사회의 가족 구성원에 대한 뜨거운 애정, 사회 전반에 이를 확산코자 하는 기독교적 사랑 등의 면모 등이 다 읽힌다. 아울러 그는 "이승만 대통령을 모르면 우리의 수치"라는 신념을 지닌 사람이기도 했다.

이런 전성천 박사와 지금의 전광훈 목사는 분명히 어떤 상관관계가 있다고 봐도 무방하다. 두 사람이 본래 고향으로, 혈연으로 묶이는 사이였다는 점이 우선 그렇다. 아울러 집안의 왕래를 넘어 전 목사가 전 박사로부터 가르침을 받는 과정이 있어서 또한 그렇다. 국가와 민족에 대한 전성천 박사의 여러 상념은 '이승만의 의미'를 강조하는 쪽으로 모여 나타났고, 당시 젊고 어리기조차 했던 전광훈은 종교적 신념과 함께 그 소중한 의미를 받아 깊이 사색하고 탐착하는 과정을 거쳤다고 볼 수 있다.

그의 소년과 청년기의 방황을 성령으로 이끈 주역은 이모, 장모를 비롯한 일부 유명 목회자들이다. 아울러 그가 목사 안수를 받은 이후에도 기라성과 같은 한국 기독교계의 거목들로부터 굵직한 가르침을 받는다. 그러나 성령의 힘 외에 그에게 국가와 민족, 더 나아가 사회적 정의를 주제로 생각의 큰 물꼬를 터준 사람은 거의 없다. 전성천 박사가 지금의 전광훈 목사에게 미친 영향력은 이 대목에서 깊이 생각해 볼 일이다.

그러나 전성천 박사는 전 목사에게 이승만 대통령에 관한 일화를 자주 들려주면서 정작 그에게는 "기술을 배워라"고 충고했다고 한다. 과학과 기술을 바탕으로 산업적인 발전을 이뤄 국가를 발전시켜 후진국의 면모를 벗고 중진국, 선진국으로 나아가야 한다는 강박관념이 당시의 지적인 엘리트들에게는 매우 대단했던 모양이다. 그런 맥락에서 전성천 박사는 고향의 7촌 조카 전광훈을 격려하고 가르치면서 늘 기술 직업을 가지도록 당부했다는 것이다.

그럼에도 전성천 박사의 설득은 아예 효과가 없었다. 이미 성령의 체험을 거쳐 두텁고 굳센 믿음의 토대를 형성한 조카 전광훈은 요지부동이었다. 그는 더욱 더 강렬한 믿음의 세계로 진군했고, 유명 목회자가 이끄는 각종 부흥회를 다니며 더 큰 신앙의 바다에 빠져들기만 했다. 그런 전성천 박사와 전광훈 목사의 마지막 만남이 인상적이라면 인상적이다. 전성천 박사가 90세를 맞았을 때라고 한다. 이제 기독교계에서 이름을 막 떨칠 무렵이었던 전 목사는 90세 고령의 집안 아저씨를 인사 차 찾아갔다고 한다. 물끄러미 전 목사를 바라보던 전성천 박사는 마침내 입가에 엷은 미소를 지으면서 한 마디를 던지더란다.

"광훈아, 네가 기어코 목사를 하는구나…!"

# 42
## 현실 정치의 필요성을 일깨운 사람

집안 아저씨 전성천 박사로부터 전광훈 목사가 얻은 깨달음은 '이승만의 의미'를 통한 국가와 민족의 소중함이었다. 그렇다면 그 소중한 인식을 현실 정치에 어떻게 접목을 할 것인가도 중요했다. 그런 점에서 전광훈 목사에게 지대한 영향을 미친 사람이 있다. 김준곤 목사다. 그는 대한민국 기독교의 궁극적인 부흥과 공산주의 세력으로부터 대한민국의 기독교를 지켜내기 위해 평생의 노력을 다 바친 인물이다. 이제 그 이야기다.

김준곤 목사는 1925년 전라남도 신안군에서 태어났다. 전광훈 목사의 회고에 따르면, 김준곤 목사의 가장 빛나는 업적은 대한민국에 '대학생 선교회(CCC: Campus Crusade for Christ)'를 정착시킨 일이었다. 위키백과의 소개를 잠시 인용해 보자.

"한국CCC는 국민 1인당 GNP가 78달러이던 1958년, 김준곤 목사에 의해서 시작되었다. 한국 전쟁 당시 아버지와 아내가 학살당하고, 여러 차례 죽을 고비를 넘긴 김준곤 목사는 광주 숭일 중·고등학교 교장을 역임한 후 1957년 미국 풀러신학교에 유학 중 로키 산맥에 있는 수양관 포레스트 홈(Forest Home)에서 간증할 기회를 얻었는데 그 자리에 참석한 빌 브라이트(CCC 창립자)가 김준곤 목사의 간증에 감명을 받고 동역자가 되어 줄 것을 제안했고 이로써 최초의 해외 국가 CCC가 태어나게 되었다."

해방 뒤의 상황은 대한민국 전역이 그랬듯이 혼란의 연속이었다. 한국 기독교계도 그를 곱게 비켜갈 수 없었다. 좌우가 뒤섞여 어지러운 상황을 거듭 이어갔다. 특히 만주 일대에서 유행했던 좌경신학의 영향이 매우 도저하게 한국의 기독교계를 덮어가던 정황도 있었다고 한다. 기독교의 좌경화가 점차 심도를 더 해 갈 무렵, 이런 분위기에 제동을 걸기 위해 노력한 가장 대표적인 인물이 김준곤 목사라는 것이 전광훈 목사의 진단이자 평가다. 6.25전쟁 때 김준곤 목사는 자신이 태어난 고향에서 부친과 아내 등이 공산군에게 직접 학살당하는 장면을 쇠사슬에 묶인 채 지켜본 끔찍스런 기억의 소유자이기도 했다. 전광훈 목사의 진단이다.

"해방 뒤, 그리고 전쟁 이후 대한민국 기독교계는 좌경신학의 영향을 크게 받기 시작했다고 봅니다. 1950년대 말에 이르면서 낭만적인 민족주의에 편승한 좌경화 바람이 대한민국 전체를 뒤덮고도 남을 만큼 아주 거셌지요. 기독교계도 결코 예외가 아니었습니다. 김준곤 박사가 그 무렵 미국을 다녀온 뒤 대학생 선교회를 조직했습니다. 크게 기울어 아예 좌경화하는 추세에 본격 제동을 걸 수 있었던 데에는 김준곤 목사님의 CCC 역할이 아주 지대했다고 평가해야 합니다. 대한민국 기독교 역사에서 김준곤 목사님은 다시 평가를 받아야 할 인물입니다. 그 기념관까지 지어야 한다고 나는 생각합니다."

전 목사는 당시 좌경화하는 흐름 속에서 성장하고 있던 많은 젊은 기독교인들이 김준곤 목사가 이끌었던 CCC 덕분에 아주 거셌던 좌경화의 흐름에서 가까스로 탈출할 수 있었고, 마침내 숱한 목회자들이 올바르게 성장해 지금의 각 대형 교회를 이끌면서 대한민국 기독교계가 정상적인 상태를 이어갈 수 있었다고 설명한다. 여러 기록을 보면, 김준곤 목사는 당시의 심각한 좌경화 현상을 우려하다가 급기야 박정희 대통령을 찾아갔다고 한다. 이는 몇 가지 기록에서도 나타나는 일화다.

박정희 대통령을 찾아갔던 김준곤 목사는 우선 땅을 요구했던 모양이다. 박 대통령을 면담한 그 자리에서 김 목사는 "대한민국은 자칫 잘못하면 망하게 생겼습니다"라고 운을 뗐다고 한다. 이어 김준곤 목사는 대한민국의 망할 수 있는 이유를 '공산주의 세력의 발호'라고 못 박았다는 것이다. 아울러 자신이 미국에서 CCC를 이끌어 왔으니 이를 통해 대한민국에서 발호하는 공산주의 세력에 맞서야 한다고 주장했다고 한다. 이에 대해 박정희 대통령은 즉각 지금의 중구 정동에 있던 옛 러시아 대사관 부지를 쓰도록 허락했고, 김준곤 목사는 그곳에 CCC회관을 지었다는 얘기다.

그 즈음이었던 모양이다. 전광훈 목사는 당시 고등학생이었다. CCC 정동 회관에서 진행하는 훈련 프로그램에 참여했다고 한다. 그때 전광훈은 김준곤 목사를 처음 봤다. 까만 두루마기를 입고 강대에 올라 참여자들에게 설교를 하는 장면이었다. 김준곤 목사는 당시 구원에 관한 설교를 했고, 고등학생 광훈은 전율을 느끼면서 그 설교를 귀담아 들었다고 한다. 그렇게 맺어진 인연이었다.

아주 젊은 기독교의 목회자로 성장해가면서 전광훈 목사는 김준곤 목사로부터 많은 영향을 받는다. 특히 좌경화하는 흐름에서 대한민국의 기독교를 지켜내는 현실적인 방법에 관한 한 김준곤 목사는 전광훈 목사의 사표(師表)라고 해도 좋은 인물이다. 실제 김준곤 목사가 세운 한국 CCC의 현실 참여적인 본보기는 매우 많다. 위키백과의 소개를 다시 인용한다.

"한국 CCC는 1958년 김준곤 박사가 시작하여 50여 년간 민족복음화와 세계선교에 주력해 왔다. 광주를 시작으로 서울 등 전국 주요 도시로 확산되면서 1960년에는 서울, 부산, 대구, 대전, 광주, 전주에서 캠퍼스전도 사역이 본격적으로 시작되었다. 서울을 비롯해서 전국 50여개 주요 도시와 해외 15개국에 1,000여명의 간사를 파송하여 학원, 계층, 지역 복음화에 주력하고 있다. CCC는 전도, 육성, 훈련, 파송을 목적으로 하여 1974년 EXPLO '74를 비롯한 '80 세계 복음화 대성회, '95 세계 선교대회 등을 통하여 한국 교회의 제자화 운동과 영적 부흥에 기여해 왔으며 선교의 불을 세계 각국에 옮기는 계기가 되었다.

CCC는 보다 효과적인 사역을 위해 4영리를 통한 개인전도와 제자화 사역, 음악, 스포츠, 매스컴을 통한 선교, 의료봉사 및 선교, 직장인 선교활동, 교수사역, 어머니 성경공부, 새 생명 훈련원(NLTC), 사랑의 무료급식, 사랑의 내복 나누기운동, 문서출판사역, 사랑의 헌혈운동, 호스피스, 노인복지관, 북한에 젖 염소 보내기 운동 등을 통해 학원과 나라와 민족에 복음을 전하며 교회부흥과 성장에 기여하고 있다."

김준곤 목사와 전광훈은 어느덧 자상하지만 엄밀한 스승, 각종 부흥회를 휩쓸고 다니면서 유명세를 더하고 있는 젊은 제자로서 줄곧 사제(師弟)와도 같은 교감을 해온 사이로 발전한다. 그 김준곤 목사는 2009년 타계한다. 세상을 뜨기 몇 년 전이었다고 한다. 김준곤 목사가 시도 때도 없이 전광훈을 호출하는 일이 잦아졌다고 한다. 나긋나긋하며, 서두르지 않는 듯했으나 그 안에는 가을 서릿발과도 같은 엄격함을 지닌 김준곤 목사의 목소리가 늘 전광훈을 깨웠다고 한다. 새벽에 전화기로부터 흘러나오는 김준곤 목사의 음성은 한결같았다.

"일어나셨는가?"
"예, 그럼요. 일어났습니다. 잠도 안 주무시고….."
"기도해야지요. 어떻게 잠을 잡니까? 그래, 오늘은 어디를 가시는가?"
"아침에 코리아나 호텔도 갔다가 롯데호텔도 들립니다."
"바쁜 줄 알지만, 오늘 한 번 왔다 가실 수 있는가?"

대개 이런 식이었다고 한다. 안부를 묻는 전화라기보다는 사실 가르침을 내리는 전화였다고 전 목사는 회고한다. 거의 매일, 2년 동안 이런 전화는 이어졌다고 한다. 그런 전화를 받고서 전광훈 목사는 어김없이 김준곤 목사를 찾아가 뵀다고 한다. 둘이 만나서 하는 이야기는 많았다. 김준곤 목사는 찾아온 전 목사에게 때로는 같은 이야기를 반복해서 하는 경우도 많았던 모양이다. 그러나 그 요지를 보면 대개가 이랬다고 한다.

- 대한민국의 기독교계가 좌경화 흐름을 쉽게 탔던 이유는 해방 직후 만주 일대에 유행했던 좌경신학의 한국 유입
- 당시 좌경신학이 유행했던 봉천(지금의 랴오닝 선양)의 신학 흐름
- 대한민국에서 CCC를 세워 좌경화 흐름에 대응하지 않을 수 없

었던 이유

· 앞으로의 대한민국 기독교의 성장 방식


이밖에도 김준곤 목사는 당시 세계정세의 흐름과 기독교계가 그에 대응하면서 이겨내야 할 과제 등도 언급했다고 한다. 전광훈은 그런 김준곤 목사의 '가르침'을 깨알같이 메모해서 간직했다고 한다. 그런 날이 2년 정도 이어지다 보니, 문득 '내가 꼭 이래야 하나?'라는 회의도 들었다고 한다. 마침 김준곤 목사 밑에는 대한민국 대형 교회를 무리 없이 잘 이끌어 나가는, 그야말로 스타급의 대형 목사들도 많았다. 전 목사는 '이런 대형 교회 목사들도 많은데 왜 나한테 이러실까'라는 생각이 문득 들었다고 한다. 그래서 하루는 이렇게 당돌하게 물었다고 한다.


"목사님, 기라성 같은 제자들을 많이 키워 지금 그들이 대한민국에서 이름만 대면 모두 아는 그런 대형 교회의 목회자들로 활동하고 있지 않습니까? 이런 가르침은 저들에게 필요하지, 저처럼 이름이 크지 않은 사람에게 필요하지 않지요. 왜 이런 말씀들을 줄곧 하시는 겁니까?"


그러면서 전 목사는 김준곤 목사가 직접 키운 당대의 유명 목사들 이름을 갖다가 댔다고 한다. 그러나 김준곤 목사는 정색을 하면서 이렇게 대답을 하더란다.

"그 사람들이야 훌륭한 목회자로 성장을 한 게 사실은 사실이지. 하지만 그 사람들을 하나님이 크게 쓸 수가 없어요. 이미 교회를 크게 만든 사람들은 제 권위에 만족을 하면서 교회 위에 올라탔어. 그래서 남들에게 군림을 할 수 있어. 몇몇은 남들 위에 서려는 제국주의의 영이 있고, 몇몇은 인기에만 영합하는 영이 들어버렸어. 알겠어요?"

그러자 궁금증이 일었다. 이른바 '스타'라고 할 수 있는 대형 교회 유명 목사들을 직접 키운 주인공이 그 제자들의 가능성을 부정하고 있었으니 말이다. 그렇다면 나는 뭐 때문에 이렇게 불러다가 가르침을 내리시는 것일까. 전 목사가 그 점을 먼저 물었다.

"그럼, 저는요? 왜 저만 이렇게 붙잡아다 가르침을 주시는 겁니까?"
"전광훈 목사는 말이야, 이런 점이 있어."

전 목사가 이른바 '광화문 운동'에 나서기 전이었다. 기독교 대형 교회의 부흥회에서 이름을 떨치고는 있었지만, '전광훈' 이름 석 자를 대면 길을 가던 사람들이 고개를 끄덕이며 아는 체를 하는 지금의 상황과는 큰 차이가 있던 때였다. 김준곤 목사는 정색을 하면서 이런 말을 했다고 한다. 전 목사의 기억이다.

"대한민국 기독교가 가지고 있는 복음의 유전자가 전 목사에게는 있어. 주기철, 손양원, 길선주, 이성봉, 그리고 조용기를 통해 흘러내려 온 복음의 독특한 한반도 유전자 말이야. 그 유전자가 전광훈 목사에게는 들어가 있어."

전광훈은 그런 말을 듣는 순간 '존경하는 목사님이기는 하지만, 이거는 비행기 태우기야'라는 생각을 했다고 한다. 그러나 김준곤 목사는 예언처럼 내뱉듯 다음 말을 이어갔다고 한다.

"두고 보시게. 전광훈 목사는 제 마음대로 못 살아. 베드로가 젊어서는 뛰어다녔지만, 나중에는 그를 원치 않는 곳으로 데려 갔듯이, 이 시대와 대한민국이 전광훈을 원치 않는 곳으로 데려갈 것이야."

마치 예언자의 예언처럼 흘러나오는 김준곤 목사의 말씀을 들으면서 전광훈은 숨이 멎다시피 했던 모양이다. 그 말은 전광훈이라는 인간은 가만히 살도록 해줘도 가만히 살 수 없다는 얘기였다. 속에 품은 성령이 전광훈을 조용히 살게 내버려두지 않는다는 말이었다. 김준곤 목사는 다짐이라도 하듯이 거듭 "자네는, 가만히 살 수 없는 사람이야"라고 강조도 했다고 한다. 그러나 전광훈은 그 말을 반신반의했다.

그로부터 얼마 지난 뒤였다고 한다. 건강이 나빠져 위독해진 김준곤 목사가 자신을 불렀다고 했다. 입원했던 병실은 신촌 세브란스였다고 한다. 임종에 가까운 시점이었다. 병실 문을 들어선 전광훈을 김준곤 목사가 손짓으로 불렀다. 희미한 목소리로 김준곤 목사는 이런 말을 먼저 건넸다. 전 목사가 소개하는 당시의 대화 내용이다.


"나하고 약속 하나 하자."

"무슨 약속이요?"

"내가 하늘나라를 먼저 간다."

"그러십니까?"

"언젠가는, 전광훈 목사도 하늘나라를 올 것이지. 자네가 오면 내가 물어볼 말이 있지."

"뭔데요?"

"기독당 만들어서 성공시켰냐?"

"그게 왜 그렇게 중요해요?"

"세계를 보면 모르겠나? 유럽 교회가 동성애, 이슬람 차별 앞에 다 무너졌어. 미국 교회도 그렇고, 남미랑 아프리카 교회도 모두 그래. 대한민국이 지금 완전히 무너지지 않고 조금 살아서 겨우 숨을 쉬는데, 머지않아 대한민국도 끝날지 몰라."

"…."

"이런 상황 이겨내려면 다른 거 없어. 그저 40일 금식한다고 이뤄지지 않아. 정치에는 정치로 대응해야 해요. 그래서 기독당을 만들어 정치적으로 맞서야 해요. 이거 나랑 손가락 걸고 약속하자…."


이 대목에서 전광훈은 울음을 터뜨렸다고 한다. 도저히 참을 수 없었다고 한다. 스승과도 같은 존재와 이승에서 이별해야 하는 일이었다. 더구나 마지막 임종과도 같은 순간에 잊지 않고 예전에 나눴던 이야기를 꺼내 약속으로 당부를 하는 모습에서 울음이 터져 나왔던 것이다. 그는 울면서 세상을 등지려는 목사에게 이렇게 말했다고 한다.

"어르신, 편히 가세요. 하늘나라로 잘 가십시오. 제가 목숨 걸고 기독당 만들겠습니다. 그 기독당 출신들을 대한민국 국회에 꼭 들어가게 해가지고, 대한민국과 한국 교회를 지키겠습니다."

아울러 전광훈 자신에게도 굳은 믿음과 그에 따른 강력한 지향이 생겨났다. 우선은 임종에 가까운 자리에서 김준곤 목사에게 약속한 기독당 출신의 국회의원을 적어도 두세 명 만들어 대한민국을 좌경화의 흐름에서 지켜내고, 한국 교회를 더욱 올바른 토대 위에 서도록 하는 일이 중요했다. 전 목사는 그 모든 것을 포괄하는 개념으로 '애국운동과 함께 가는 복음'이라는 말을 만들었다.

이 말에는 몇 가지 중요한 요소가 깃들어 있다. 우선 집안 아저씨 전성천 박사로부터 배우고 익힌 이승만의 요소다. 이승만은 개화기 격동의 풍파를 이기며 전통 왕조의 지식인으로부터 서양의 문명과 문물, 그 사상과 철학을 모두 익힌 총합적 지식인으로 성장한 인물이다. 아울러 그 모든 것을 현실적으로 아울러서 결국 대한민국을 건국

한 위인이다. 그 출발점과 바탕은 유교적이었으나, 궁극에는 서양의 기독교 문명을 제대로 받아들여 한반도 남쪽에 찬란한 문명의 발화(發花)를 가능토록 한 대한민국의 건국을 이끌었던 사람이다.

그 위대함과 자랑스러움을 충분히 인지해 대한민국의 기독교인이라는 자부(自負)를 스스로의 마음속에 깊이 각인한 사람 중의 하나가 전광훈이다. 김준곤 목사는 젊은 목회자 전광훈에게 대한민국의 명운과 기독교의 행보가 어떻게 한 데 묶여야 하는가를 제대로 일깨워 준 인물이다. 그는 성령과 복음의 전파에만 머물지 않고, 현실적으로 대한민국과 한국 교회가 맞닥뜨린 절박한 문제를 해결해야 한다는 점을 전광훈에게 일깨운 사람이다.

# 43
## 전광훈의 이름을 널리 알려준 사람

사람마다 고비는 꼭 있다. 전광훈 목사가 유명한 부흥사로 이름을 떨치는 고비도 따로 찾아왔다. 그런 고비에서는 자칫 잘못하면 천 길 벼랑 밑으로 떨어지거나, 아니면 떠오르는 해처럼 곧장 높은 곳을 향해 치솟아 오르는 경우도 있다. 1992년쯤이었다고 한다. 전광훈 목사는 어느 날 자신이 개척한 사랑제일교회에 여 전도사를 한 분 초청해 간증집회를 열었다고 한다. 전도사의 역량은 매우 컸던 모양이다. 간증만 하는데도 성령의 불이 마구 떨어졌다는 것이다.

주머니에 넣은 손이 습관처럼 얼른 빠져나가는 사람이 전광훈이다. 특히 교회의 사역에 열심히 나서는 사람에게는 흔쾌히 제가 가진 것을 내놓는 스타일이 전 목사다. 그 때도 그랬다고 한다. 설교 사례비로 보통은 2만 원 정도를 지불하는 것이 당시 관례였는데, 전 목사는 당일 헌신예배의 헌금을 몽땅 줬다고 한다. 전 목사의 기억으로는 42만 원이었단다. 집으로 돌아간 여 전도사가 새벽에 급한 목소리로 전화를 걸어왔다.


"목사님, 큰일 났어요."

"왜요?"

"재정부 것하고 바꿔가지고 왔는데요?"

"재정부 거랑 바뀐 거 아니에요."

"어떻게 하시려고 이렇게 다 줬습니까?"

"하도 은혜스러워서 드렸어요."


후일담이지만 아주 열성스럽게 간증과 설교에 나서는 이 여 전도사에게 전 목사는 소나타 한 대도 선물했다고 기억한다. 그렇게 돈을 쥔 손이 주머니에서 서슴없이 나가는 경우가 많은 전 목사다. 그래서 돈을 마구 쓴다는 욕도 먹지만, 자신이 보기에 '하나님 일에 열성인 사람'에게는 지원을 아끼지 않는 편이다. 그렇게 풍성한 사례금을 받은 여 전도사는 한 달 정도 지난 뒤에 금란교회에 간증을 하러 갔다고 한다. 역시 대단한 반향을 일으켰다. 금란교회의 김홍도 목사가 대단히 반겼다고 한다. 김홍도 목사와 대화를 나누던 여 전도사는 느닷없이 이런 제안을 했다는 것이다.


"목사님, 제가 아주 유능한 부흥강사 한 사람 소개해도 좋을까요?"

"누구 말씀이요?"

"이름도 묻지 마시고, 나이도 묻지 마시고, 교회 크기도 묻지 마시고, 어느 신학교 나왔는지도 묻지 마시고, 그냥 제가 소개하면 무조건 받아주실래요?"

"박 전도사가 소개하면 하지."

전도사는 전광훈 목사의 이름과 전화번호만 적힌 쪽지를 건넸다. 그로부터 며칠 뒤였다고 한다. 김홍도 목사가 전광훈 목사에게 전화를 걸어왔다. 이북 사투리가 전화기로 들려왔다.

"전광훈 목사님이십니까?"

"누구세요?"

"김홍도 목사입니다."

"누구시라구요?"

"금란교회를 모르십니까? 우리 부흥회 한 번 해봅시다."

예술계의 거장(巨匠)이 막 입문해 활동하기 시작한 어리고 가난한 예술가를 만나는 격이었다. 전 목사는 자신도 모르게 떨었던 모양이다. 옆에서 지켜보던 아내가 놀라서 "누구냐?"고 물을 정도였다고 한다. 기독교에 겨우 관심을 기울이던 고등학교 시절인가에 멀리서 한 번 봤던 목사였다. 대한민국 기독교계를 이끌고 있는 초대형 교회의 목사가 직접 전화를 걸어왔으니 사실 기절초풍할 일이라고 해도 무방했다. 급기야 "부흥회 한 번 해보자"는 제안까지 받았던 전 목사는 아내를 껴안고 울기까지 했다는 것이다.

약속에 따라 다음날 워커힐에서 김홍도 목사와 만났다. 그러나 전화를 직접 걸어 부흥회 제안까지 했던 김홍도 목사의 얼굴빛이 밝지 않았다. 우선 이렇게 신원부터 다시 확인하는 모양새였다.

"당신이 전광훈 목사 맞아요?"

"예, 제가 전광훈입니다."

"박 전도사가 실수할 사람은 아닌데…. 나이가 너무 젊어 보여요. 그 경력으로는 우리 교회 부흥회 할 수 없어요."

"아, 목사님 괜찮습니다. 부흥회 못하면 할 수 없지요. 저는 목사님 한 번 뵙는 것만으로도 영광으로 생각합니다. 부흥회 안 해도 괜찮습니다."

"그래, 더 커서 오시면 그 때 함께 해봅시다."

조금 미안했던지 김홍도 목사는 돌아가려던 전광훈을 붙잡아 앉힌 뒤 다시 제안을 했다. 정식 부흥회가 아니라 부흥회 중간에 끼워넣기 식으로 잠시 해볼 수 있겠느냐는 제안이었다. 그러더니 수첩을 꺼내 놓으면서 이렇게 제안을 하더란다.

"12월 마지막 주간에 부흥회를 여는데, 전 목사가 오셔서 첫 시간에 한 번 설교를 해보고 반응이 좋으면 계속합시다. 첫 시간 설교가 시원찮으면 그냥 집에 돌아가시고, 뒤에 있는 시간은 내가 직접 주관하겠소."

그때까지 전 목사는 부흥회를 했다고는 하더라도 기껏해야 200명 남짓을 모아놓고 벌였던 경험이 전부였다. 그러나 당시의 금란교회 신도 수는 5만 명을 이미 넘어선 뒤였다. 지금까지 직접 이끌었고, 또는 적어도 참여해봤던 부흥회와는 아예 천양지차라고 해도 좋을 정도로 큰 차이를 드러내는 부흥회였다.

무명에 가까웠던 전광훈 목사에게는 천금과도 같은 기회가 아닐 수 없었다. 그래서 매우 긴장을 했던 듯하다. 그는 김홍도 목사와 잡은 약속 날짜에 도달하기 전 미리 현장을 가봤다고 한다. 금란교회가 뉴욕에서 초청한 유명한 한인 목사가 참석해 이끄는 부흥회 현장이었다. 물론 장소는 금란교회였다. 전 목사는 그 대형 교회의 부흥회는 실제 어떤 모습으로 펼쳐지는지를 지켜보며 연구하기 위해 참석한 자리였다. 자신도 얼마 후에는 올라야 할 강대상이었다. 그러나 미리 찾아간 금란교회의 부흥회는 매우 시들해 보였다고 한다. 재미없는 설교에 부흥회 참석 신도들은 그냥 졸면서 억지로 자리에 앉아 있는 듯한 상황이었다. 전 목사는 '나는 저렇게 설교 안 한다'는 결심을 했다고 한다.

그로부터 몇 달이 지나 김홍도 목사와 약속한 날짜가 닥쳤다. 전 목사는 매우 긴장했다고 당시를 회고한다. 아예 일주일 금식기도까지 했다. 성령의 문이 자신에게 활짝 열리게끔 마음을 싹 비우고 몸도 잘 갖췄다고 한다. 당시를 전 목사는 이렇게 기억한다.

"성령의 문이 정말 활짝 열린 느낌이었습니다. 대형 교회의 강대상에 서보니, 긴장을 많이 했습니다만 강대상에 올라 앞을 바라보는 순간 성령의 문이 크게 열렸다고 느꼈습니다. 첫 시간에 성령의 불이 바로 떨어졌어요. 자리에 앉았던 많은 신도는 물론이고, 부흥회에서 가장 까다롭게 행동하던 장로들의 부인들마저 다 입신이 들어가더라구요. 김홍도 목사님이 좋아서 어쩔 줄 몰라 하던 모습이 잊히지 않습니다."

본래는 그런 입신 상태를 별로 반기지 않는 김홍도 목사였다. 성격이 깐깐하기로 유명한 목회자였기 때문이다. 그러나 전 목사가 설교를 마치고 내려가자 김홍도 목사는 "전 목사가 아예 앞으로 일주일 부흥회 혼자 다 해"라고 말했다. 신도들에게도 김 목사는 똑같은 말을 했다. 그렇게 '일'이 벌어지고 말았다. 다음날도 상황은 비슷했다. 전 목사의 부흥회 설교는 또 '홈런'을 쳤던 모양이다. 그 분위기에서 김홍도 목사는 믿지 못할 발언까지 했다. 신도들을 앞에 두고 한 말이라고 한다.

"여러분, 나도 이제 나이가 들어가는데도 정작 우리 교회를 맡아 이끌어갈 사람을 찾지 못한 상태입니다. 내가 아무리 찾아봐도 못 찾았는데, 이제는 결정을 해야 할 때가 온 듯합니다."

그러면서 김 목사는 뒤에 앉아있던 전 목사를 슬쩍 뒤돌아 봤다고 한다. 이어진 말이 충격적이었다고 한다. "오실 수 있죠?"였다. 가난한 개척 교회의 목사에서 대한민국 최대 교회의 하나인 금란교회의 정식 후계 목사로 지명을 받은 셈이었다. 초라한 젊은 목회자로서는 감당하기 힘든 영광이랄 수 있었다. 강단에서 내려온 전 목사에서 김홍도 목사는 이렇게 말했다고 한다.

"전 목사, 내가 정말 기뻐요. 요즘 들어 내가 새벽마다 기도하는 제목이 하나 있어요. 우리 세대 목사들은 이제 하나씩 나이가 들면서 새로운 걸 해보기 힘들어지는데, 이런 우리 세대 목회자들을 대신해 성령운동 강하게 밀고나가는 젊은 목사가 많이 나오게 해달라고 올리는 기도예요. 다음 세대 우리 기독교계를 위해 꼭 필요한 일입니다."

이런 취지의 말을 끝낸 김홍도 목사는 "전 목사 교회 성도들이 몇 집이냐"고 물었다고 한다. 200세대 남짓이라는 대답을 들은 김 목사는 그 자리에서 떡 뭉치 200개를 만들어 보내겠다고 하면서 자신이 차고 있던 금장의 롤렉스 손목시계를 풀어 전 목사의 팔에 채워줬다고 한다. 이런 내용의 당부를 덧붙이면서 말이다.

"엘리야가 엘리사한테 겉옷을 물려준 것으로 생각하고, 이 시계를 차고 달리며 꺼져가는 한국 교회에 성령의 불을 다시 일으켜 주시오."

그러면서 전 목사에게는 사례비 1,000만원을 건넸다. 당시 초대형 교회 집회에서는 강사 사례비로 200만원을 주는 시절이었다. 그 다섯 배의 거금을 선뜻 전 목사에게 건넨 김홍도 목사는 남편을 따라 부흥회에 와서 피아노를 연주했던 전광훈의 아내에게도 500만원을 건넸다. 거액의 사례금에 대해서는 다른 곳에 가서 발설하지 말라는 당부를 덧붙이면서 말이다.

그 일이 있은 뒤 김홍도 목사는 이 젊은 전광훈 목사를 교계에 널리 알리기 시작했다. 김홍도 목사는 특히 초대형 교회의 유명한 목사들과 자주 어울릴 수밖에 없는 상황이었는데, 그런 교류의 현장에 가면 김 목사는 반드시 전 목사를 위한 '선전'에 나섰던 모양이다. 그런 김홍도 목사의 자랑 섞인 소개에 힘입어 전광훈 목사는 그 이후로 임마누엘교회, 인천 주안장로교회, 여의도순복음교회 등 한국의 내로라하는 대형 및 초대형 교회에서 모두 초청하는 목사로 변신했다. 30대 젊은 목회자로서는 사실 꿈조차 꾸기 어려운 일이 벌어지고 있었다. 전 목사의 회고다.

"자랑으로 들릴지는 몰라도, 당시 이끌었던 부흥회의 기록이 아직 '최고'로 남아 있는 교회가 많아요. 금란교회 등 깨지지 않는 부흥회

기록이 그 때 만들어진 곳이 여럿 있습니다."

김홍도 목사는 별 볼 일 없이 조그만 개척 교회를 이끌고 있던 전광훈이라는 목회자를 대한민국 기독교단의 아주 크고 거창한 무대에 데뷔시켜 준 '기획자'에 해당했다. 김홍도 목사라는 거목을 통해 전광훈이라는 젊은 목회자는 더 크고 먼 경지를 내다보는 일이 가능해진 셈이었다.

그러나 얼마 뒤 오해가 생기고 만다. 전광훈의 설교를 들었던 금란교회 여성 집사 둘이 전 목사의 사랑제일교회로 옮기겠다는 의사를 김홍도 목사에게 전하면서 비롯한 일이라고 한다. 이는 자신의 교회 집사를 허락 없이 '빼가는' 것으로 비춰져 김홍도 목사의 큰 분노를 일으켰다고 한다. 금란교회 여성 집사 둘은 사실 국민일보에 낸 전 목사의 사랑제일교회 광고를 보고서 벌린 상태였다.

작은 오해에서 비롯한 김홍도 목사와 분노는 전 목사가 찾아가 "무조건 제가 잘못했습니다"라는 간곡한 자세 때문에 나중에 풀린다. 이 과정에서 자초지종의 모든 곡절에 대한 설명을 배제한 채 그저 용서만을 비는 전 목사의 태도가 역시 김홍도 목사의 감동을 샀던 모양이다. 전광훈 목사의 회고다.

"심각한 결과를 빚을 수 있었던 일이어서 적극 해명도 필요했지만, 교단 큰 어르신의 노여움을 푸는 방법은 변명보다는 그런 오해의 여지조차 없애지 못했던 나의 불찰이라고 생각해 그저 용서만을 빌었습니다. 나중에 전체 내용을 안 김 목사님이 '왜 진작 얘기 안 했느냐'면서 오히려 위로를 해주셨고, 그 사건을 계기로 작용해 김 목사님이 저를 전국 방방곡곡에 있는 교회와 교계에 적극 더 알려주셨지요. 성막의 번제단에 올라간 사건을 김홍도 목사님 앞에서 치렀다고 봐야지요."

# 44

# 조용기 목사의 당부

우리 기독교계의 또 다른 거장인 조용기 목사와 전광훈 목사가 맺어지는 계기도 눈에 띈다. 먼저 결론부터 말하자면, 당대의 거목이었던 조용기 목사에게 다가서려는 전광훈의 개인적인 노력이 없었다면 전혀 불가능한 일이라고 볼 수 있다.

"젊다"고 하기에도 사실은 어린 나이였다. 전 목사는 당시를 자신의 고등학교 무렵이었다고 기억한다. 그는 여의도순복음교회에서 기적과도 같은 열풍을 일으키고 있는 조용기 목사에게 안수기도를 받는 것이 꿈이었다고 했다. 그러나 선풍처럼 거대한 열기를 이끌어가는 당대의 거물 목사를 찾아가 안수기도를 받는 것은 그야말로 '꿈'에 지나지 않았다. 그러나 모든 것을 믿음의 수준에 걸어 놓고 아주 왕성한 현실적인 방법을 모색하는 데 탁월한 기질을 지녔던 광훈은 마냥 주저앉아 있을 위인이 아니었다. 그의 회고다.

"조용기 목사님께 안수기도를 받게 해달라고 철야기도를 할 정도 였습니다. 나는 그 때부터 이미 '조용기 목사님의 능력을 가지게 해 달라'고 기도하고 또 기도했습니다. 속으로는 '조용기 목사님이라고 해도 사람인 이상 화장실은 가지 않겠나?'라는 생각도 했습니다. 급 기야 '교회 화장실 앞에 앉아 있으면 소변을 보러 나오는 조 목사님을 한 번이라도 뵐 수 있지 않을까'라는 엉뚱한 생각도 했지요."

그의 특성이 있다. 문제를 풀어나갈 때는 현실적인 모든 방법을 동원한다는 점이다. 그 점에서는 아주 강한 추진력을 지닌 사람이 전 광훈이다. 이는 군대 시절 봉급을 다 털어 초코파이를 사서 동료들에 게 죄다 뿌리며 교회로 이끌었던 기질을 참고하면 좋다. 이 무렵에도 그는 '조용기 목사님에게 접근이 어려우면 사모님의 눈에 먼저 띄면 좋겠다'는 아이디어를 짜냈다고 한다. 이어지는 전 목사의 회고다.

"조용기 목사님 사모님의 동선을 우선 파악했습니다. 김성혜 사 모님은 당시 월요일 오전 10시에 순복음중앙교회에서 15인승 버스 를 타고 오산리순복음금식기도원을 가시더군요. 그 일정을 파악한 뒤 다음 월요일 아침에 그 봉고차 앞에 가서 서 있었습니다. 그 사모 님이 나오기를 기다렸다가 앞을 가로막은 뒤 '사모님, 저도 순복음금 식기도원에 가려고 하는데, 이 차 좀 탈 수 있을까요?'라고 했더니 '타라'고 했습니다."

　　그 '계기'를 전 목사는 스스로 만든 셈이었다. 이어 함께 금식 기도
원을 가면서 전 목사는 좌석에 앉지를 않고 차장 노릇을 자처했다고
한다. 타고 내리는 사람에게 문을 열어주며 인사까지 친절하게 건네
는 그 차장 역할 말이다. 그런 점을 김성혜 사모는 아주 어여쁘게 봤
던 듯하다. 셔틀 버스를 타고 금식 기도원을 향해 가는 이 '여정'은 몇
차례 더 이어졌다고 한다. 김성혜 사모는 고등학생 전광훈을 점점 더
친숙하게 대했다고 한다. 그러자 고등학생 전광훈은 마침내 아주 당
돌한 제안을 했다고 한다.

　　"사모님, 저 소원 하나 있는데요."
　　"뭐야, 말해 봐요."
　　"사모님한테 안수기도 받게 해주세요."

　　그렇게 해서 고등학생 전광훈은 조용기 목사에 앞서 그의 부인인
김성혜 사모로부터 먼저 안수기도를 받았다고 한다. 그러나 '엘리사
가 엘리야 따라가듯' 전광훈의 진짜 목표는 한국 기독교계의 거장 조
용기 목사로부터 안수기도를 받는 일이었다. 그는 꾸준하게 순복음
교회에서 금식 기도원으로 향하는 셔틀버스 출발점에 나타났다고 한
다. 이어 김성혜 사모로부터 늘 변하지 않는 자세로 신임을 더 얻은
뒤 마침내 자신의 소원을 이야기했다고 한다. 전 목사의 회고다.

"기도원 가는 버스에서 늘 봉사를 했습니다. 나이 많으신 할머님들을 잘 도와서 차에 타시도록 한 뒤 자리에 잘 모시는 일부터 제 역할을 충분히 다 했습니다. 김성혜 사모님은 '우리 착한 학생 또 왔어'라며 늘 반겨주셨지요. 그러다가 '조용기 목사님한테도 안수기도 받게 해주세요'라고 부탁들 드렸더니 정말 그렇게 해주셨습니다. 저를 오게 한 뒤 조용기 목사님에게 '여보, 이 학생 정말 착해요. 안수기도 해 주세요'라고 말입니다. 그래서 조용기 목사님에게 저는 일찌감치 안수기도를 받았습니다."

그로부터 많은 세월이 흘렀다. 직접적으로 함께 활동을 하지는 않았으나, 조용기 목사는 자신보다는 아래 세대인 전광훈 목사에게 거는 기대가 많았던 듯하다. 전 목사의 회고에 따르면, 조용기 목사가 생전에 품었던 큰 꿈이 하나 있었다고 한다. 김준곤 목사 등과 맥락을 함께하는 한국 내의 기독교 정당 창당이었다. 그를 통해 한국의 현실정치에 뛰어들어 좌경화 등 위험한 추세를 보이는 상황에 제동을 거는 일이었다. 한국 기독교계의 큰 나무, 조용기 목사가 세상을 뜨기 직전이었다고 한다. 전광훈 목사의 회고다.

"2021년 9월, 세상을 뜨시기 직전인가 그랬어요. 조용기 목사님께서 전화를 주셨습니다. 우리가 광화문 운동을 벌이는 모습이 텔레비전에 나왔던가 봅니다. 목사님이 제게 전화를 걸어오셔서 '전광훈, 잘 한다, 잘 한다. 내가 벌여 놓은 일을 네가 결국은 마무리 하는구나'

라고 격려를 하셨습니다. 돌아가신 뒤에도 목사님 막내 동생으로 장로님이 있어요. 그 장로님도 저를 만나서는 '형님이 돌아가실 때 전광훈 목사님 얘기 많이 하셨어요'라고 하더군요. 세계적으로 이름을 떨친 목사님들도 결국은 깨달은 게 있다고 봅니다. 현실 정치를 외면해서는 안 된다는 점입니다. 세계가 알아주는 교회를 일으켰지만 조용기 목사님은 현실정치의 중요성을 깊이 깨달으신 듯합니다. 말년에 조 목사님께서 부르신 적이 있습니다. 저를 앞에 두고 '빨리 기독당을 만들어야 한다'고 당부까지 하셨습니다. 저는 그 당부가 중요하다고 생각해서 지금에 이르렀습니다."

# 45

## 이승만 광장의 시작

목회자로서 정치에 몸을 들이는 일이 결코 간단치는 않았다. 앞서 언급한 김준곤 목사와 조용기 목사는 그 안내인 격이었다. 특히 김준곤 목사는 몸소 대학생선교회(CCC)를 창설해 좌경화하며 기독교의 본래 흐름에서 이탈하는 대한민국 현실 교계의 상황에 '가만히 있어서는 안 된다'는 입장을 확고히 지닌 목자였다. 그 김준곤 목사가 전광훈 목사와 함께 대중적으로 매우 큰 이름을 떨치는 목사를 부른 적이 있다고 한다. 장소는 장충동 앰배서더 호텔이었다고 한다. 당시 전 목사는 청교도영성훈련원을 운영하며 젊은 목회자를 교육하는 일에 상당한 공력을 들이고 있었다. 김준곤 목사는 호텔에서 둘을 불러놓고 이런 당부를 했고, 전 목사는 우선 그 당부에 반발한다.

"두 사람은 국민들 사이에서 유명하거나, 청교도영성훈련원으로

조직력을 갖췄으니 함께 힘을 합쳐 기독당을 만들어 여의도에 진출
해야 한다."

"어르신, 그건 나쁜 일 아닌가요? 목사가 정치를 해야 한다는 말씀
은 아무래도…."

그 날은 결국 아무런 결론 없이 밥만 먹고 나왔다고 한다. '교회와
정치'는 당시의 전 목사에게는 전혀 생각해보지 못한 주제였다. 그러
나 호텔 밖에 나와 돌아오는 길에서도 나긋나긋한 김준곤 목사의 제
안과 권유가 머리를 맴돌았다고 한다. 함께 자리에 있었던 동료 목사
는 "하나님 뜻이랑 맞지 않는 길"이라며 분명히 거절하겠다는 의사를
표명했던 터였다.

전 목사는 교회에 돌아와 장로들을 소집했다. 아무래도 중요한 언
급이었고, 생각해 본 적이 없는 주제였다. 자신이 없었다고 한다. 그
는 장로들에게 방금 있었던 일을 소상하게 설명했다. 당대의 가장 유
명한 목사님들이 기독당을 만들어 여의도에 진입하라는 말씀을 하셨
는데, 각자 의견이 어떤지 말씀해보라는 식으로 의견을 타진했다. 장
로들의 대답은 시원치 않았다. 전 목사의 눈치를 읽는 분위기였다.
"목사님이 기도하시다가 얻는 말씀대로 하세요" 정도였다. 그러나 그
발언을 하는 장로들의 분위기는 아주 좋지 않았다고 한다.

하루 이틀이 지나서 밖으로 맴돌던 진짜 반응이 전해졌다고 한다.

어느 한 장로의 아내인 권사를 통해서였다. 그 권사는 "밖에서 장로님들이 '우리 목사님 미쳤다'고 말하면서 다닌다"고 전했다. 아울러 더 넓게 알아본 뒤 얻은 장로들의 반응은 대개 한결 같았다고 한다. "그런 정당이 무슨 가능성이 있겠느냐" "우리 교회 큰일 나겠다"는 식이었다. 전 목사의 고민은 매우 깊어졌다고 한다. 교회의 큰 어른들이 내린 당부여서 그냥 모른 체 하면서 거절하기가 어려웠고, 그에 따르자니 지금까지 이룬 나름대로의 성과가 물거품처럼 사라질지 모를 일이었다.

시계를 바라보니 새벽 4시 40분이었다고 한다. 그래도 결론을 쉽게 내릴 수 있는 사안이 아니었다. 스스로 돌아봐도 당시의 전 목사는 기독교 교단이나 한국 사회에서 두드러지거나, 또 그로써 비의(非議)에 시달리는 적이 없었다. 내 교회 잘 가꾸고, 부흥사로 크게 이름이 나기 시작했고, 개척한 교회는 순풍에 돛을 단 듯이 잘 나갔고, 매스컴 등에 비난성 기사로 취급당할 일도 아예 없었다. 성공한 기독교 목사로서 이제는 명예를 쌓을 일만 남아 있는 상태였다고 해도 무방했다.

그러나 정치에 몸을 들이는 것은 결국 수많은 비난과 비판에 시달려야 하는 일이었다. 이제까지 무명의 전도사로, 개척 교회의 목사로, 이어 이곳저곳에서 초빙하는 부흥사로 성장한 자신의 위상이 다 무너질 수도 있었다. 마치 도박판에 몸을 올려놓는 일일 수도 있었다. 신중해야 했지만, 자신도 모르게 자꾸 조용기 목사와 김준곤 목사의 권유와 제안에 기울어지는 느낌이 있었다. 그의 회고다.

"조용기 목사님과 김준곤 목사님은 나이 차이가 형님뻘이 아니라 아예 부모님뻘이라 해도 좋을 어른들이었습니다. 자식 같은 제게 어르신들이 설마 나쁜 일을 권유하겠느냐는 생각이 들었지요. 아울러 우리 대한민국이 놓인 상황에도 생각이 미쳤습니다. 결국 '좋아, 내 인생 망쳐도 해 본다. 내 인생 최고의 결단을 여기서 하겠다'는 생각이 들더군요. 주님 나라 갔을 때 '조용기, 김준곤 목사님 앞에서 제가 순종했습니다'라고 하면 떳떳하지 않을까 생각을 했습니다."

두 시간이나 잤을까. 전 목사는 그 자신이 늘 그랬던 것처럼 신속하게 '행동'에 나섰다. 기독교계에서 가장 보수적이라고 이름이 난 총신대 신학대학원장 신창섭 목사를 찾아갔다고 한다. 그의 사무실에 들어서자마자 전 목사는 대뜸 묻기부터 했다는 것이다. 전 목사가 기억하는 당시의 문답 내용이다.

"목사님, 칼뱅주의 기독교 교리에서는 목사가 정치하면 안 된다는 내용이 있습니까?"

"누가 그따위 소리를 해?"

"아니, 목사님이 키운 합동 측 목사들, 젊은 목사들이 다 그래요."

"그 사람들, 참…. 신학을 도대체 어디서 배웠나. 칼뱅주의는 정치

안 하는 것을 죄라고 규정해. 존 칼뱅이 직접 제네바 시장을 했어. 네덜란드 목사님이자 신학자 아브라함 카이퍼가 네덜란드 총리를 18년 했고. 덴마크 지도자 엔리코 달가스도 마찬가지 목사였어. 정치는 안 하는 것이 오히려 죄야."

그 면담이 있은 뒤 얼마 지나지 않아 전 목사는 신창섭 목사를 장위동의 사랑제일교회로 초청해 이 같은 내용을 모두 강의로 풀게 했다. 이어 종로5가에 있던 기독교 회관에서도 기자들을 초청해 '정치와 성경'이라는 주제를 두고 강연을 진행했다.

전 목사는 이후에도 미국의 정교분리 원칙의 실제 내용을 혼자 연구했다고 한다. 결론은 '교회가 정치하지 말라는 것이 전혀 아니다. 세상의 정부는 교회를 탄압하는 법을 제정할 수 없다. 세상 정부는 교회에다가 세금을 부과할 수 없다. 성직자 임명에 국가는 개입할 수 없다. 이 세 가지가 미국에서 말하는 정교분리의 세 가지 원칙이다. 일제(日帝)가 한국 교회의 독립운동을 막기 위해 세상 정부와 교회는 서로 간섭하지 않는다는 식으로 가르친 것에 불과하다'는 것이다.

이 같은 일제의 어설픈 정교분리에 관한 원칙을 깬 사람이 바로 대한민국 건국 대통령 이승만이라는 것이 전 목사의 주장이다. 그는 이승만 대통령의 건국 당시 상황을 이렇게 술회한다.

"건국에 임한 이승만 대통령은 전국의 목사님들을 찾아다니면서 '국회의원에 출마를 해야 합니다'라고 권유를 하고 다녔습니다. 목사들은 다 출마해야 한다는 점을 강조했습니다. 심지어는 '목사님 못 나오면 장로님이 나오고, 장로가 없으면 권사가 나오고, 권사가 없으면 집사가 나오고, 집사가 없으면 기독교인이 나오라'는 식의 설득이었습니다. 그런 이승만 대통령의 노력과 설득으로 결국 대한민국 첫 국회가 열리고, 결국 우리 국회는 하나님께 드리는 감사기도로 시작할 수 있었습니다. 지구촌 250개 나라 중에 국가를 여는 개국의 첫 시작을 기도로 장식한 나라는 대한민국 하나 밖에 없습니다."

이승만 대통령은 1948년 5월 31일 제헌국회 임시의장으로 회의를 주재하면서 당시 참석한 의원들을 향해 감사기도를 제의했고, 이어 제헌국회 의원이자 목사였던 이윤영 의원이 나와 감사기도를 올렸다. 그 기도문을 여기에 소개한다.

이 우주와 만물을 창조하시고 인간의 역사를 섭리하시는 하나님이시여!

이 민족을 돌아보시고 이 땅에 축복하셔서 감사에 넘치는 오늘이 있게 하심을 주님께 저희들은 성심으로 감사하나이다.

오랜 시일 동안 이 민족의 고통과 호소를 들으시고 정의의 칼을 빼서 일제의 폭력을 굽히시사 세계만방의 양심을 움직이시고, 또 우리 민족의 염원을 들으심으로 이 기쁜 역사적 환희의 날을 이 시간에 우리에게 오게 하심은 하나님의 섭리가 세계만방에 정시(呈示)하신 것으로 믿나이다.

하나님이시여! 이로부터 남북이 둘로 갈리어진 이 민족의 어려운 고통과 수치를 신원(伸寃)하여 주시고, 우리 민족, 우리 동포가 손을 같이 잡고 웃으며 노래 부르는 날이 우리 앞에 속히 오기를 기도하나이다.

하나님이시여! 원치 아니한 민생의 도탄은 길면 길수록 이 땅에 악마의 권세가 확대되나 하나님의 거룩하신 영광은 이 땅에 오지 않을 수 없을 줄 저희들은 생각하나이다.

원하옵건대, 우리 조선독립과 함께 남북통일을 주시옵고, 또한 민생의 복락과 아울러 세계평화를 허락하여 주시옵소서.

거룩하신 하나님의 뜻에 의지하여 저희들은 성스럽게 택함을 입어가지고, 글자 그대로 민족의 대표가 되었습니다. 그러하오나 우리들의 책임이 중차대한 것을 저희들은 느끼고 우리 자신이 진실로 무력한 것을 생각할 때 지(智)와 인(仁)과 용(勇)과 모든 덕(德)의 근원이 되시는 하나님 앞에 이러한 요소를 저희들이 간구하나이다.

이제 이로부터 국회가 성립되어서 우리 민족의 염원이 되는, 모든 세계만방이 주시하고 기다리는 우리의 모든 문제가 원만히 해결되며, 또한 이로부터 우리의 완전 자주독립이 이 땅에 오며, 자손만대에 빛나고 푸르른 역사를 저희들이 정하는 이 사업을 완수하게 하여 주시옵소서.

하나님이 이 회의를 사회하시는 의장으로부터 모든 우리 의원 일동에게 건강을 주시옵고, 또한 여기서 양심의 정의와 위신을 가지고 이 업무를 완수하게 도와주시옵기를 기도하나이다.

역사의 첫걸음을 걷는 오늘의 우리의 환희와 감격에 넘치는 이 민족적 기쁨을 다 하나님에게 영광과 감사를 올리나이다.

이 모든 말씀을 주 예수 그리스도 이름을 받들어 기도하나이다. 아멘.

〈자료 출처: 1948년 5월 31일 제헌의회 속기록〉

전 목사의 장위동 사랑제일교회 당회장실에는 이 제헌국회 첫 기도문이 걸려있다. 그는 늘 이 기도문을 본다고 한다. 이런 점에 의거하자면, 일부 기독교 교단의 사람들이 말하는 정교분리 원칙은 어설픈 논리라고 전 목사는 주장한다. 그는 또 이렇게 주장한다.

전광훈, 자유 통일의 길

"현재 지구촌에는 모두 76개 나라에 기독당이 있습니다. 제헌국회 첫머리를 하나님에 대한 감사기도로 시작한 우리나라에만 없는 셈입니다. 독일의 기사당, 기민당 등이 다 기독교 정당이고, 미국은 공화당이나 민주당 할 것 없이 다 기독교 정당입니다. 특히 미국의 공화당과 민주당은 기독교가 만들어준 정당인데, 지금도 미국 공화당과 민주당에는 내부적으로 담임 목사를 두고 있어요. 지금 1천 2백만의 성도가 있는 한국 교회가 각성해야 할 부분입니다."

2019년 6월 전 목사는 '광화문 운동'을 시작한다. 이어 그 해 8월 15일 대규모 애국 집회의 장소를 '이승만 광장'이라 명명하고 활동을 전국적으로 확산한다. 그렇게 길거리에 나서 한국 사회에 점차 깊이 진입하는 좌파적 운동 흐름에 정면으로 맞불을 놓는 맥락은 다 이런 전광훈 목사의 경험과 사고의 틀에서 기인한다. 김준곤 목사와 조용기 목사를 비롯한 한국 기독교단의 원로가 갈구해 마지 않던 기독교의 정치적 결집이자 그 운동의 첫 구현(具顯)이라고 볼 만한 충분한 이유가 있는 성과다.

# 46

## '청교도 정신'의 회복

전광훈 목사는 기독교 목회자로서 현실 정치에 관심을 기울이며 행동에 나서기 전에 해야 할 일이 하나 있다는 깨달음에 이른다. 성령에 의지해 복음을 전파하는 일이 무엇보다 중요하다고 느끼지만, 어딘가 조금은 허전하다고 느꼈다는 것이다. 그냥 이대로 가다가는 결정적인 무엇인가를 결여해 궁극의 목표에 이르지 못하리라는 막연한 불안감이었다.

그는 일반 목회자로서, 그리고 아주 유명한 한국의 부흥사로서 불철주야, 밤과 낮을 따로 가리지 않은 채 한 길에서 그야말로 매진에 매진을 거듭했다. 그러나 성령의 불이 크게 번진 부흥회의 교회 예배당에서는 묘한 적막감이 감돌기 일쑤였다. 부흥회가 벌어졌던 각 교회의 성도들은 분명히 하나님의 은혜를 받은 듯했는데, 그곳 교회의 목회자들에게는 아무런 변화가 없는 일이 종종 벌어졌다. 아니 종종 벌어진 정도가 아니라 어쩌면 그런 현상은 일정한 공식(公式)을 이루는 듯도 했다. 부흥회가 벌어지면 성도들에게 성령의 감화가 벌어지지만, 그 교회의 목회자 당사자들에게는 아무런 변화가 없다는 식으로 말이다.

성령으로 출발한 믿음의 토양에서 전광훈 목사는 성경의 말씀 쪽으로 어느덧 기울고 있었다. 아주 잘 나가는 젊은 부흥사로서 전광훈은 자신이 체험적으로 다가섰던 '성령의 사역'에서 이제는 목회자들을 일깨우기 위한 '말씀의 사역'으로 비중을 옮겨가는 중이었다. 그래야 기독교가 지닌 진정한 말씀의 가치를 사회 전반에 고루 펼칠 수 있다는 믿음이 강해지고 있었다. 치유에 따르는 열정과 호응에만 머물지 말고 그를 좀 더 단단한 토대 위에 올려 장구하고 원대하게 뻗어나가도록 하기 위해서는 필요한 다른 일이 있다고 느꼈던 모양이다.

전광훈 목사는 1998년 '청교도영성훈련원'을 설립한다. 흔히 금욕주의적 생활태도를 취해 매우 엄격한 도덕성을 세운 기독교 신자들을 '청교도'라고 한다. 청교도들은 신앙의 자유를 찾아 메이플라워호를 타고 신대륙인 아메리카로 이주한다. 그리고 청교도 정신으로 거대한 미국의 초석을 다지는 결정적인 역할을 한다. 이 같은 청교도의 정신적 바탕에서 비롯해 파생한 흐름이 오늘날의 장로교, 침례교, 감리교 등이다. 따라서 청교도는 현대 기독교의 핵심 가치가 집중했던 초기 정신 토대라고 할 수 있는 셈이다.

전 목사는 미국에서 메이플라워호의 현장을 방문하면서 지금의 거대한 미국을 세운 청교도 정신을 나름대로 세 가지로 정리했다고 한다. 그것은 첫째, 학교를 세워 교육하는 것이고, 둘째는 기업을 세워 경제활동에 참여하는 것이고, 셋째는 지도자를 세우는 것이다. 전 목사는 이런 청교도의 정신이 대한민국, 특별히 기독교의 가장 핵심 가치가 담긴 성경의 말씀에 주목해 청교도 정신을 회복해야겠다는 굳은 결심을 하게 됐다고 한다. 그의 진단은 이렇다.

"성령 사역을 위주로 하던 시절에는 환자의 집에 가기만 해도 사람들이 그냥 치유되는 일도 많았다고 합니다. 집회가 벌어지는 하루 당일에 병이 완치되는 경우도 있었고, 다음 집회를 가면 그 전 집회에서 치유를 받은 사람들이 찾아오는 경우도 많았습니다. 적게는 집회 한 번에 한두 명, 많게는 몇 십 명까지 나오기도 했는데, 성령 사역의 효과에만 기대다 보니 목회자들을 변화시키기 위한 방법이 마땅히 없어서 고민을 하지 않을 수 없었습니다."

이런 이유에 따라 전 목사가 만든 곳이 '청교도영성훈련원'이다. 자신, 또는 개별적인 목회자가 이끄는 각종 교회의 단선적인 발전이 목표가 아니었다. 한국 교회 모두를 위한 궁극적 노력의 일환이었다. 전 목사는 거기다가 하나를 더 보탰다. 대한민국 기독교단의 핵심적

지향인 '공산주의 국가 복음화'라는 목표였다. 전 목사는 이 훈련원을 통해 향후 공산국가들을 복음화 하는 데 꼭 필요한 목사들을 길러낼 생각이었다.

이렇게 1998년 출범한 청교도영성훈련원은 '교회의 영성 회복'과 '예수한국 민족구원'이라는 모토 아래 맹렬히 활동한다. 전 목사는 청교도영성훈련원을 통해 여러 교단으로 구성된 한국 교회의 목회자들을 각자 교단의 색깔 없이 하나로 모으는 매개체 역할을 했다. 또한 미래 목회자를 꿈꾸는 목사 후보생들을 교육하고 훈련했다.

한국 교회 목사들 중 많은 이들이 청교도영성훈련원을 통해 훈련을 받은 뒤 대한민국 곳곳에서 복음전파에 핵심적인 역할을 감당하고 있다. 더불어 이곳에서 배출된 이들에게 전 목사는 한국 교회의 사명을 이끌어주는 지도자로서의 역할을 계속 맡아왔다.

전 목사 본인은 교회 개척부터 온갖 고생을 다 겪어 본 사람이었다. 따라서 교회를 세우고, 그 틀을 넓혀 안정적인 상황으로 진입하는 일이 얼마나 어려운지를 다른 누구보다 더 잘 아는 편이었다. 그런 경험과 이력의 소유자인 전광훈 목사가 이제는 '청교도 훈련원'이라는 곳을 만들어 이전까지는 한국 교단에 유사한 사례가 없는 목회자 훈련 프로그램을 가동했으니, 그 인기는 매우 높았다고 한다. 어쩌면 '센세이션'이라고까지 할 수도 있을 그런 호응의 열기가 일었다는 것이다.

목회자들에게는 다른 갈증도 있었던 터였다. 아직 자립하지 못한 교회 목회자들이 개척 교회에서 한 걸음씩 걸어 나와 어떻게 해야 훌륭한 교회의 목회자로 성장할 수 있는지를 말해 주고, 가르쳐 주고, 안내해주는 사람이나 기관이 아주 드물었다는 점이었다. 그들을 간접적으로 지원하는 대형 교회 몇 곳이 있을 뿐이었으니, 전 목사가 세운 훈련원은 그야말로 획기적이라고 할 수 있었다. 전 목사가 당시 그런 취지로 금란교회에서 진행한 목회자 집회 때는 약 1만 명 가량이 모여들어 대성황을 이뤘다고 한다. 지금도 그 장면은 사진으로 남아 있는데, 목회자 1만 명이 모이는 집회는 드물고 드물어 "희한하다"고까지 할 수 있는 광경이었다.

달리 보자면, 전 목사가 세운 청교도영성훈련원은 기독교가 지닌 '무게'를 회복하자는 취지도 담고 있다고 볼 수 있다. 청교도들이 직접 체화해 남에게 보여줬던 엄격한 도덕성의 수준처럼 한국의 기독교도 초대 교회의 높은 도덕성 회복에 들어가야 하며, 그 방법적 모색은 성경의 말씀에 더욱 충실하게 다가서는 쪽으로 모아져야 한다는 것이다. 전 목사의 설명이다.

"그동안 많은 목회자들은 그저 설교 솜씨나 일부 재주 등으로 메시지를 전하는 일이 대부분이었어요. 이를 진심으로 반성하고 회개

해야 합니다. 성령의 도움이 필요하고, 성경의 말씀에 더욱 매달려야 합니다. 신학은 알지만 성경을 제대로 모르는 목회자가 참 많았습니다. 한국 교회는 다시 말씀 속에 서야 할 필요가 있다고 느껴서 훈련원을 만들었던 것입니다. 침체하고 있는 한국 교회의 성장세도 우리가 성경으로 다시 돌아가 또 한 번 사도행전의 가르침과 자세를 회복한다면 새 시대를 열 수 있을 것이라고도 생각했습니다."

훈련원은 큰 성황을 이뤘다. 목회자들 사이에서 급격히 이름을 타면서 목회자를 위한 프로그램 중에서는 한국에서 가장 영향력이 큰 것으로 꼽히기도 했다고 한다. 초기에는 한 달에 두 차례 청교도 영성 훈련을 실시했는데, 매 달 2천~3천, 분기별로는 1만 명 정도의 목회자가 이 훈련에 참여할 정도로 성황을 거듭했다고 한다.

# 47

# 축적한 힘으로 애국집회를 열다

부흥사로서 이름을 떨치던 목사 전광훈은 드디어 '길'에 나선다. 그는 앞에서도 여러 번 기술했듯이 가만히 앉아서 결과를 기다리는 사변형의 책상물림 스타일이 아니다. 옳다고 믿는 방향으로 향해 모든 짐을 꾸려 선뜻 길을 나서는 스타일이다. 행동주의라고 해도 좋지만, 그 안에는 자신이 믿고 의지하는 대상을 향한 무한한 신심(信心)이 있다.

아울러 한 번 마음을 먹으면 그 방향을 꺾지 않는 뚝심이 아주 강하다. 그래서 그의 행동적인 특성을 앞에서 '돌직구'라는 스포츠 유행어로 표현한 적이 있다. 그는 이제 다시 자신의 믿음대로 곧장 앞을 향해, 자신이 옳다고 믿는 방향으로 거침없이 밀고 나갈 터였다. 그 시기는 2,000년대가 드디어 막을 열어 새로운 밀레니엄이라는 거창한 수식어들이 난무하고 있을 때였다고 한다.

그 무렵에 전광훈 목사는 아주 충격적인 경험을 한다. 늦게 얻은 아들 전에녹이 초등학교를 다닐 때였다. 목회와 각종 부흥회로 전국 각지를 돌아다니며 분주하게 일정을 소화했던 전광훈 목사는 본래 아이들에게는 자상한 아빠가 될 수 없었다. 그럼에도 어느 날인가 아들 방에 들어갔다고 한다. 미안한 마음이 들어 잠시라도 아이들 방을 둘러보려던 참이었다.

아들 책상 앞에 이상한 표어가 붙어 있었다. 아들 에녹이가 학교에서 가져온 것이었다고 한다. 그 표어에는 '부시 죽여'라는 내용의 문구가 적혀 있었다는 것이다. 이른바 전교조가 각 급 학교에 빠른 속도로 영향력을 확산하던 시기였다. 그렇다고는 하더라도 아무 것도 잘 모르는 초등학교 학생에게 미국 대통령을 때려죽이자고 강박하는 것은 있을 수 없는 일이었다.

아들 방의 그 표어로 크게 놀란 전광훈 목사는 그로부터 전교조의 현재 상황, 각 급 학교에 대한 전교조의 영향력, 사회 전반에 걸친 그들의 영향력, 조직과 선동의 기교 등을 집중적으로 조사했다고 한다. 그로써 전 목사는 대단한 충격에 다시 휩싸였다고 한다. 그 동안 이런 동향에 전혀 소홀했던 자신의 태도를 아주 깊이 반성도 했다고 한다. '아, 이렇듯 좌경화하는 흐름이 대한민국에 단단히 자리를 잡았다니…'라는 탄식이 깊은 각성과 함께 마음 깊은 곳으로부터 샘이 솟듯 흘러나왔다고 한다.

그 각성은 전 목사가 향후 어떤 '길'에 올라서야 할 것인가를 함께 고민하게끔 이끌었던 모양이다. 그렇지 않아도 김준곤 목사와 조용기 목사 등 한국 기독교계의 거목들이 현실 정치의 참여 문제를 진지하게 검토해 그를 꼭 이루도록 신신당부하는 일이 잦았던 무렵이기도 했다. 착잡한 생각에 잠기지 않을 수 없었다.

그로서는 평탄해서 길게 이어진 '길'이 있었다. 대한민국에서 알아주는 부흥사로서, 점차 튼튼한 토대 위에 오르고 있는 사랑제일교회 담임 목사로서, 그는 하나님이 부여한 종교인으로서의 안온한 틀을 만들어가고 있었다. 달리 모험을 하지 않으면 그는 안정적인 종교인으로서, 충실한 하나님의 사역자로서 멋지고 복된 삶을 살아갈 수 있는 처지였다.

그러나 다른 '길'이 그를 부르고 있었다. 그곳은 평탄한 길과는 전혀 다른 길이었다. 굴곡이 지고 경사가 심하며, 진창과 마른창이 번갈아 나타나는 길이기도 했다. 아니면, 차라리 산길이라고도 해야 좋을 길이었다. 심한 오르막 내리막을 겪어야 하고, 그곳에는 험한 길 못지않게 수많은 장애와 덫이 도사리고 있을 법한 길이었다.

바람도 잦은 길이었다. 그 바람 끝에 거센 빗발이 닥쳐, 물길에는 수많은 풍파(風波)가 몰아닥칠 수도 있었다. 그 바람이 높고 물이 거세지며, 길에 들어선 사람으로 하여금 갖은 풍파에 시달리게 하는 그런 길을 얼마나 오래 가야할지도 알 수 없었다. 그 무렵의 전광훈 목사는 깊은 생각에 잠겨가고 있었다.

아주 오래 전의 기억이 떠올랐고, 교계 원로 목사님들의 당부도 하나씩 떠올랐다. 자신이 살던 고향 낙동강 쌍호리의 추억과 그곳 고향의 친척 어른 전성천 박사가 늘 "따라 배워야 한다"고 했던 이승만 박사의 개국과 애국의 정신, 김준곤 목사님과 조용기 목사님 등이 절박하게 당부했던 현실 정치 참여의 필요성, 아들 에녹의 책상에 붙어 있던 전교조의 표어까지 모두 떠올려 봤다고 한다.

전광훈 목사가 남이 가보지 않은 '길'을 선택한 것은 그런 여러 요소들을 종합적으로 점검하고 성찰하며 기도하고 또 기도를 해서 얻은 결론이었다. 현실적인 참여를 통해 대한민국과 그 안의 기독교계가 더 이상 좌경화하는 것을 막아야 한다는 각성이었다. 더 거창하게 말하자면, 거짓과 위선의 좌경화를 막아 악(惡)과 불의(不義)로부터 대한민국을 수호해야 한다는 종교적 깨달음이라고 해도 좋았다.

우선은 '간접 입문(入門)'이라고 해야 할 상황이 생겼다. 2007년 여름, 6월 6일이었다. 당시 전광훈 목사는 청교도영성훈련원이라는 자신의 종교적 기반을 굳혀가고 있었다. 1998년에 문을 연 청교도영성훈련원은 사실 대한민국 기독교계의 목회자를 대상으로 교육을 펼치는 곳이었다. 따라서 그곳에서 배출한 수많은 목회자들은 전광훈 목사의 충실한 지지자이기도 했다. 전광훈 목사 측의 특별한 메시지는 이들 훈련원 출신 목회자에게는 역시 아주 특별한 메시지일 수밖에 없었다. 영향력과 호소력이 매우 컸다는 얘기다.

서울시청과 서울역에서 청교도영성훈련원이 중심을 이뤄 전국 교인들을 모아 치른 대형 집회가 몇 차례 있었던 뒤였다고 한다. 그 해 여름에도 시청 앞에서 처음으로 큰 집회를 했는데, 당시의 대통령 선거 후보였던 이명박 전 대통령과 박근혜 전 대통령이 직접 이 곳을 찾아왔다고 한다. 우파 집회로서는 이렇게 많은 인파가 모여든 일은 처음이었다고 한다. 좌파의 집회는 훨씬 큰 기세를 이루고 있었는데, 대형 집회의 조직과 집행에 매우 능했던 좌파의 문화 때문이기도 했다. 아무튼 우파로서는 대형 집회가 거의 처음이라고 해도 좋았는데, 그로써 전광훈 목사의 집회는 한국 사회의 큰 관심과 주목을 받았다는 것이다. 본격적인 우파 대중 운동의 기폭점이라고 해도 좋을 정도였다.

청교도영성훈련원에서 목회자 훈련을 받았던 사람들은 이런 집회가 있을 경우 자신이 목회자 활동을 벌이고 있는 교회 등에서 적어도 10명, 많게는 100명 이상까지 성도들을 참석케 할 수 있었다고 한다. 훈련원이 초기 5년 동안 약 6만 명의 목회자를 훈련시켰다고 하니, 사실 그들의 동원력은 꽤 대단한 수준이라고 봐야 옳다. 초기의 그런 노력과 집중 덕분에 전광훈 목사는 대형 애국 집회를 열었고,

그 동원 규모 자체가 화제에 오를 정도여서 그는 곧 전국적으로 주목을 받는 목회자로 자리매김을 할 수 있었던 듯하다.

당시 서울시청 광장에서 열린 6.6 국민대회에서 전 목사는 이런 입장을 표명한다. 녹취록을 그대로 싣는다.

우리는 오늘 이날이 오기까지 눈물 흘려 기도해 왔습니다. 한국이 지금 총체적으로 흔들리고 있습니다. 여러분, 오늘 이 자리에서 성령의 불이 떨어져야 합니다. 오늘, 우리 이 자리에서 끝장을 냅시다. 친북주의, 반미사상 이 나라를 파괴의 길로 몰고 가는 이 한국의 암과 같은 집단들이 오늘 성령의 불 앞에 다 무너질 줄 믿습니다. 할렐루야!

우리 하나님의 나라는 과거 로마의 네로 황제까지도 우리는 변화시킨 경험을 가지고 있습니다. 러시아의 지하 교회가 공산주의를 무너뜨린 하나님의 역사적 사건을 우리는 가지고 있습니다. 일제시대 때 일본 놈들이 한국을 다 먹었을 때에 한국 교회는 순교로서 이 민족을 구원했습니다. 우리 한 번 다시 때가 왔습니다. 할렐루야!

한국 교회여, 일어납시다! 우리 대한민국은 100년 전에 한국 땅은 어둠으로 덮여 있었습니다. 한국의 최초의 선교사 언더우드 선교사님의 기도문에 보면 이런 기도가 나와 있습니다.

"주님, 이 어두운 땅에 우리를 왜 던져버렸습니까? 우리가 와 있는 이 조선은 앞을 봐도 어두움, 뒤를 봐도 어두움, 어두움밖에 없습니다. 이 조선 사람들은 고통을 고통인 줄 모르고 살고 있습니다. 그 고통을 벗겨주려고 하면 서양 귀신이 왔다고 오히려 우리를 핍박하고 있으니 하나님이여, 이 어두운 땅 한국을 살려주세요."

이렇게 언더우드 목사님이 기도했습니다. 그때 한국은 대원군 할아버지의 덕분 때문에 나라가 완전히 망해 있었습니다.

그러나 하나님께서 미국을 중심한 캐나다, 호주, 뉴질랜드, 영국 그 여러 나라에서 선교사를 이 땅에 보내어 주셔서 잠자는 한국을 살려주신 줄 믿으시면, 아멘. 잠자는 한국을 선교사들이 복음으로 깨워주심을 믿으시면, 아멘. 일제시대 때 일본 놈들이 우리의 생명도, 성도, 말도, 우리의 삶 전체를 다 뺏어가서 그야말로 한국은 희망도 없는 나라가 되었을 때에 하나님의 사람들 한국 교회가 일어나서 독립운동을 통하여 이민족을 구원해 왔습니다.

김구 선생님이 누구십니까? 감리교의 집사님이십니다. 이승만이 누굽니까? 장로님이십니다. 도산 안창호가 누구입니까? 영원한 누나, 유관순이 누구십니까? 하나님의 사람들이었습니다. 하나님의 사람들은 민족이 어려울 때마다 목숨을 걸고 일어났습니다. 오늘 바로 이 자리가 우리가 그들을 이어가는 산 역사의 주인공이 되어야 할

전광훈, 자유 통일의 길

것입니다. 동의하시면 아멘.

그러나 지금 우리 한국은 또 한 번의 위기를 맞이했습니다. 한국 땅에서 이루어지고 있는 지금 정치적인 상황은 학교에서 가르치는 정치학 교수님들이 정치학 이론으로 가르칠 이론이 없다고 해요. 원칙도 없고, 철학도 없고, 윤리도 없고, 우리나라에 일어나고 있는 경제적 현상 아주 위험합니다. 삼성에 이건희 회장님이 대통령을 만났을때 "대통령님 5년 후에 무엇을 먹고 살아야 될지 걱정 좀 해주세요. 5년 후에 무엇을 먹고 살아야 될지 걱정 좀 해주세요." 두 번이나 말한 것을 제가 신문에서 봤습니다. 일본과 한국 사이에 우리 한국은 경제적으로 처음 대학을 졸업하고 취직할 자리가 없고 사회적으로 자살률 세계 1위입니다. 청소년 흡연률 세계 2위, 그리고 사회적으로 일어나고 있는 현상은 말할 수가 없습니다. 이때에 우리 한국 사람들은 우리 한국 교회는 다시 한 번 일어나야 됩니다. 한번 따라서 합니다. "민족의 개화 독립운동은 교회가 했다. 앞장 섰다." 다 한 건 아니지만 앞장섰다 이거예요. 다 한 건 아니지만 "앞장섰다." 자, 북한 자유 통일도 복음으로 합시다. 동의하시면, 아멘. 할렐루야!

근데 지금 한국에서 제일 위험한 게 뭐냐? 친북주의, 좌파 사상 그리고 반미주의자들이 이 땅에다가 지금 인민공화국을 세우려고 하는 집단이 있어요. 안 돼. 따라 해 봐. "안 돼." 다시요. "안 돼. 그건 안 돼." 한총련, 전교조 이 나라가 너희들의 나라야? 이 나라는 하나님이 살려준 나라야. 너희들 마음대로 될 줄 알아? 우리는 그동안 기도만 해왔어. 뭐라고? 여기다가 무슨 인민공화국? 좀 속된 말로 한마디 하겠습니다. "야. 김밥이 옆구리 터진 소리 하지마." 아멘, 아멘.

오늘 이 자리에 오신 우리 한국 성도 여러분, 우리는 그동안 참고 기도만 해왔습니다. 이제는 행동할 것입니다. 시간이 됐기 때문에 이제 예배 시간이 됐기 때문에 예배를 진행하려고 합니다. 오늘 이 예배는 우리 기독교인들만 하는 것이 아니라 이 시대를 사랑하고 오늘의 이 한국이 있기까지 생명을 바쳐 일해 오시고 수고하시고 봉사해 오셨던 한국에 그 한 축인 '재향군인회' 우리 한번 박수합시다. 이분들은 6.25 전쟁 때 월남전 그 외에도 많은 전쟁에서 총알이 피하여 갔던 분입니다. 6.25 때 여기 오늘 재향군인회 회장님 되시는 박세직 회장님도 간증을 잠간 들어보니까, 학도병 때, 17살 때, 자원입대하여 6.25 전쟁에 참여하셨는데 같이 가신 분은 다 돌아가셨고, 혼자서 살아오셨고, 그리고 인민군을 향하여 공격하다가 역습을 당하여 포로가 되어서 어느 농촌 마루 밑에 숨어 있을 때 그때 박세직 회장님이 기도했답니다. "하나님 한 번만 살려주세요. 그러면 내가 주님과 이 나라를 위하여 살겠습니다." 그 이후로 이 재향군인회 박세직 회장님이 하나님과 함께 이 민족 발전의 중심에 늘 서 계십니다. 그뿐 아니라 이 자리에 와 계신 모든 국군 장병들 그중에 저도 한 사람입니다마는 재향군인회 이들이 있었기 때문에 오늘 한국이 있습니다. 동의하시면 아멘. 우리 그분들을 위하여 박수 한번 합시다.

그리고 애국 시민 단체 여러분들이 뜨거운 마음으로 오늘 이 자리에 참여하고 계십니다. 혹시 종교를 다르게 가졌다 할지라도 그 옛날 파고다 공원에서 독립선언문을 낭독할 때 거기에 종교가 어디 있었습니까? 교파가 어디 있었습니까? 나라 살리는 그 마음 하나뿐이었습니다. 오늘 이 자리에 참여하신 모든 분들이 같은 마음으로 이 자리에 참여한 줄 믿습니다. 예배를 시작하기 전에 정말로 어떤 말씀으로 위로를 드려야 될지 말에 표현이 없습니다마는 재향군인회 되시는, 특별히 어른 되시는, 여기에 장군님 되시는 분들, 제가 군대에 있을 때는 얼굴도 못 쳐다봤고 별차가 지나가면 논두렁 밑에 숨었습니다. 아이고, 여기도 지금 무서워서 제가 쳐다볼 수가 없는데 오늘 이렇게 와 주셔서 제가 대표하여 감사 인사를 한번 드리겠습니다. 근데 사실 군대에 있을 때 많이 맞았어요. 그때는 섭섭했는데 지금 보니까 눈물밖에 안 나요. "그대들이 있기에 오늘 한국이 있다." 우리 옆 사람, 옆에 있는 재향군인회에 오신 분들에게 우리 악수 한번 해 주십시다. "그대들이 있기에 오늘이 있었습니다." 시작.

여러분, 오늘 이 집회가 여기서 끝나야 되겠습니까? 우리는 이 민족이 바로 설 때까지 이 땅에 친북주의, 반미사상, 좌파 사상이 끝날 때까지 우리는 이 복음의 집회를 계속해 나갈 것입니다. 그러기 위하여 여러분, 이 시간에 저의 소원을 한번 들어주세요. 개인이 아무리 힘이 있어도 에스겔 37장처럼 마른 뼈들이 한자리에 모이지 않으면 힘이 없습니다. 그래서 이 집회를 앞으로 전국대회로 계속 밀고 나갈 텐데 기도해 주시기를 바라고, 우리 한번 10월 3일은 몇 만이요? 300만, 몇 만이요? 어디에서? 고수부지에서! 이 땅에 친북, 좌파, 반미사상이 끝날 때까지 우리는 이 집회를 계속해 갈 것입니다. 다음 달에는 지방 대회로 대전에서 시작할 것입니다. 여러분 우리가 이 민족을 위하여 생명을 바칩시다. 동의하시면 아멘! 두 손 들고 아멘!

# 48

# 이승만 대통령 본격 조명

전광훈 목사와 이승만 전 대통령은 직접적인 인연이 없다. 그러나 목회자 전광훈의 뇌리에는 아주 오래 전 이승만 박사의 여러 면모들이 깊이 각인된 적이 있다. 그가 고등학교 학생 때였다. 앞에서도 소개했듯 전 목사는 집안 7촌 아저씨였던 전성천 박사를 찾아간다. 어머니와 함께였다.

전성천 박사는 앞서 언급했듯 이승만 대통령 정부의 공보실장(현 문화체육관광부 장관 격)을 역임한 인물이다. 아울러 이승만 대통령이 공부했던 미국 프린스턴 대학을 나와 이 대통령과는 동문의 관계였다. 그는 이승만의 애국애족 정신, 건국 대통령으로서 지닌 풍운의 혁명가 면모, 건국 뒤의 업적 등에 두루 밝은 인물이었다. 고등학교 때 전성천 박사에게 인사 차 찾아간 전광훈 목사는 전 박사가 나중에 이끄는 성남교회에 한 동안 머물면서 그로부터 이런저런 감화를 많이 받았다고 한다. 그 중에서도 "이승만 대통령을 꼭 알아야 한다"는 전성천 박사의 가르침을 충실히 계승했다.

결론부터 말하자면, 우리는 대한민국 역사를 언급할 때 산업화를 강력하게 추진했던 박정희 전 대통령만을 크게 주목하는 경향이 있다. 1961년의 5.16으로 일어나 대한민국의 산업화, 탈 빈곤 정책, 사회 고도화 등을 추진하며 한국을 세계적인 국가의 반열에 오르도록 토대를 닦은 그 업적이 아주 대단하기 때문이다. 아울러 산업화에 이어 펼친 유신 등 독재 성향으로 인해 민주화에 관해서는 쟁점적인 논의들을 최근까지 이어오도록 만든 주인공이기도 하다. 그러나 대한민국을 건국한 뒤 북한 김일성의 6.25 남침이라는 미증유의 동족상잔이라는 엄청난 비극에서 대한민국을 끝까지 지켜냈던 이승만 전 대통령에 대한 평가와 의미 부여는 매우 빈약하기 짝이 없다.

전광훈 목사는 그 이승만 대통령을 현재 대한민국 주류 사회의 큰 화제로 이끌어 들이는 데 매우 큰 기여를 한 인물이다. 그는 집안 아저씨 전성천 박사로부터 들어 청년기부터 익숙했던 이승만 박사에 관한 이야기를 단순한 관심 사안을 넘어 사회적 이슈로 부각하는 데 앞장을 선다. 그는 우선 집안 아저씨 전성천 박사로부터 들었던 각종 이야기를 전문가와의 대담을 통해 더 세밀하게 정리하며 다져나갔다. 우리 사회의 '이승만 전문가'라는 사람들을 전광훈 목사는 모두

다 만나면서 다녔다고 한다.

그래서 전 목사는 지금도 '이승만 전문가'로 통한다. 아울러 수많은 이승만 대통령 전문가들을 만나 인터뷰 등을 진행하다보니 그는 이제 대한민국 현대사에 관해서도 아주 소상한 지식을 지니게 됐다고 한다. 이로써 전 목사는 또 하나의 행동에 나선다. 바로 '이승만 재조명'에 관한 작업이었다. 우선 그는 이승만 전 대통령의 업적과 일생 등을 재조명한 책, 〈이승만의 분노〉(퓨리탄출판사, 2016)를 출판했다.

그는 이 책을 펴낸 뒤 경비를 많이 들여 다시 전국의 판사 등 법조인, 각 지역의 정치인과 지식인들에게 대량으로 보냈다고 한다. 한꺼번에 40여 권의 책을 박스에 넣어 보내다보니 돈이 많이 들었다고 한다. 그래서 그는 다시 '이승만의 분노'라는 종합 요약본 책을 한 권 만들어 보내는 방식으로 바꾸면서까지 공을 들였다고 한다. 아울러 국내에서 이승만 전 대통령과 관련이 있는 포럼 등이 열리면 이들을 후원하는 일을 다 맡았다고 한다. 물심양면으로 지원을 아끼지 않으려고 노력했다는 것이다. 이로써 이승만 대통령에 관한 열기가 일기 시작했고, 이제는 박정희 대통령 못지않은 비중과 쟁점으로 이승만 대통령의 업적이 다시 다뤄지고 있는 실정이다.

사실, 이승만 대통령에 대한 인식은 대한민국의 정체성을 제대로 인지하면서 좌파적 논리에 대응할 수 있는 깊고 견고한 토대에 해당한다. 조선왕조의 깊은 침체와 망국의 역사 맥락 속에서 그 모든 폐단을 이겨내고 일제 식민지 강점 뒤와 해방의 혼란 속에서 자유민주주의의 가치와 시장 자본주의의 우월성을 선각(先覺)해 공산진영의 갖은 압박을 극복한 뒤 대한민국을 건국한 그의 공로는 결코 박정희 전 대통령보다 못지않은데도, 그의 말년 독재적 성향만을 언급하며 이승만 대통령을 평가절하 하는 분위기기 팽배했던 점이 사실이다.

전 목사는 자신의 종교적 신념이 뭉친 '복음 통일'을 주창하면서 다른 한 축으로는 이 자유민주주의의 뿌리에 입각한 한반도 '자유 통일'을 신념과 철학으로 지니고 있다. 그런 그에게 '자유 통일'을 위한 토대 다지기 차원에서 이승만 전 대통령의 업적은 결코 비켜갈 수는 없는 일이었다. 게다가 그는 고등학교 시절 이후 친척 아저씨 전성천 박사의 가르침을 받아 일찌감치 이승만 전 대통령의 각종 면모를 따져 본 전력이 있다.

이런 여러 곡절 때문에 지금까지도 전 목사는 이승만과 관련이 있는 국내의 기념행사 등에는 후원을 아끼지 않고 있다. 전 목사는 정치 집회의 주최자로서, 그 무대 위에 올라서 아주 강한 톤으로 대중 연설을 하는 목회자로 유명하지만, 사실 이전까지의 부정적인 기류를 불식하면서 건국 대통령 이승만 박사의 공적을 새삼스레 이 사회에 알린 점이 더 큰 그의 개인 공적이라고 보는 사람들이 많아지고 있다.

일부 전문가들은 만약 전광훈 목사가 본격적으로 앞장서서 이승만 대통령을 재조명하지 않았다면, 박근혜 전 대통령 탄핵 정국 후에 대한민국 보수의 정체성 자체가 심하게 흔들렸을 수도 있다고 진단한다. 전광훈 목사가 이승만이라는 인물을 어느 정도 정상 궤도에 올려놨기 때문에 지금 윤석열 대통령도 이승만 대통령에 대해 자연스럽게 이야기할 수 있는 분위기가 만들어졌다는 것이다.

# 49

# 세 차례 감옥行에도 결코 꺾지 않은 뜻

전광훈 목사의 특기는 독설에 가까운 직언(直言)이다. 급소를 향해 바로 날아드는 칼날과도 같은 직언이다. 빙글빙글 돌려서 말하는 우회적인 화법은 전혀 없는 편이다. 누가 어떤 짓을 했으면 어떤 짓을 한 것이라고 곧장 지적한다. 대개는 좌파를 향한 칼날인 것 같지만, 꼭 그렇지도 않다. 궁극적으로 옳고 그르냐를 먼저 따져 바로 대상의 잘못을 지적한다.

특히 대한민국 정부가 북한을 대하는 태도와 방식 등에 문제가 생기면 지적을 서슴지 않는다. 날이 선 비판은 진보 정권이든, 보수 정권이든 전혀 가리지 않는다는 점도 특징이라면 큰 특징이다. 그에게는 단일한 기준이 있다. 하나님이 축복한 대한민국의 정체성에 위험을 초래하거나, 우리를 위협하는 북한에 동조하는 듯한 움직임이 드러나면 전 목사는 인정사정 볼 일 없이 바로 직공(直攻)에 나선다는 점이다.

사례 하나가 있다. 이명박 대통령 정부 시절이다. 당시 대한민국은 앞서 닥쳤던 경제위기를 잘 극복해 세계의 여러 나라들로부터 칭찬을 받는 상황이었다. 그러나 전광훈 목사는 당시 광화문에서 열린 한 집회에 참석해 이명박 대통령을 신랄하게 비판했다. 당시 확산일로에 있던 주사파와 국내 암약 북한 간첩 등의 사안에 이명박 정부가 너무 온화하게 대처한다는 내용이었다. 당시 전광훈 목사는 이런 경고를 날렸다고 한다.

"이 문제를 강경하게 대처하지 않으면 나중에 이명박 대통령 당신이 감옥에 갑니다."

이명박 정부 당시의 상황을 아는 사람은 알지만, 대개의 사람은 잘 모른다. 전광훈 목사의 눈에는 어느덧 풀린 북한에 대한 경계감이 우리 사회 전반에 좌경화의 범람을 불러올지 모른다고 봤던 듯하다. 위의 발언은 이런 맥락의 우려를 담은 것이라고 봐도 좋겠다. 이명박 대통령은 결국 퇴임 후에 감옥에 오래 갇히는 신세에 빠져든다.

여담이지만, 국가에 큰 위기가 있을 때마다 전광훈 목사는 하나님의 계시가 담긴 꿈을 꾼다고 한다. 박근혜 전 대통령이 탄핵 정국으로 자리에서 물러나기 전에도 전 목사는 박근혜 대통령과 관련이 있는 좋지 않은 꿈을 꾼 적이 있다고 한다. 당시 꿈을 꿨던 전 목사는 그 꿈이 박근혜 대통령의 탄핵을 의미한다고는 생각지 못했다고 한다. 단지, 꿈에서 바라본 상황이 아주 좋지 않아 보여 보수진영 주요 관계자나 박 대통령 측근에게 "조심해야 좋을 것 같다"고 얘기를 전했다고 한다.

이후 그런 조짐이 더욱 깊어지자 전 목사는 어느 날 참석한 보수 시민단체 회의에서 "박근혜 대통령이 탄핵 당할지도 모르니 극단적인 대응이 있어야 한다"고 했지만, 다른 이들은 그 점을 전혀 이해하지 못한 채 전 목사를 퇴장시키면서 "앞으로는 다시 오지 말라"고 한 적이 있다고 한다. 전 목사는 그 일이 있은 뒤 이 단체가 주관하는 회의에는 일절 참석지 않고 있다.

그렇지만 결국 박근혜 대통령은 진짜 탄핵을 당했다. 그 무렵 전 목사는 큰 수술을 받은 후 팔에 마비가 와 팔을 거의 쓰지 못하는 상황에까지 이르고 말았다. 이 때문에 1년여 동안 모든 사역이 '올 스톱' 됐다. 당시 전 목사는 팔을 아예 위로 못 올릴 정도로 마비가 왔다. 의사는 재활을 하면 그래도 신경이 증폭이 돼서 살아날 수 있다고 했다. 80%~90%까지는 회복이 가능하다고 했다. 그런데 처음 3개월의 재활이 중요하다고 했다. 그런데 그때 전 목사는 대통령 선거법 위반 혐의를 받아 감옥에 갇힌다. 통증이 너무 심해 밤에 잠을 못 잘

전광훈, 자유 통일의 길

정도였다.

　상황이 너무 안 좋았다. 감옥에서 나오고 나서도 몸이 더 안 좋아
졌다. 모든 것들이 멈춰졌다. 팔을 움직이지 못했다. 한동안 집밖으
로 나가지도 못했다. 1년 동안 설교도 할 수 없었다. 아무 것도 할 수
없었다. 그러던 중, 조용기 목사에게 연락이 왔다. 한국기독교총엽합
회(한기총)를 맡아달라는 권면이었다. 아마도 조용기 목사는 전 목사
가 아픈 것을 전혀 모른 상태였던 것 같다. 전 목사는 자신의 처지를
이야기할 수도 있었지만, 그저 '자신의 자리가 아닌 것 같다'며 거절
을 했다고 한다. 그 뒤에 이영훈 목사를 통해 다시 전 목사를 설득하

며 한기총 대표회장을 맡으면 옆에서 도와주겠다고 했다. 하나님께서 조용기 목사를 통하여 주신 사명인 것은 아닌가 하는 생각과 함께 한기총의 설립 배경을 알고 전 목사의 마음이 움직였다고 한다.

위키백과에 따르면, 한국기독교총연합회의 설립 배경에 대해 이렇게 기록하고 있다. 한국기독교교회협의회가 1988년 2월 발표한 '민족의 통일과 평화에 대한 한국기독교회 선언'에서 "남한의 그리스도인들은 반공 이데올로기를 종교적인 신념처럼 우상화하여 북한 공산정권을 적대시한 나머지 북한 동포들과 우리와 이념을 달리하는 동포들을 저주하기까지 하는 죄를 범했음을 고백한다"고 하면서 반공주의를 반성하며 평화와 통일을 위해 나설 것을 다짐하며 국제네트워크 등을 통해 세계교회협의회가 남북 개신교계의 대화를 지지하는 등 전 세계 개신교계에서 남북평화는 중요한 아젠다가 되자 이런 위기의식을 느낀 월남자 출신의 원로 목사들이 앞장섰다. 1989년 1월 한경직 목사는 은퇴 후 지내고 있던 남한산성의 영락교회 수련관으로 개신교 원로들을 모아 새로운 개신교 연합기관을 만들기로 하고 준비모임과 준비위 등을 거쳐 12월 28일 공식 출범했다고 한다.

좌경화에 빠진 대한민국을 살리는 길에 한기총의 설립 배경이 딱 맞았다. 전 목사의 몸은 외부활동을 전혀 할 수 없는 상황이었지만, 하나님께서 맡기신 사명의 길이라는 믿음으로 한국기독교총연합회 대표회장으로 취임한다. 그 이후로 조금씩 팔이 괜찮아지고 건강이

전광훈, 자유 통일의 길

회복되기 시작했다. 이후 전 목사는 두 차례 더 차가운 감옥에 간힌
다. 그럼에도 그는 한 번도 제 뜻과 믿음을 꺾은 적이 없다. 시련이
닥칠수록 그는 더 모질게 일어서 스스로가 믿고 따르는 방향으로 길
을 걸어왔다.

# 50

## 한기총 대표회장으로 목숨 걸고 애국운동

"이 시대가 한국 교회를 비난하고 있지만 교회가 이 나라에 끼친 영향력은 돈으로 계산할 수 없습니다. 미국 선교사들이 이 땅에 들어와 교회와 학교, 병원을 지었습니다. 그보다 위대한 사건은 이승만 대통령이 자유민주주의와 자유시장경제, 한미동맹, 특히 기독교 입국론이라는 기둥으로 국가를 운영한 것입니다."

2019년 2월 15일, 한국기독교총연합회(한기총) 제25대 대표회장으로 취임한 전광훈 목사가 취임사에서 말한 내용이다. 그는 이어 다음과 같이 말했다.

"우리가 자유민주주의, 자유시장경제, 한미동맹, 기독교를 선택할 때 북한은 공산주의, 사회주의를 내세우고 중국과 주체사상을 선택했습니다. 한국기독교총연합회가 해야 할 가장 중요한 일은 국가가 해체되는 것을 막고, 대한민국을 지켜내는 일입니다."

'종교에 대한 국가의 우위'라는 비판이 일기도 한 연설 내용이다. 국가의 정체성 확립과 유지에 종교가 나서야 한다는 점을 의무와 당위로서 설정한 내용이 문제였다. 그렇듯 전 목사의 국가관은 확고했다. 위기를 위기로 간주하면서 그에 기독교가 적극 나서서 국가의 존립에 관한 큰 가치 다지기에 힘을 쏟아야 한다는 주장은 힘이 있었다. 국가를 위한 일에 한기총이 협력해야 할 일을 명시적으로 밝혔다는 점에서 의미가 컸다.

전 목사는 여러 비판적 여론들을 극복하면서 이후 애국 운동에 총력을 다 기울였다. 그 결과 한국 교회는 대사회적인 활동에 적극적인 목소리를 냈다. 하지만 전 목사는 또한 진보정권의 조직적인 음해와 이에 부화뇌동한 진보 성향 목사들에 의해 소송을 당하는 어려움을 겪기도 했다. 그러나 수감생활과 병환으로 죽을 뻔했던 시련이 전광훈 목사를 각성시켰다.

그동안 '나는 평생 목숨 걸고 열심히 살았다'고 생각했던 전 목사였지만, 막상 진짜 죽을 고비를 넘기자 '내가 정말 목숨을 걸고 살아온 것이 아니었구나'라는 생각이 들었다고 한다. 그 과정에서 또 다시 어떤 환상을 보고 '내가 진짜 목숨을 걸고 한번 해 봐야 겠다'고 결심한다. 그래서 전 목사는 문재인 정부에 대항하며 청와대 앞에 텐트까지 쳤다.

　사실 당시 반(反) 문재인 정부 투쟁을 시작할 때 보수진영에서도 처음에는 반응이 미온적이었다. 특히 적잖은 사람들이 공감하지 못했다. 그러나 전 목사가 보는 관점은 그들과 달랐다. 대한민국에 사는 기독교인으로서 전 목사는 좌경화를 넘어 더 심각한 수준으로 대한민국이 기울 수 있다는 점을 우려하고 있었다. 좌경화를 넘어 대한민국 정체성을 송두리째 부정할 수도 있는 '아주 위험한 기울기'에 경각심을 지녔던 것이다. 북한과 중국 등 공산주의 국가에 대한 선교 경험이 풍부한 전 목사의 눈에는 그 점이 유난히 잘 들어왔던 듯하다.

　전광훈, 자유 통일의 길

전 목사는 박근혜 대통령 탄핵 이후 '박근혜 탄핵 무효 집회'를 열던 태극기 세력을 포함한 보수우파 세력을 '문재인 퇴진'이라는 슬로건으로 통합한 공로가 아주 크다. 당시 문재인 정권이 북한 김정은과 평화·종전 협정을 추진하자 "이건 나라를 그냥 갖다 바치는 일이다"란 비판이 보수우파 진영에서도 많이 쏟아지며 '문재인 퇴진'이라는 슬로건이 큰 공감을 얻었다.

그 이후로 보수우파의 대형집회가 많아지기 시작했다. 특히 전 목사는 대형 집회에 최적화한 인물이었다. 전국 방방곡곡을 돌며 부흥회를 하던 40년의 노하우가 쌓여 있었다. 집회 음향 컨트롤 등 세팅도 잘했다. 기술적인 부분의 탁월함에 명분까지 갖춰지자 그가 주도하는 '문재인 퇴진' 집회는 점점 활성화돼 갔다. 2019년 8월부터는 본격 대형 집회가 열렸고, 그해 10월 광화문 집회 사상 역대 최대의 인원이 모이게 된 것이다.

2019년 8월 4일에 시국선언문의 전문이다.

*존경하는 5천만 국민여러분!*
*1200만 성도여러분, 30만 목회자, 25만 장로님 여러분!*

*한기총 대표회장 전광훈 목사입니다.*
*우리 한기총이 발표한 문재인하야 시국선언문을 적극 지지해 주심*

에 대하여 진심으로 감사를 드립니다.

물고기가 물에서 살 수 있는 최소 산소 요구량이 4ppm이라고 합니다. 인간이 살 수 있는 대한민국 문화의 산소 요구량이 3.99ppm까지 혼탁해졌습니다.

이와 같은 썩은 문화의 물을 마신다면, 너 나 할 것 없이 우리는 자멸할 수밖에 없습니다. 이 썩은 물의 시작에 대하여 역사학자들의 증언에 의하면, 헤겔 철학의 타락으로부터 시작하여 앙겔스로 넘어가고, 또 다시 앙겔스에서 칼 마르크스로 이어진 것이라고 합니다.

칼 마르크스는 1917년 볼셰비키 혁명을 완수했고, 이 공산주의가 전세계를 공산화하기 위하여 유럽을 불태우고 내려오다가, 개신교의 복음의 벨트와 건전한 가정, 교회, 국가인 덴마크, 스웨덴, 노르웨이, 서독에 걸려 저지되자, 이탈리아의 좌파운동가인 그람시에 의하여 문화 막시즘으로 옷을 갈아입었습니다.

그들은 전 세계를 장악하기 위하여 동성애, 이슬람, 차별금지를 앞세워 불란서 6.8혁명을 일으켰고, 전 세계는 공산주의는 막아냈으나 다른 옷으로 갈아입은 동성애, 이슬람, 차별금지 앞에서 무릎을 꿇었습니다.

공산주의 혁명인 볼셰비키 혁명이 동쪽으로는 중국, 몽골, 동남아 일부와 북한을 불태우고, 북한에 와서 김일성 주체사상(주사파)의 옷으로 갈아입고 남한의 남로당의 찌꺼기와 연합하여 대한민국을 장악했습니다.

이제 우리는 결단해야 합니다.

인류를 소멸케 하는 동성애, 이슬람, 차별금지법과 주체사상의 썩은 물을 마셔 자멸하든지, 아니면 전 국민이 분연히 일어나 동성애, 이슬람, 차별금지, 주체사상과 맞서 싸워 썩은 물을 쳐내고 한반도에서 터지는 새로운 생수를 마시든지, 양자 간에 선택을 해야 할 것입니다.

존경하는 국민 여러분!

이와 같은 인류사적인 싸움에서 이기기 위하여, 먼저 주사파를 통하여 북한으로 가려고 하는 문재인을 하야시키고, 동성애, 이슬람, 차별금지의 썩은 물을 갈아치우고, 인류 앞에 새로운 생명수를 공급하는 역사적 책임을 대한민국이 져야 할 것입니다.

우리 한기총은 대한민국과 인류 앞에 새로운 생수를 공급하기 위한 시대적 싸움에 앞장서겠습니다.

이를 실현하기 위하여 문재인하야 천만서명 운동과, 오는 8월15일 오후1시 광화문광장 국민대회에 전력해 주시기를 간곡히 부탁드립니다.

하나님과 국민 여러분들의 도움으로 반드시 승리하겠습니다.

여러분들의 적극적인 협력을 기대합니다.

기독교대표 한기총 전광훈 목사
불교대표 지광 스님
천주교대표 대수천 이계성 드림


2019년 10월 3일 개천절 광회문 집회 때의 200만~300만 명에 이르는 폭발적인 집회 인원이 모인 것은 언론사에서도 예측을 못 했다. 당시 지하철에서 나오는 데만 1시간이 걸렸고, 핸드폰 기지국이 마비돼 통화가 터지지 않을 정도였다. 전 목사는 잇따라 10월 9일부터 서울시청 앞에서 매일 철야집회를 열었다. 그리고 10월 25일, 광화문에서 1박 2일 집회를 진행한 뒤 청와대 앞에서 본격적인 농성에 들어갔다. 10월 25일 서울 광화문 집회에서 발표된 '서울고백서'의 전문이다.

존경하는 국민 여러분 그리고 해외 동포 여러분 그리고 우리와 함께 사시는 전 세계 인류 여러분!

인류의 역사를 돌이켜보면, 인류 역사가 지나온 모든 것은 다 교회의 역사였습니다. 모든 세계는 다 그리스도가 이끌어 오셨던 것이었습니다. 초창기에는 중앙아시아에서 교회들이 세계를 이끌었습니다. 그 후에는 사도 바울에 의해서 로마를 통하여 세계를 이끌어 왔습니다.

특별히 청교도가 만든 바로 미국이 현재 전세계를 이끌어 가고 있는 것입니다. 그리스도가 이끄는 역사 가운데서 가끔 방해꾼들이 나타나는 경우가 있었습니다. 그때마다 교회들은 고백서를 만들어서 선포했습니다. 그리고 성경을 재정돈해왔습니다. 신앙을 재정돈해왔습니다.

지나간 역사를 잠시 제가 돌이켜 보겠습니다. 오늘 우리는 서울 고백 선언을 하기 위하여 지금 이 자리에 모였습니다. 예수 그리스도께서 세우신 교회를 실현하기 위하여 역사적으로 이루어진 공회인 니케아 회의로부터 콘스탄티노플, 에베소 회의, 칼케돈 신조, 아타나시우스 신조, 제네바 교리서, 스코틀랜드 신앙고백, 벨직선언, 하이델베르크 선언, 헬베틱 신앙고백 이 모든 도르트문트 신조 기독교 2000년 역사가 진행되는 과정 중에서  이루어진 모든 신앙고백서는 그 총체적인 결론이 웨스트민스터 신앙고백이 되었던 것입니다.

지금 전세계적으로 교회가 너무 많이 무너졌기 때문에 한국 교회가 일어나 전세계 교회를 새로 정돈하기를 원합니다.

2000년 역사가 공유해온 영국의 웨스트민스터 신앙 대,소 요리 문답을 기반으로 하여 다음과 같은 기독론 중심의 한국 고백서를 선포합니다!

1. 예수 그리스도는 만물보다 먼저 계신 하나님이시다
2. 예수 그리스도는 만물을 창조하신 하나님이시다
3. 예수 그리스도는 사람으로 오신 하나님이시다. 그리고 완전한 사람이였었다
4. 예수 그리스도는 우리를 위하여 십자가에 죽으셨다
5. 예수 그리스도는 3일 만에 부활하셨다
6. 예수 그리스도는 승천 하셨다.
7. 예수 그리스도는 하나님 보좌 우편에서 우리를 위하여 기도하고 계신다
8. 예수 그리스도는 약속하신 성령세례를 부어주신다
9. 이 성령세례는 지금도 계속되며, 그리스도께서 재림하실 때까지 계속 이루어진다.
10. 성령세례에 따르는 은사는 지금도 계속 되며, 그리스도의 몸된

교회를 통하여 나타나고 있다.

11. 예수 그리스도는 가심을 본 그대로 다시 재림하신다.

12. 예수 그리스도는 재림 후 천년왕국을 이루시며 영원한 세계로 이끌어 주신다.

13. 신구약 성경을 완전무오한 하나님의 말씀으로 믿는다

14. 그리스도의 구원의 과정에 있어 예수 그리스도 외에는 어떠한 교주나 교리를 배격한다

15. 위에 고백을 인정하지 않는 개인 단체 신학적 이론과 이슬람 동성애 차별 금지를 절대 배격한다


우리는 반드시 그리스도께서 이를 이루실 것을 믿고 가르칠 것을 결의한다.


한국 땅에 어떤 몇몇 사람의 나쁜 사람들이 말도 안되는 자기의 교리를 만들어서 자기한테 돈 안 갖다주면 이단으로 전개하는 나쁜 놈들이 있습니다. 오늘부로 그들은 생명이 끝났습니다!


제가 서울 고백선언을 선택하는 이유는 한국 땅에서 일부 나쁜 사람들이 말도 안되는 신학적 이론을 가지고 자기 말 안 들으면 이단, 삼단 하는 이런 나쁜 놈들이 있는 것입니다. 이 시간 이후로 부터는 어떤 사람이 누구를 향하여 이단이라고 정죄하는 일은 없어야 될 것입니다.

2000년 기독사에서 계속 이루어진 고백서를 기반으로 하여 오늘 선포된 서울 고백서를 각자가 다 비추어보면 내가 잘 가고 있는지 잘 못가고 있는지는 스스로 선택할 수 있는 이제 기반이 마련된 것입니다!

존경하는 국민 여러분, 그리고 세계에 흩어져 사시는 동포 여러분, 76억 되시는 인류 여러분 우리가 부인할 수 없는 사실 하나는 인류의 역사는 예수 그리스도가 이끌어 왔다는 사실입니다. 시대 시대마다 나쁜 자들이 일어나서 교회 공동체를 깰려고 시도했습니다. 한국 땅에도 그런 사람들이 많이 있습니다. 오늘 저는 예수 그리스도의 이름과 한국교회 이름으로 그들을 비판하고 정죄합니다!

오늘 선포된 바로 이 서울고백서는 앞으로 국민일보와 조, 중, 동 신문에 제가 이걸 다 여러분들에게 광고 할 것입니다. 이거는 누구에게도 정죄 받을 필요가 없는 것입니다. 내가 이단인지 바른 길을 가는지 이제는 사람에게 판단 받을 필요가 없게 된 것입니다. 오늘 선포된 바로 이 선언을 통하여 여러분들은 기죽지 마시고, 주님의 이름으로 자유롭게 신앙생활 하시길 바랍니다.

미국 교회는 웨스트민스터 신앙고백에서 빠진 성령론을 보강했습니다. 미국 교회가 보강한 성령론을 제가 어렵게 구해왔습니다. 제가 그 고백서를 다 읽어봤더니 거기에서도 한국 교회에서 역사하는 원천적, 원색적 사도행전적 성령의 역사는 거기도 배제되어 있습니다.

전광훈, 자유 통일의 길

그래서 저는 서울 고백서를 선택하기로 작정을 했던 것입니다.

신앙의 현장에서 분명히 하나님의 성령의 역사함에도 불구하고 사도행전의 역사하는 성령이 한국교회도 그대로 지금 역사하고 있습니다. 그런데도 불구하고 교권주의자들이 몇명이 성령에 대하여 부정하고 있는 것입니다. 사도행전에 있었던 성령의 역사는 지금은 없어졌다 이따위로 거짓말로 성도들에게 가르치고 있는 것입니다.

특별히 주목해야 될 것은 세 가지를 주로 말하고 있는 것입니다. 사도행전에 나타난 첫째, 방언의 역사인 것입니다. 두 번째, 신유의 역사인 것입니다. 세 번째, 예언의 역사인 것입니다.

방언, 신유, 예언은 지금 한국교회에 성령이 기름 붓듯 역사하고 있는 것입니다. 신학자도 아니고 신학자 비슷한 인간들이 나타나서 하나님의 성령이 역사하는 현장을 거부하는 것은 그것은 주의 종이 아니라 사탄입니다! 사탄!

어떤 개인적인 교리도 성경을 능가할 수는 없습니다. 어떠한 신학자도 성경을 능가할 수는 없는 것입니다.

오늘 우리는 인류 역사 2000년 동안 함께 공유해왔던 모든 고백서를 기반으로 하여 한국 고백서를 채택한 것을 하나님께 우리 영광의 박수를 올려 드리겠습니다. 할렐루야!

반드시 예수한국, 복음통일은 이루어 질 것입니다! 여러분 그렇게 되기 원하시면 아멘!

오늘 선포한 이 서울고백서가 예수한국, 복음통일을 이루는데 큰 신학적 기반이 될 것입니다!

만약에 제가 오늘 선포한 서울고백서에 대하여 반론이 있는 신학자나 목사들은 나한테 오십시요. 언제든지 제가 공개토론 하겠습니다. 다시는 범죄행위를 저지르지 말기를 바랍니다.

할렐루야~!

제가 사실은 이 초대형 집회를 계속 이끌고 있지만은 오늘 채택한 서울 고백서 이 시간이 저에게 제일 기쁨의 시간이 되었습니다. 제 속에 있는 성령님이 저를 격동하고 있습니다. 잘한다, 잘한다, 잘한다! 이렇게 성령님이 저를 격동하고 있습니다.

전 목사의 싸움 스타일은 진지하고, 드세다. 대부분의 집회에 임하는 그의 태도와 연설 내용을 보면 그렇다. 당시 이렇듯 '세게' 나간 데도 이유가 있다. 그는 이 흐름을 '영적인 싸움'으로 봤기 때문이다.

전광훈, 자유 통일의 길

그 마당에서는 '기세'가 중요한데, 전 목사는 이 싸움을 계기로 그간 문재인 정권 옹호에 기울어져 있던 대한민국을 거의 중간지점까지 끌어올렸다고 믿는다. 그렇게 좌·우 진영의 기세가 반반 정도가 되었을 때 전 목사는 당시 검찰총장이던 윤석열에게 메시지를 던졌다. "정치하러 나와라"고 말이다. 그렇게 전 목사는 정권 교체의 기반을 조성했다는 평가를 받기도 한다.

# 51

# 자유 통일당을 만들고 국민의힘을 지지하다

전 목사는 항상 최전방에서 거칠게 싸우다 보니까 공격도 많이 받는다. 보통은 최전방 싸움 요원이 직접 정치권에 뛰어드는 경우가 많다. 그러나 전 목사는 그런 일에는 아예 관심이 없다. 그러면서도 '자유 통일당'이라는 기독교 기반의 정당을 주도해서 만들었다. 그러면서 또 내년(2024년) 총선에서는 자유우파를 중심으로 200석을 만들자고 한다.

이유는 이렇다. 전 목사는 처음 국민의힘 당을 전적으로 지지하려고 했으나, 국민의 힘의 입장과 태도가 갈수록 중도에 가깝게 변질되면서 선명한 우파 정당이 필요하다고 생각한다. '중도는 없다'는 것이 전 목사의 기본적인 생각이다. 사상과 노선을 선명하고 확실하게 해줘야 그 곳을 중심으로 세력화가 이뤄진다는 구상이다. 다가올 총선도 결국은 '집토끼 싸움'이라는 게 전 목사의 생각이다. 지난번 2019년 총선 때도 결국 당시 황교안 대표가 '어설픈 중도' 인물들로 공천을 해서 기존 보수 유권자들 중 투표하러 가지 않은 사람들도 많았다고 본다.

결국 공천을 잘 해야 하지만 그 전에 우파 정당이 명확한 선명성을 가지고 있어야 한다는 생각이다. 대한민국 정치가 지금 이 사태까지 온 것도 결국은 우파 정당이 타협하고 타협해서 계속 밀려온 결과라는 것이다. 이러다 보면 결국은 박근혜 대통령처럼 그 당을 대표했던 대통령까지도 탄핵하는 상황을 맞이하게 된다는 것이다.

이런 일이 또 발생하지 않게 하려면 결국은 국민의힘 당이 중심을 다시 잡아야 한다고 전 목사는 생각하고 있다. 국민의힘이 기득권을 내려놔야 한다는 것이다. 박근혜 탄핵 사태도 결국은 당내 친박·친이 사이 기득권 다툼으로 인해 벌어졌다는 것이 전 목사의 분석이다. 일반적으로 정치인들은 자기의 이익을 넘어선 생각을 할 수 없다. 그러나 전 목사는 그 이상을 생각하고 싸움을 하고 있다.

전 목사는 지금도 국민의힘에 윤석열 대통령과 가까운 기득권 세력들 정권을 잡고 있는데, 이 사람들도 결국 친이·친박과 같은 행태를 반복할지 모른다고 보고 있다. 최전방에서 나라가 망하지 않도록 싸웠는데 결국 국민의힘 사람들이 또 나라를 망치는 것을 두고 볼 수 없기 때문에 총선에 나서려고 하는 것이다.

그런 의미에서 전 목사가 국민의힘에 줄기차게 요구하고 있는 것이 바로 '공천권을 국민에게 돌려주라'는 것이다. '당신들이 다시 공천권을 가지고 장난치면 결국 또 옛날처럼 당신들끼리 싸우고 할 거 아니냐. 당신들 측근이 아닌 사람들은 공천에서 배제하거나 하지 말고, 200석을 확보할 수 있는 그런 공천만 하라, 그러려면 기득권을 내려놔라'는 주장이다. 하지만 전 목사의 이 같은 주장은 잘 먹히지 않았다.

그래서 전 목사는 자유 통일당과 국민의힘의 역할을 나누자고 주장한다. 국민의힘은 '중도'로 흘렀기 때문에, 자유 통일당이 '선명한 보수'를 맡겠다는 것이다. 중도가 되어버린 국민의힘을 찍고 싶지 않아 투표장에 안 가고 싶은 사람들에게 자유 통일당이라도 찍을 수 있게 기회를 주자는 것이다.

전광훈, 자유 통일의 길

# 52
## 기독교계의 통합을 추구하다

전광훈 목사는 좌경화에 빠져 위기에 빠진 대한민국이 살아나기 위해서는 온 기독인이 함께 해야 된다고 생각한다. 전 목사는 기독교 교단이 합쳤을 때 하나님의 역사가 이루어지고, 분열이 됐을 땐 문제가 생긴다며, 한국 교회가 하나님의 역사를 이루기 위해서는 교단이 뭉치느냐 흩어지느냐에 달려있다고 말한다. 그래서 전 목사는 그가 속한 대신교단의 통합을 추진했다. 그가 속한 대신교단의 통합은 그런 이유에서 추진했다. 청교도영성훈련원도 대한민국 전체 교회를 위해 세웠던 단체였다. 전 목사는 애초에 이 훈련원을 아직 자립이 충분치 않은 교회 목회자들을 돕기 위해 세웠다.

전 목사는 예장 대신총회 교단 목사로 교단의 정치적 발전과 외형 성장을 위해 헌신했었다. 특히 전 목사가 대신총회 총회장으로 재직시 예장 백석총회와의 교단 간 통합은 기독교계에 신선한 충격과 함께 분열을 일삼은 한국 교계에 교단 간 통합의 마중물을 여는 계기를 마련했다는 평가를 받았다.

당시 백석총회는 6,000여 교회가 소속된 대형 교단인 반면, 대신총회는 2,200여 교회가 소속된 중·소형 교단으로 평가받던 상황이라 사회적 통념상 큰 집단이 작은 집단을 흡수하는 형태이지만, 전 목사는 이를 교단 대 교단 간의 1대 1 통합으로 규정하고 성사시켜 교단 정치력의 저력을 발휘하기도 했다.

전 목사의 교단 정치력은 교단 통합 후 양 교단의 목사와 장로들이 통합된 교단의 주요 요직을 5대 5로 균등하게 차지하게 함으로써 교단 간의 통합을 통해 나타나는 양 세력 간의 갈등 상황을 자연스럽게 차단하는 효과로 이어졌다. 하지만 이러한 정치력을 발휘한 전 목사는 자신을 시기하는 세력의 저항에 부딪혔다.

양 교단의 통합으로 하나가 된 예장 백석총회에서 1년 동안 활발한 활동을 전개하던 전 목사를 향해 교단 통합으로 기득권을 놓친 일부 세력들은 끊임없이 음해하며 괴롭히기 시작했다. 하지만 전 목사는 일일이 대응하지 않고 목사로서 본인의 소명을 다한다는 각오로 오로지 통합된 교단의 발전을 위해서만 노력하는 모습을 보여줬다.

그렇지만 어렵게 구성된 교단 통합은 사소한 사건이 또 부작용을 일으켜 교단이라는 거대한 댐을 무너뜨리는 결과를 초래했다. 통합된 '백석대신'교단은 백석(장종현 목사), 백석대신(유만석 목사), 예장대신복원(전광훈 목사)등 3개 교단으로 다시 분열했다. 이 과정에서 통합된 백석대신 교단에 대한 음해와 전 목사의 명예를 고의로 훼손한 세력들이 있었다. 하지만 전 목사는 교단이 뭉쳐야 산다는 믿음으로 성경 말씀에 충실한 목사들과 함께 예장대신복원 총회를 구성했다.

전 목사는 무엇보다 한국 교회가 좌파들의 영향을 받아 성경적이지 않은 길로 가는 것을 경계한다. 이를 방지하기 위해 계속 교단 통합도 시도해 온 것이다. 애국운동 진영에서도 하나의 네트워크를 만들기 위해 전 목사는 많이 노력했다. 그리고 '반 문재인 정부 투쟁'을 기점으로 국가 위기상황이 닥치면서 애국운동에서 전 목사의 역할과 위상이 본인의 의도와 상관없이 점점 커지게 됐다.

전 목사가 주도해 창당한 기독교 정당의 역사는 2008년 사랑실천당(창당), 2008~2011년 기독사랑실천당(합당), 2016~2020년 기독자유당(창당), 2020~2021년 기독자유 통일당(복당), 2021~2022년 국민혁명당(당명 변경), 2022~현재 자유 통일당(당명 변경) 등으로 지금까지 이어져 오고 있다. 이 가운데 기독자유당은 17대 총선 때 종교정당 최초로 원내 진출을 꿈꾸며 첫 도전에 나서 기독교계의 적극적인 지지를 얻었지만, 결국 원내 진입에는 실패했다. 제18대에선 약 44만 표

(2.59%)를, 제20대에선 약 63만 표(2.63%)를 얻으며 희망을 봤다. 제20대 총선에서는 또 다른 기독교 정당인 기독당도 12만9978표(0.54%)를 기록, 단일화를 이뤘을 경우 비례대표 의원 1명을 배출할 수 있는 3%를 넘길 수도 있었다. 21대 총선에서도 77만 표를 득표하는 등 선전을 했지만, 제도권에 합류하는 데는 결국 실패했다.

오는 2024년에 치러질 총선은 현재 자유 통일당에 불리한 상황이 아닌 것으로 알려졌다. 양당 간의 정치 생태계의 지도가 바뀌었으며, 지난 21대 총선에서 군소 정당의 후보가 국회에 입성하는 등 기존 양당 정치에 식상한 국민들의 표심이 대거 이동할 것으로 보인다.

반면 자유 통일당이 넘어야 할 산도 분명히 있다. 우선은 일부 국민들이 지적하는 소위 '정교분리'에 대해 자유 통일당의 분명한 정치적 이념과 방향에 대한 설명으로 국민들을 이해시키는 노력이 필요하다. 또한 원내정당으로서의 진입을 위한 구체적인 로드맵이 적극적으로 요구된다. 내부에서의 치열한 정책 개발과 더불어 과거의 실패를 표본 삼아 변화하는 시대의 기류, MZ세대의 정서에 맞는 새로운 정책의 발굴 등이 뒷받침해야 할 것이다.

전광훈, 자유 통일의 길

# 53

## 타협을 모르는 불도저 기질

전 목사는 자신이 중요하다고 생각하는 것을 두고서는 결코 타협을 모르는 사람이다. 자신이 담임하는 사랑제일교회 이전(移轉) 문제에 대해서도 부동산 등 돈 문제를 떠나 처음 예배드렸던 그 구조대로 똑같이 유지하는 것을 가장 중요하게 생각한다. 다른 교회에서 요즘 어떻게 하든지 개척 교회 때부터 지금까지 주일 저녁예배를 계속 드리고 있다. 이는 처음 먹은 뜻을 끝까지 유지하는 초지일관(初志一貫)이다. 절대 타협이 없다.

그것이 전 목사의 장점이지만, 애국운동에서 반대 진영에게 가장 많이 공격당하는 이유이기도 하다. 측근들에 의하면, 사실 문재인 정권 때도 전광훈 목사에게 엄청난 회유가 많이 들어왔다고 한다. 그렇지만 전 목사는 결코 타협하지 않았다. 자신이 지켜야할 신앙적이고 또 사명적인 마지막 기준에 부합하지 않는 정권이었기 때문이다. 그렇기 때문에 전광훈 목사의 판단이나 행동을 단순히 돈이나 정치적 역학관계 등으로만 이해하려고 하려면 이해가 어렵다.

죽을 고비를 넘기고 한기총 회장이 됐던 시절, 재개발 관련 교회 건축에 대해서도 "내가 어차피 교회를 지어도 그 교회에서 목회를 몇 년을 하겠는가, 교회를 짓는 게 우리의 궁극적 목적이 아니다. 한기총 회장으로서 한국 교회의 본을 보여야 한다"는 마음으로 교회의 합당한 권리를 주장했다. 재개발 진행과정에서 건설 회사와 재개발 조합이 교회의 의견을 무시하고 정당한 납득과 이해의 과정 없이 일방적인 통보를 통해 강탈에 준하는 행정집행을 하는 부당한 처우가 한국 교회에 두 번 다시 반복되어서는 안 된다고 생각한 전 목사는 한기총 회장으로 앞장섬으로써 본보기를 보여야 한다고 결심했다.

법률에 재개발 때문에 강제로 이전하게 된 종교 시설에 대한 보상 규정이 없다 보니 서울시에서 자체적으로 지침을 만들었다. 2009년 9월에 뉴타운 지구 등 종교 시설 처리방안에 대한 서울시 지침을 요약하면, '종교 시설에 대한 보상 기준으로 우선적으로 존치'하고, '이전이 불가피 할 경우에는 이전계획 수립시 관련 종교 단체와 협의하여 기존부지와 이전 예정부지는 대토 보상, 건축비용, 임시 장소, 이전 비용을 모두 조합이 부담'한다고 되어 있다. 하지만, 재개발할 때 건설 회사나 재개발 조합에서 교회의 의견을 무시한 채 진행하는 경우들이 많이 있는데, 전 목사는 재개발을 진행하는 초기부터 교회의 의견을 반영하는 것은 교회의 합당한 권리라고 말했다. 전 목사는 한국 교회가 받는 부당한 대우에 대한 처우개선을 강조한 것이다. 실제로 이후에 재개발을 하는 경우, 재개발 조합 측에서 시행 초기 단계부터 종교단체와 먼저 협상하여 종교 단체의 의견을 수용하여 진행하고 있다.

전 목사는 항상 그랬다. 세월이 지나면서 전 목사도 율법에 있어 본질적인 것과 비본질적인 것이 구분되기 시작하면서 비본질적인 것에 대해서는 유연해진 편이지만, 여전히 본질적인 주제에 대해서는 절대 타협이 없다.

이단시비 문제에 있어서도 기자들이 "이제 보험금 좀 내셔야죠"라며 금전적인 요구를 하면서 도와주겠다고 접근했지만 전 목사는 눈 하나 깜짝 안 했다. "내가 차라리 그냥 저기 밖에다가 그냥 돈을 집어 던지고, 한강에다 돈을 뿌리면 뿌리지 당신 같은 쓰레기들에게 1원 조차 안 주겠다"고 쫓아내 버렸다. 그 기자들은 5만~10만 원 차비만 줘도 전 목사에게 우호적으로 기사를 써줄 마음이 있는 자들이었으나 전 목사에게는 전혀 통하지 않았던 것이다. 이처럼 전 목사는 기질적으로도 타협이 절대 없는 사람이다. 중요한 것에 대해서는 목숨을 걸고 싸우는 사람이다. 신앙적인 부분에 있어서는 훨씬 더 그렇다.

# 54

# 궁극적인 목표는 '자유 통일'

전 목사가 궁극적으로 이루고자 하는 목표인 자유 통일은 비현실적이라고 보일 수도 있다. 그러나 우리나라 건국 자체도 사실은 비현실적이었다는 게 전 목사의 생각이다. 만약 일제 강점기 때 대한민국이라는 나라가 건국될 것이라고 이야기를 한다면 당시에 누가 믿었겠느냐는 것이다. 일제 강점기에 태어난 사람들은 아마 그 체제가 절대로 무너질 수 없다고 했을 것이다. 그렇지만 한반도는 급변했고, 이승만 대통령이 대한민국을 건국했다.

전 목사는 이승만 대통령이 누구보다도 먼저 공산화에 대한 본질을 알고 거기에 대해 대처를 했다고 평가한다. 그래서 당시 미국조차도 남한만의 단독정부 수립에 대해 타협을 하려고 했는데 이승만은 타협하지 않고 결국에는 대한민국을 건국했다는 것이다. 결국 '자유 통일'이라는 것도 굉장히 먼 이야기 같지만, 대한민국 건국 시기를 생각해 보면 현재의 정세도 앞으로 어떻게 변할지 모른다는 것이다.

전 목사는 자유 통일의 여건을 만드는 것에 있어 크리스천으로써 신앙적으로 할 수 있는 것은 한계가 있음을 인정하지만, 국제정치가 요동치고 자유 통일로 가는 길의 과정은 우리가 예측할 수 없고, 갑자기 올 수도 있다고 믿고 있다. 그리고 그 결과가 당장 나올 수 있는 일이 아니더라도 자유 통일을 계속 준비해야 한다는 것이 그의 지론이다. 이를 위해 집회를 하고, 국민들을 깨우치기 위해 사상 교육을 하는 것이다. 그것을 또 구체적으로 조직한 게 자유마을 같은 조직들이다. 전 목사는 이런 식으로 국민들부터 변화시킨 다음에 자유 통일의 흐름을 만들어 가려는 것이다.

전 목사는 지금 대한민국의 상황은 아직 어렵고 힘들지만, 그래도 이승만 대통령이 대한민국을 건국할 때보다는 낫다고 보고 있다. 그래서 대한민국 건국 당시의 이승만을 생각하면서 위로를 받는다. 왜냐하면 그때는 국민들이 아예 글도 모르고, "돈 준다"고 하면 오는 시대였기 때문이라는 것이다.

많은 사람들이 2차 세계대전이 끝나고 또 소련이 붕괴된 후 냉전시대는 끝났다고 말한다. 그러나 전 목사는 국제사회의 '자유진영 대 (對) 공산진영'의 구도는 아직 동일하다고 보고 있다. 소련은 무너졌지만 러시아가 아직 남아 있고, 중국도 있다는 것이다. 대립관계가 바뀌지 않았다는 것이다. 아직 구 대결구도 체제 안에 우리나라도 존 재한다는 것이다. 그래서 그는 대한민국의 중심인 서울, 그 서울의 한복판인 광화문 '이승만 광장'에 서는지도 모른다. 그 광장에서 대한 민국의 자랑스러운 가치와 성과로 남북통일을 실현하고, 더 나아가 세계적인 강국으로 성장해야 한다는 믿음을 가지고 있다.

전 목사의 요즘 눈길은 태평양 건너를 향하고 있다. 그는 실제로 미국의 보수 기독교 정치인들과 교유를 넓히고 있다. 기독교가 기독 교의 가치를 스스로 지키지 못할 때 틈은 벌어져 형해(形骸)만 남은 기 독교로 변질한다고 그는 믿고 있다. 기독교의 전통 가치를 뒤흔드는 현상이 많이 벌어져 그 오염의 상태는 심각하다고 그는 또한 믿는다.

이 문제를 태평양 건너 미국의 보수 기독교와 연대를 함으로써 대 한민국의 기독교계가 더 올바른 방향으로 성장하기를 그는 고대한 다. 아울러 이는 한반도의 전쟁, 또는 급변 사태 등 위기 요소가 깊어 졌을 때 양국의 유대를 한 결 더 넓고 크게 강화해야 모든 위기에 대 응하는 토대가 만들어진다고 믿고 있다. 이를 위해 전 목사는 지난 (2023년) 9월, 미국을 방문해 미 상원의원 린지 그레이엄(Lindsey Olin Graham)을 만났다. 70주년 한미 동맹을 맞아 양국이 더 깊은 가치관 으로 한 데 맺어지도록, 그리고 전 목사가 꿈꾸는 '자유 통일의 길'을 위한 방법론에 대한 사안을 두고 깊이 있게 의견을 교환했다고 한다.

이렇게 전 목사는 모두가 '자유 통일의 길'을 향해 무겁고 힘찬 걸음을 옮길 때까지 그는 계속 목청을 드높여 외칠 것이다. 그는 그렇게 '자유 통일의 길'에 나선 목회자로서의 사명을 감당하고자 한다.

▶ 광화문 국민대회

# 가족이 본 전광훈

전한나 대표

## 1. 자신에게 아버지는 어떤 분이신가요?

전광훈 목사님에게 평범이라는 단어는 어울리지 않는 것 같지만, 저에게 전광훈 목사님은 그저 자식을 많이 사랑하는 평범한 아버지셨어요. 물론 물리적인 시간으로는 많은 시간을 함께 보내진 못했습니다만, 제가 자식을 낳아보니, 제가 받은 사랑이 얼마나 큰지 알겠더라고요.

## 2. 대중에게 비춰진 전광훈 목사님과 가정에서 아버지는 어떤 차이점이 있나요?

대중에게 비춰진 아버지는 카리스마 있고 전쟁터에서 군인을 이끄는 장군 같은 이미지라면, 저에게 아버지는 사랑이 많으시고 그 사랑을 장난으로 많이 표현하시는 분이셨습니다. 제가 아침잠이 많아서 일어나기 힘들어하면 항상 간지럼을 피워서 저를 깨우고 결국 제가 울면서 할머니에게 이르고 할머니가 아버지에게 애한테 장난치지 말라고 혼내면서 하루를 시작했어요. 아빠가 집에 있는날은 이게 매일 저희집 아침 일상이었어요.

오히려 옆에서 봤을때 너무 훈육을 안하나 싶을 정도로 항상 제가 원하는 것을 자유롭게 할 수 있도록 응원해주셨고 잘못도 스스로 깨달을 수 있도록 기다려주셨어요. 한 예로, 제가 실수로 물을 바닥에 일부러 쏟으면, 혼내기보다 물을 더 쏟아서 스케이트를 타라고 해주셔서 신나게 스케이트 타면서 재밌게 놀았던 기억이 있습니다. 온 집안을 물바다로 만들어서 물을 치우는 과정을 통해 다시는 물을 바닥에 뿌리면 안되겠다는 생각을 했습니다. 뽑기먹고 싶어서 설탕을 녹이면, 오히려 같이 만들어주시다가 국자를 다 태우기도 하고요.

초등학교때 부흥회로 엄마 아빠가 바빠서 집에 없는 날이 많았는데, 태극기함이나 고무줄 비행기 만드는 것은 제가 혼자 하다 안돼서 놔두고 잠들면, 부흥회 끝나고 늦은 새벽에 도착하셔서는 제가 잠든 사이에 다 만들어놓으셨어요. 아버지가 만들어준 고무줄 비행기가 2번째로 멀리 날아서 상을 받았던 기억이 있습니다.

저는 투정부리는 딸이었고 아빠는 제가 왜 그런 투정을 부리는지 마치 다 아는 사람처럼 받아줬습니다. 고등학교 졸업할때까지도 엄마가 없으면 아빠가 직접 라면 끓여주고 했으니깐요. 그리고 저는 저를 본능적으로 이해하는 아빠가 좋아서 많이 따랐기도하고 사춘기때는 많이 대들기도 했고요.

미디어에 비치는 투쟁하는 모습때문에 대중에게 아버지는 권위적일 것만 같은 이미지일 수 있겠다는 생각이 듭니다. 아버지는 부모의 권위는 중요하다고 생각하셨지만 저에게 항상 권위를 내세우는 부모는 아니여서, 8시간 넘게 말싸움?을 한적도 있습니다. 저를 이해시키려고 했지, 강압적으로 굴복시키려고 하지 않았어요. 8시간 말싸움?은 제가 졸려서 더 이상 말할 수가 없어서 결국 제가 죄송하다고하고 마무리됐습니다. 부모님 특히 아버지와 관계가 많이 어려운 사람도 있는데, 저에게 아빠는 언제든 투정부릴 수 있는 분이었어요.

**3. 전광훈 목사님을 생각하시면 가장 먼저 떠오르는 것은 무엇입니까?**

치열함인 것 같아요. 항상 매 순간을 치열하게 사시는 것 같아요. 일반적으로 자식은 부모님이 기준이 되니까요. 저는 모든 사람이 원래 이렇게 치열하게 열심히 사는줄 알았는데, 보니깐 아니더라고요. 지금도 목사님 활동하시는거 대단하다고 하는데, 예전에는 엄마와 아빠가 직접 운전해서 전국 부흥회를 다녔어요. 당시에는 부흥회가 월요일부터 금요일까지 새벽예배, 아침예배, 낮예배, 저녁예배 이렇게 4번씩 했었어요. 월요일날 지방같은 경우 7시간 10시간 운전해서 내려가고 금요일 저녁예배 마치고 반주 끝내고 또 다시 운전해서 올라오고. 그리고 토요일날 와서 심방하고 주일날 주일예배하고 저녁예배하고 저희는 또 예배가 기니간 그냥 하루종일 예배봤던 것 같아요. 40년 동안 쉬신적이 거의 없는 것 같아요. 새벽에 아빠 기도소리에 잠이 깼던 적이 많은데, 기도도 치열하게 하셨어요. 방언기도하시는 소리를 자장가 삼아 잠들었던 추억이 있습니다.

## 4. 아버지 전광훈 목사님의 사역에 자신의 생각은 어떤가요?

사명에 사로잡혀 있는 아버지가 이해가 안된 순간이 많았어요. 유치원부터 대학교 졸업까지 입학식 졸업식 모든 순간에 아빠와 엄마는 항상 집회현장에 계셨거든요. 마치 저는 부모님의 사역과 경쟁하는 것 같았어요. 가족끼리 제대로 외식을 해본적은 당연히 없고, 제가 대학교 졸업할때 처음이자 마지막으로 가족여행을 갔었는데, 그때도 전화한다고 바빠서 사실상 같이 있는 것 같지 않았어요. 대학교때 이 부분에 대해 아빠와 많이 다퉜는데요. 그때 아빠가 저한테 내가 좋은 아빠가 되고 싶다고 해서 되어지는게 아니다. 하나님이 허락하셔야지 가능하다고 얘기했었어요. 그게 무슨말인지 당시에는 이해가 되지 않았는데, 목사님 첫 수술이 잘못돼서 3번 연속 수술을 하게 되고 결국 오른팔에 마비가 와서 병원에서 한달 넘게 있으면서 마치 예전 답십리로 돌아간 것 같이 병실안에서 모두가 뒤엉켜서 같이 있어야하는 상황이 되었어요. 그때 많은 애기를 나누었는데, 그 과정에서 아빠에 대한 이해도가 많이 높아졌습니다. 제 생각에는 동생이 죽고 저도 화상으로 70% 죽을 수 있는 상황에 놓여지는 모든 과정을 통해 아버지는 가족도 자식도 모두 하나님의 주권하에 허락하신 만큼 지켜진다고 생각하셨던 것 같습니다. 그리고 아버지가 사명을 감당해야지만, 하나님께서 가족을 축복하신다고 생각하신 것 같아요. 아버지가 수술실로 들어가기 직전에 제가 많이 우니깐 저를 처다보면서 눈물을 글썽거리면서 예전에 제가 화상으로 수술대에 누워있을때와 반대 상황이 됐다하시면서 혹시나 수술이 잘못돼서 죽게되면 꼭 신앙생활 잘하고 십일조 잘해라가 목사님 마지막 유언이셨어요. 저는 아버지에게 사역이란 삶의 일부가 아닌 삶의 전부였다고 생각합니다.

**5. 아버지와 나만이 간직하고 있는 추억이 있다면, 말씀해주세요.**

처음 답십리 개척교회 당시 강대상 옆 대기실에서 아빠, 엄마, 저 이렇게 세명이서 6살인가 7살 정도까지 살았는데요. 아버지 다리를 겨우 펴서 잘 정도의 작은 방에서 세 식구가 살다보니, 세식구가 뒤엉켜서 항상 붙어있었어요. 제가 어렸을때 잘 체했는데, 아빠가 체했으니깐 바늘로 따준다고 그러면 제가 도망가야하는데 도망갈 곳이 없어서 금방 잡혔어요. 제가 4, 5살부터는 부흥강사로서 전국을 다니셨는데 유치원 안가고 전국 부흥회 따라다니며 고속도로 차안에서 그리고 숙소에서 엄마 아빠와 이런저런 추억이 많이 있습니다. 항상 그렇게 붙어있다보니, 그게 익숙해서 초등학교 6학년까지 엄마 아빠와 같이 잠을 잤습니다. 이제 중학교 들어가면 더 이상 엄마 아빠와 같이 잠을 잘 수 없다고해서, 엄청 서럽게 울었던 기억이 납니다. 그리고 중학교 2학년때 유학을 가게됐는데, 제가 미국으로 가는날 아빠가 너무 슬퍼서 공항에 못나오고 방안에서도 못나오시고 침대에서 우시던 기억이 있습니다. 공항에 못나오신게 미안하셨는지, 그 뒤로 방학때 나왔다가 다시 미국에 들어갈때는 항상 공항에서 제가 입국심사 받아서 들어갈때까지 유리 사이로 눈에 안보일때까지 서계시면서 인사하던 모습이 기억납니다. 당시 저는 어차피 한국에 있어도 자주 보지도 못하는데 왜 저렇게 오버하는가 싶기도하고 왜 공항유리 붙잡고 저렇게까지 하나 싶었는데, 막상 제가 자식을 낳아보니 그 마음이 이해가 됩니다.

## 6. 복음 통일에 대해 어떻게 생각하십니까?

목사님의 궁극적인 사명이라고 생각합니다. 항상 나라와 민족을 위해 기도하시고 사시고 북한을 복음통일 하게 해달라고 기도하셨는데요. 평생 이 사명을 위해 달려오셨지만, 세차례 수술과 회복 과정에서 통증이 있는 상태에서 감옥에 가시고 팔이 마비되어 사실상 일년 동안 아무것도 하지 못하는 고통스러운 과정을 겪으시면서, 남은 인생 더 치열하게 주님을 위해 살고 순교자 정신으로 사명을 다하겠다는 다짐하는 시간이 되었던 것 같습니다. 그리고 실제로 모든 것을 던지셨고, 광화문 혁명이 현실화 되고, 복음 통일에 조금 더 가까워진 것 같습니다.

## 7. 전광훈 목사님의 정치활동을 어떻게 생각하십니까?

목사님은 정치인은 아니지만 누구보다 대한민국 정치 한 가운데 계신 것 같아요. 제가 아마 20대 초반에 빤스목사 사건이 있었는데요. 당시에는 미국에 있어서 체감이 많이 되진 않았는데, 나중에 한국에 와서는 언론에 다뤄지는 것이 자식으로서는 너무 부담스러웠습니다. 지나고보니 빤스목사도 코로나도 다음 여정을 가기위해 필요한 시련이었던 것 같습니다. 그런 의미에서 정치활동은 목사님이 받으신 사명을 감당하시는데 필요한 과정이라고 생각합니다.

## 8. 지금 전광훈 목사님의 평전을 기록하려고 하는데, 꼭 하시고 싶은 말씀이 있다면 부탁드립니다.

'우리는 이겼습니다' 외치면서 많은 사람들에게 희망을 주시는 목사님의 삶은 막상 고난의 연속이었던 것 같습니다. 나열할 수 없이 많은 일이 있었지만, 큰 사건들만 나열해도 아들은 죽고, 딸은 화상입고, 언론에 매장당하고, 신경 수술 끝나고 신경이 부어있어서 진통제 없으면 잠을 자지 못하는 상태에서 첫번째 감옥에 가시고, 코로나에, 용역 등 한 인간이 감당하기에는 힘든 시련들의 연속이었던 것 같습니다. 어려움 속에서도 사명이 목사님을 이끄신 것 같습니다.

하지만 목사님도 사명을 거두어 달라고 기도하신적이 있는데요. 저에 대한 기도였습니다. 제가 둘째 임신 중에 오진으로 독감이 방치돼서 폐렴이 온적이 있습니다. 도저히 열이 잡히지 않고 산소포화도가 많이 떨어져서, 위독한 상황이었는데, 그때 아버지가 전화오셔서 차라리 본인 목숨을 가져가시고 저를 살려달라고 기도하시는데, 많이 울었던 기억이 납니다. 그게 부모의 마음이지 싶습니다.

제 기억을 통해 '평범한 아버지' 인간 전광훈을 엿볼 수 있는 계기가 되었으면 합니다.

# 가족이 본 전광훈

### 1. 자신에게 아버지는 어떤 분이신가요?

이 질문을 만약 제가 나이가 어렸을 때 받았더라면, 아버지는 엄하고 두려운 존재, 그리고 항상 부흥회를 다니셨기 때문에 내 옆에는 없는 것과도 같은 부재중인 존재라고만 생각했을 것입니다. 하지만 나이가 들고 결혼을 하면서 지금 다시 아버지라는 존재를 떠올리니 영적으로나 인간적으로나 존경스럽고 배울 점이 참 많으신 분이라는 생각이 듭니다. 목사라는 직분을 가지고 그저 한 교회 안에서의 영향력뿐만이 아니라 국가적인 일들을 감당하며 매주 쉼 없이 나아가시는 아버지를 옆에서 보면, 자신에게 맡겨진 사명을 목숨을 걸고서라도 감당해 내겠다는 그러한 각오가 삶의 모습 속에 녹아 있는 것을 보며 존경받아야 마땅할 아버지라는 생각이 듭니다.

### 2. 대중에게 비춰진 전광훈 목사님과 가정에서 아버지는 어떤 차이점이 있나요?

2019년 광화문 운동 이후의 아버지(전광훈 목사님)는 수많은 대중들과 언론에게 이름이 알려졌습니다. 그 결과, 많은 사람들이 심지어 기독교인들조차도 전광훈 목사님의 연설과 발언들에 대하여 '목사가 입이 너무 거칠다', '너무 과장된 표현들을 많이 한다'는 부정적인 반응들이 나타나기도 했습니다. 하지만, 그러한 사람들에게 "전광훈 목사님의 설교를 한번이라도 들은 적이 있으십니까"라고 물어보았을 때, "들은 적이 없다"라고 대답하는 사람들이 상당히 많습니다. 그리고 그분들이 전광훈 목사님의 설교를 듣고 난 뒤에 반응을 보게 되면, 이전의 반응과는 사뭇 다르다는 것을 느낄 수가 있습니다. 이와 같이 전광훈 목사님께서 강대상에서 설교를 하실 때 혹은 강단에서 연설을 하실 때의 말투를 보면, 강하고 앞뒤 가리지 않을 것 같은 사람으로 보일 수 있지만, 사실은 그렇지 않다는 것입니다. 대중들 앞에 설 때의 사명감을 가지고 서시는 전광훈 목사님과 가정에서의 아버지로서의 모습은 전혀 다르다는 사실입니다. 대중들에게 비추어진 모습과는 정반대로 가정에서는 연설하실 때의 목소리 혹은 저에게 말할 때의 그러한 말투들을 보면 전부 나지막한 목소리로 말씀하십니다. 또한 성격상 표현을 잘 하시는 성격은 아닐지라도, 한 가정을 이끄는 가장으로서 자식을 너무나도 사랑하는 아버지의 그 마음을 어떻게든 표현하려고 하시는 그 모습들을 느끼게 되었습니다. 대중에게 알려진 전광훈 목사님은 항상 거침없이 추진하고 밀고 나가는 모습이라면, 가정에서의 전광훈 목사님은 자녀를 사랑하는 아버지의 모습입니다.

전광훈, 자유 통일의 길

## 3. 전광훈 목사님을 생각하시면 가장 먼저 떠오르는 것은 무엇입니까?

아들로서 아버지 전광훈 목사님을 생각했을 때, 가장 먼저 떠오르는 단어는 복음입니다. 앞선 질문에 아버지를 존경한다고 대답한 그 이유도 바로 이 복음 때문입니다. 많은 사람들은 전광훈 목사님 하면, 광화문 운동을 떠올릴 사람들이 많을 것입니다. 하지만 단지 광화문 운동만이 전광훈 목사님의 진정한 뜻이 아니라는 사실을 사람들이 알아야 합니다. 지금 하고 계시는 모든 사역과 행사들은 정치를 하려하는것도 아니고 명예를 얻고자 혹은 본인의 이익을 위하여 하시는 일들이 결코 아닙니다. 지금의 현상들은 전부 하나의 과정일 뿐이고 결국 전광훈 목사님 속에 숨어 있는 진정한 뜻은 대한민국 남북한을 다른 것이 아닌 오직 복음으로 통일하여 지금보다도 더욱 더 세계적인 위상을 높이는 그러한 대한민국을 이루기 위한 것입니다. 복음이 아니라면 전광훈 목사님께서는 지금 당장이라도 광화문 운동을 그만둘 것입니다. 답십리에서 사랑제일교회를 개척하셨을 때부터 지금까지도 전광훈 목사님의 속에는 복음 외에는 없습니다. 부흥회를 다니며 성도들에게 복음을 전하는 일을 누구보다도 앞장서 오셨고 열심히 하셨지만, 나라가 어지럽고 혼란스러운 지금 같은 시대에 나라 없는 복음운동 또한 존재할 수 없기 때문에 모든 것을 뒤로하고 이와 같이 나라를 살리는 광화문 운동을 시작하셨다는 것을 모든 사람들이 알아야 한다고 생각합니다. 그렇기 때문에 전광훈 목사님의 핵심은 복음이라는 것이고, 복음없는 광화문 운동 또한 없다는 것을 저 또한 알기 때문에 아버지 전광훈 목사님 하면 복음이라는 이 단어가

제일 먼저 떠오를 수밖에 없는 것 같습니다.

## 4. 아버지 전광훈 목사님의 사역에 자신의 생각은 어떤가요?

아들이기 때문에 지금 아버지 전광훈 목사님께서 하시는 일들과 광화문 운동을 지지하는 것이 아니라 제 3자의 입장으로 보았을 때에도 이 시대의 전광훈 목사님의 이러한 사역들이 없었더라면 세상은 정말 많이 변해있었을 것이고, 당장 내일이라도 나라에 어떤 일이 들이닥칠지도 모르는 그러한 불안감을 가지고 살아갈 수밖에 없었을 것이라 확신합니다. 많은 세상 사람들은 성직자들은 세상적인 정치와 운동에 참여하면 안 된다는 의식을 가지고 있지만, 그것은 역사를 모르기 때문에 그런 것입니다. 대한민국의 역사를 돌이켜보면, 그리고 세계적인 역사들 또한 종교가 이끌어 왔다는 사실을 알아야만 합니다. 그중에 특히나 대한민국은 과거 독립운동부터 새마을 운동까지 한 나라의 미래를 결정짓는 거대한 국가적인 운동들의 배경은 결국 기독교였습니다. 그렇기 때문에 전광훈 목사님께서 지금 하고 계시는 이 사역은 기독교인으로써 마땅히 해야 할 사역이고 역사를 제대로 알고 있다면, 모든 기독교인들이 전광훈 목사님의 사역에 동참해야만 한다고 저는 생각합니다.

## 5. 아버지와 나만이 간직하고 있는 추억이 있다면, 말씀해주세요.

보통 사람이라면 나이가 한 살씩 늘어날 때마다 일정이 줄어들고 점점 쉬는 시간들이 많아지는 방면에 전광훈 목사님께서는 반대로 시간이 갈수록 일정들이 더욱 바빠지고 있기 때문에 아들과 아버지만이 간직하고 있는 추억은 중학교 시절 이후에는 딱히 없는 것 같습니다. 하지만 아직도 기억 속에 남아있는 것은 중학교 때에 아버지와 같이 손잡고 목욕탕에 가서 서로 등 밀어주고 목욕을 하고 온 것이 주변에 아무도 없이 아버지와 아들 단 둘이 보냈던 유일한 시간으로 기억하고 있습니다. 다른 아들들은 아버지와 이러한 경험을 대수롭지 않다고 여길지는 모르겠지만, 저에게는 그 순간이 특별하고 소중한 추억으로 남아 있습니다.

## 6. 복음 통일에 대해 어떻게 생각하십니까?

복음 통일은 선택의 대상이 아니라 무조건 필요한 것 이라고 생각합니다. 복음 외에는 그 어떠한 방식의 통일도 이루어지면 안 된다는 생각을 하고 있습니다. 과거에 좌파 정부들이 추진해왔던 낮은 연방제 통일, 혹은 하나의 국가 그리고 두 가지의 체재를 가진 이러한 통일의 방법들은 결국 대한민국을 무너트리는 통일입니다. 인류의 역사를 보았을 때, 공산국가 체재를 가지고 있던 나라와 그렇지 않던 나라가 통일을 이루었을 경우에 시간이 지나고 나면 결국엔 공산주의 체재로 넘어가게 되어있다는 것을 역사가 우리에게 말해주고 있습니다. 우리나라 대한민국은 작은 땅임에도 불구하고 현재 세계적인 강대국들에게 꿀리지 않고 당당하게 경쟁할 수 있는 과학 기술들과 인재, 그리고 우리나라가 가지고 있는 이 자본을 지키면서 통일할 수 있는 유일한 방법을 오직 복음밖에 없다고 생각합니다. 이러한 대한민국의 강점들을 그대로 유지하면서 오직 복음으로 북한과 통일을 하였을 때, 북한이 가지고 있는 인력을 대한민국에 적용하게 된다면 우리나라는 새로운 역사를 써나갈 것이라고 확신합니다. 하지만 이것은 오직 복음으로 통일이 되었을 때만 가능한 일이기 때문에 우리 대한민국에게 선택은 없습니다. 오직 복음 통일만이 답이라고 생각합니다.

## 7. 전광훈 목사님의 정치활동을 어떻게 생각하십니까?

전세계적으로 역사적인 획을 그었었던 종교개혁자들을 보면, 전부 직접 혹은 간접적으로 정치에 참여한 사람들이라는 사실을 알 수가 있습니다. 하지만 종교분리의 원칙이라는 것을 가지고 교묘하게 비틀어서 교회는 세상 정치와 서로 상관할 수 없는 존재라는 것을 많은 사람들이 무의식 속에 알고 있습니다. 하지만 우리나라에 처음 복음을 전해준 나라가 미국이었고, 미국 선교사들이 우리의 평양 땅에 복음의 씨앗을 심어놓았기 때문에 지금의 대한민국이 이렇게 될 수 있었던 것입니다. 결국엔 복음과 정치는 따로 가는 것이 아니라 서로 밀접한 연관성을 가지고 있다는 것입니다. 그것을 전광훈 목사님께서도 분명히 알고 계시기 때문에 교회 외적인 사역들도 하고 계시는 것입니다. 정치인이 본인의 역할을 잘 감당하고 올바른 정치를 한다면 교회가 혹은 목사가 나설 필요가 없겠지만, 오늘날 우리나라를 보면, 반국가적인 일들이 비일비재하게 일어나고 있습니다. 또한 우리나라를 지켜준 미군을 반대하고, 우리나라를 침략한 북한과 중국 공산당을 동조하는 반국가세력들이 너무나도 많을뿐더러 그러한 사상을 가진 사람이 대통령의 자리까지 넘보는 그러한 현실 속에서 살아가고 있습니다. 한 국가의 미래를 내어다보고 나라의 방향성을 제대로 잡아 줄 수 있는 역할을 원래는 정치인들이 해야 하지만 지금은 그들이 그럴 능력이 없다는 것이 드러나고 있기 때문에 나라가 무너지는 것을 볼 수 없어 교회가 나서게 된 것이고 이러한 정치활동들에 대한 저의 의견은 적극 찬성입니다.

## 8. 지금 전광훈 목사님의 평전을 기록하려고 하는데, 꼭 하시고 싶은 말씀이 있다면 부탁드립니다.

오직 하나님만 붙잡고 하나님이 계시고 내가 있으면 모든일이 다 된다 불가능은 없다 라는 이 믿음 하나로 주변에 모든 사람들이 떠나간다고 할지라도 예수한국 복음통일이 되는 그날까지 하나님 한분만 붙잡고 끝까지 맡겨진 사명 완수하시는 목사님 되시기를 기도드립니다.

# 전광훈, 자유 통일의 길

**초판 발행** 2024년 1월 27일
**초판 3쇄 발행** 2024년 2월 2일

**지은이**    광화문연구소
**펴낸곳**    주식회사 뉴퓨리턴

**주소**    서울특별시 성북구 장위로 40다길 19, 1층 106호(장위동)
**대표전화**    070-7432-6248
**팩스**    02-6280-6314
**출판등록**    제25100-2023-043호
**이메일**    info@newpuritan.kr

**ISBN**    979-11-986060-0-6(03040)